COORDENAÇÃO EDITORIAL

Cristiane Rayes

Orientação Familiar Vol. 3

Literare Books
INTERNATIONAL
BRASIL · EUROPA · USA · JAPÃO

PRESIDENTE DO CONSELHO
Maurício Sita

PRESIDENTE
Alessandra Ksenhuck

VICE-PRESIDENTES
Julyana Rosa e Claudia Pires

DIRETORA DE PROJETOS
Gleide Santos

CONSULTORA DE PROJETOS
Amanda Leite

EDITOR
Enrico Giglio de Oliveira

ASSISTENTE EDITORIAL
Felipe de Camargo Benedito e Júlia Almeida

REVISORES
Renata Siqueira e Sérgio Ricardo do Nascimento

CAPA E DESIGN EDITORIAL
Alexandre Alves e Luis Gustavo da Silva Barboza

IMPRESSÃO
Vox

Dados Internacionais de Catalogação na Publicação (CIP)
(eDOC BRASIL, Belo Horizonte/MG)

O69 Orientação familiar III / Coordenação Cristiane Rayes. – São Paulo, SP: Literare Books International, 2024.
16 x 23 cm

Inclui bibliografia
ISBN 978-65-5922-839-3

1. Psicoterapia familiar. 2. Parentalidade 3. Desenvolvimento infantil. I. Rayes, Cristiane.
CDD 649.12

Elaborado por Maurício Amormino Júnior – CRB6/2422

LITERARE BOOKS INTERNATIONAL LTDA.
Rua Alameda dos Guatás, 102
Vila da Saúde — São Paulo, SP. CEP 04053-040
+55 11 2659-0968 | www.literarebooks.com.br
contato@literarebooks.com.br

FSC
MISTO
Papel
FSC® C187267

SUMÁRIO

AGRADECIMENTOS

Expresso toda minha gratidão e olhar amoroso aos queridos coautores, que contribuíram para a criação da linda trilogia dos livros de *Orientação familiar*, formando, assim, uma linda e grande família competente e afetiva.

Aos leitores, que nos apoiam, nos incentivam e nos motivam a seguir adiante.

Aos meus pacientes, fontes de muitas aprendizagens e inspirações.

À maravilhosa equipe da Literare Books, que acredita em meus projetos carregados de sonhos e desejos, tornando possível sua realização.

Dedico meus melhores olhares

Ao meu marido, Marcio Martins, e filhos, Mariana e Vitor, com todo amor, por compreenderem minhas ausências decorrentes da dedicação profissional.

A meus pais, que sempre olharam para mim com amor e respeito.

À toda minha família, que possibilita aprendizagens e desafios afetivos fundamentais para meu crescimento.

INTRODUÇÃO

Os livros Orientação Familiar: teoria e prática compõem uma trilogia escrita por diversos coautores, todos profissionais experientes em suas áreas de atuação. Este livro conclui a coleção. Agradeço imensamente a todos os leitores e aos queridos coautores. Recebam meu abraço e gratidão eterna.

Vou iniciar descrevendo ainda mais o processo de orientação familiar, seguindo a linha dos volumes anteriores.

A orientação é um processo que visa auxiliar e desenvolver pais, cuidadores e responsáveis em suas funções, proporcionando autoconhecimento e desenvolvimento. Por intermédio da tomada de consciência, possibilita que os pais sejam transformadores de seus próprios comportamentos e dos comportamentos de seus filhos. Oferece informações relevantes, ferramentas práticas e estratégias para manejo e fortalecimento das relações familiares. Favorece a aceitação, a confiança para agir, o enfrentamento de desafios e a obtenção de mudanças graduais.

No exercício da parentalidade, é essencial que pais, cuidadores e responsáveis ofereçam um ambiente seguro, com relações de apoio, respeito e afeto, saibam orientar a autorregulação de seus filhos, até mesmo pelo exemplo de sua própria regulação emocional, e tenham clareza para estabelecer limites e cobranças de forma adequada. Exercer a parentalidade é um processo de evolução constante e, para que isso aconteça, é necessário conhecimento sobre a própria história, reconhecimento de suas potencialidades, respeito e aceitação de suas dificuldades e necessidades, além do conhecimento sobre desenvolvimento humano, personalidade, sintonia com as necessidades dos filhos e um olhar sensível e afetivo. É uma constante jornada de aprendizagem e busca por equilíbrio.

Descrevo um pouco da estrutura do meu programa de Orientação Familiar AMORES. No futuro, espero escrever um livro específico sobre o programa, mas, por enquanto, compartilho essas informações e práticas mais detalhadas no meu curso on-line.

Precisamos de pais engajados e confiantes.

Motivar os pais a participarem do processo e agirem requer um ambiente no qual se sintam seguros, respeitados e confiantes. Sendo assim, como profissionais, devemos sempre acolher as demandas da família e respeitar as necessidades e o ritmo de cada um. Jogos, livros, exercícios e vídeos são excelentes facilitadores em todo o processo.

Estrutura básica do Programa de Orientação Familiar AMORES

- Acolher.
- Levantar as necessidades.
- Fornecer informações sobre a fase de desenvolvimento, personalidade e psicopatologias existentes.
- Verificar e informar sobre fatores que interferem nas dinâmicas familiares e funções parentais (são diversos e requerem atenção).
- Realizar sessão de observação familiar.
- Favorecer o autoconhecimento.
- Verificar padrões familiares que impactam na criação de seus filhos.
- Desenvolver a autoconfiança, visando fortalecer ou modificar comportamentos.
- Direcionar as sessões de acordo com as necessidades existentes. O direcionamento de sessões abrange diversos temas essenciais que podem ser estruturados de acordo com a demanda e em comum acordo com a família.
- Proporcionar estratégias práticas.
- Traçar metas específicas.

É fundamental termos a compreensão clara do processo de orientação familiar. Em algumas situações, durante o processo de orientação, fica evidente a necessidade de uma abordagem mais aprofundada, como psicoterapia individual, de casal ou familiar. Assim, devemos fazer os devidos encaminhamentos. A orientação familiar difere da psicoterapia individual ou de casal, pois seu foco está na dinâmica familiar como um todo, buscando melhorar o funcionamento coletivo e as relações interpessoais dentro da unidade familiar.

Mas a orientação só pode ser feita visando às funções parentais?

O próprio termo "orientação familiar" sugere sua aplicabilidade em todas as relações familiares. Já atuei na orientação de familiares de pacientes com deficiência auditiva e câncer; assim, a orientação familiar é abrangente, podendo ter atuações específicas.

Peço que tenham atenção e direcionem o olhar para a atuação da orientação em famílias com idosos. Realizo esse processo com resultados notáveis.

Inúmeras famílias lidam diariamente com o envelhecimento, incluindo avós que assumem a criação de seus netos. O cuidado e a atenção dedicados aos idosos, pais e a todos nós são essenciais para que eles se sintam compreendidos, pertencentes e acolhidos. Assim como é essencial compreender as fases de desenvolvimento da criança e do adolescente, é igualmente importante possuir conhecimentos sobre o processo de envelhecimento e as doenças associadas. Um olhar sensível às necessidades dos idosos, a manutenção de relações afetivas e o suporte diante da perda de autonomia fazem com que possamos manter relações saudáveis; além disso, devemos estar atentos aos nossos próprios comportamentos diante das demandas do idoso.

Na orientação do idoso, é de suma importância fornecer informações e esclarecimentos sobre o desenvolvimento e as doenças, além da investigação detalhada do ambiente e das relações familiares. Geralmente, a orientação é realizada por profissionais especializados, como psicólogos, assistentes sociais, médicos ou terapeutas familiares, a fim de esclarecer, melhorar a conexão e a comunicação entre os membros da família e proporcionar estratégias para lidar com situações específicas.

Enfim, esta é apenas uma pequena introdução visando esclarecer e elucidar as abrangências da orientação familiar.

Aproveite os capítulos, ampliando suas possibilidades de atuação e de desenvolvimento pessoal e familiar.

Com todo o carinho,
Cristiane Rayes

Superdica: acreditem e invistam em seus sonhos!

1

CULTIVANDO A SI E AS RELAÇÕES SOB SEU OLHAR

Ah, o olhar! Fonte de inspiração para músicas, expressões e conexões. Vai além do simples ato de enxergar, representando uma percepção profunda e abrangente. Neste capítulo, compartilho o registro da minha prática profissional, destacando as sete dimensões do olhar. Além disso, sugiro explorar a capacidade do olhar por meio da imaginação e mentalização, com o intuito de possibilitar reflexões, atitudes, fortalecimento pessoal e de suas relações.

CRISTIANE RAYES

Cristiane Rayes

CRP 06/40025

Contatos
cristianerayes@gmail.com
Instagram: @crisrayes
11 98573 0444
Clínica: 11 96346 6078 / 11 5071 1331

Mãe dos amados Mariana e Vitor. Psicóloga clínica e educacional, há 32 anos atua no atendimento de crianças, adolescentes, adultos e orientação de famílias. Especialista em orientação familiar e processos psicoterapêuticos, terapia cognitivo-comportamental, distúrbios de aprendizagem, mediação de conflitos e terapia EMDR. Desenvolvimento de projetos de habilidades socioemocionais e treinamento de professores. Palestrante. Responsável pelo curso de Orientação Familiar. Coordenadora do curso de especialização em Orientação Familiar e Educação Parental no InTCC Rio. Idealizadora dos jogos e materiais terapêuticos: *Prumo das emoções*, *Coleção feelings*, *Dinâmica e comunicação familiar*, *Luva 5 AS*, *Jogo da coragem e confiança* e *Eu sou, eu posso ser...* e *Caixinha da amizade*. Autora dos *Baralhos animação* e *Corujas em ação;* e dos livros *Autoestima de A a Z* e *Superando os medos de A a Z*; além do Jogo e recurso terapêutico *Mais sobre minha história*, publicados pela Literare Books International. Coordenadora da trilogia de livros *Orientação familiar* vols. 1, 2 e 3; organizadora, em parceria com a Editora Literare Books, do 1º, 2º e 3º Congresso de Orientação Familiar.

No livro *Orientação familiar*, volume 1, abordei as dores e amores nas relações familiares e os aspectos que interferem nas dinâmicas. No volume 2, trouxe a importância de direcionar o olhar para sua história, além das dores mais frequentes diante dos desafios da parentalidade. Agora, ao fechar a trilogia dos livros *Orientação Familiar: teoria e prática*, trago as abrangências do olhar para si e para o outro e o olhar sob sua imaginação, associando com a construção de um jardim. Desenvolvi essas práticas ao longo dos meus anos de profissão, sem ter a intenção de ser uma teoria, mas trazendo a possibilidade de conhecimento, reflexões e ações. Em meus anos de atendimentos, ficou evidente que a maioria das pessoas tem um olhar mais carinhoso e respeitoso com os outros do que consigo mesmas. Espero que, ao terminar esta leitura, você possa ampliar seu olhar buscando reforçar seu amor-próprio, suas potencialidades, fortalecer suas relações e ir em busca de atitudes necessárias.

As abrangências do olhar para si e para o outro

O olhar para si permite uma conexão profunda com seu eu, envolvendo o autoconhecimento, a autoconsciência e o autodesenvolvimento, mas, para que isso aconteça, é preciso que você se permita e pratique ativamente. É um processo contínuo de descobertas e redescobertas recheadas de significados e ressignificados.

Olhar para o outro não é apenas enxergar, é a poderosa arte de interação humana que transmite mensagens e estabelece conexões profundas. O olhar é capaz de transmitir emoções, intenções e desejos, de trazer o sentimento de pertencimento, de permissão e o acolhimento, mas também de crítica, rejeição e desprezo. É sob o olhar dos nossos pais que formamos nossa identidade, autoconceito, crescemos, florescemos ou murchamos. Em minha época de faculdade, ouvi uma frase que nunca mais esqueci, provavelmente quando estava estudando Winnicott: "O olhar dos pais libidiniza os filhos", referindo-se ao olhar que transmite amor, afeto e cuidados. Vivemos sob muitos olhares que nos influenciam.

Vamos juntos explorar as abrangências pelas quais o olhar pode se manifestar:

1. O olhar atento é aquele que possibilita a conexão com nós mesmos e a compreensão de nossas necessidades. Envolve estar realmente com a cabeça onde os pés estão, com a mente focada no presente, e o direcionamento intencional, seja físico, emocional ou mental, o que favorece o desenvolvimento do autocuidado.
Nas relações interpessoais, esse olhar atento se traduz em disponibilidade e sensibilidade para a percepção e o acolhimento das necessidades alheias, permitindo cultivar uma conexão genuína.
Necessidades, cuidado, conexão.

2. O olhar amoroso vai além da simples observação; envolve olhar com o coração. Manifesta-se em observar e validar nossas emoções e experiências internas mesmo as mais desconfortáveis ou desagradáveis, possibilitando o acolhimento e a expressão dessas emoções e experiências de maneira respeitosa. Envolve sermos gentis, compassivos e afetivos com nós mesmos. Contribui significativamente para o autoconhecimento e a regulação emocional.
Nas interações interpessoais, enriquece a empatia, a comunicação de maneira única, a compreensão mútua e o estabelecimento de laços significativos. Traz significados de sentir, pertencer e amar, revelando nuances emocionais que podem ser tão impactantes quanto uma interação verbal.
Afeto, respeito, acolhimento.

3. O olhar curioso nos permite explorar e descobrir coisas novas e desperta nossa vontade de saber mais. É uma atitude mental de abertura, interesse e disposição para explorar e aprender, podendo estar associada à criatividade motivando-nos a encontrar novas formas de pensar e agir. Ser curioso em relação a nós mesmos e nossos interesses estimula a exploração, a inovação e o autodesenvolvimento contínuo.
Ser curioso em relação aos outros demonstra nosso interesse e atenção, instigando a curiosidade alheia.
Interesses, desenvolvimento, criatividade.

4. O olhar corajoso vem com nossa capacidade de ação e movimento. É a disposição para encarar as situações tanto diárias como desconhecidas e agir apesar das incertezas. O olhar corajoso envolve automotivação e experimentação em direção aos objetivos. A coragem é uma qualidade valiosa que pode levar a agilidade, superação e conquistas significativas, porém é necessário ter consciência e avaliar consequências.
Nas relações com os outros, envolve dar nosso apoio, suporte, auxiliar nas resoluções de problemas e encorajar.
Atitudes, motivação, encorajamento.

5. O olhar coerente traz reflexões e harmonia entre nossos pensamentos, sentimentos, argumentos e ações, buscando compreender profundamente o contexto e as sutilezas presentes em uma situação. Vem da habilidade de autoanálise e atitudes coerentes aos nossos princípios e valores. Favorece a busca de propósitos, sendo orientado por critérios e decisões consistentes. Exige equilíbrio, sabedoria e foco.
Quando colocamos nossos propósitos em sintonia com a realidade, intensificamos nossa disciplina e força de vontade.
Em relação aos outros, envolve agir de maneira equilibrada, consistente e justa com comunicação eficaz, criando base de confiança. Quando nos relacionamos de maneira coerente, também podemos auxiliar a coerência do outro de maneira sábia e respeitosa.
Harmonia, sabedoria, propósitos.

6. O olhar humilde é uma postura de modéstia, abertura e disposição para aprender, reconhecer e aceitar as próprias limitações e falhas sem entrar em vitimização.
Uma pessoa com um olhar humilde está disposta a ouvir, aceitar *feedback* e reconhecer que sempre há espaço para crescimento e aprimoramento. Traz o cultivo da autocompaixão, além de permitir o perdão. Esse olhar promove aceitação das dificuldades, a busca por novas estratégias com expectativas realistas e alcançáveis, em vez de uma autocrítica excessiva. Nas relações interpessoais, evita julgamentos e críticas excessivas, favorece a aceitação e a resiliência, além de auxiliar os outros em suas dificuldades. Compaixão, aceitação, resiliência.

7. O olhar orgulhoso traz a possibilidade de observar, reconhecer, validar e admirar o que fazemos e temos de bom, nossos esforços, superações e conquistas, grandes ou pequenas. Reconhecer nossos dons e habilidades é essencial para o autoconhecimento e motivação. Esse olhar também traz força para seguir em momentos difíceis. Ser orgulhoso de si não é ser prepotente, mas sim cultivar seu autovalor e estima.
Ter um olhar orgulhoso para os outros é saber reconhecer os dons, as habilidades, esforços e conquistas do outro, elogiando e parabenizando, favorecendo assim relações de admiração e incentivos.
Reconhecimento, motivação, admiração.

Após conhecer os olhares, responda:

Eu preciso ________________________________, __________

Eu sinto ________________________________, ______________

Eu quero saber mais __________________, ____________________

Eu encaro ____

Eu tenho como propósito ___________________________

Eu aceito ______________, ___________________________

Eu sou _______________________, ______________________

Você também poderá responder sobre outra pessoa, o que certamente favorecerá sua relação e conexão.

Sob o olhar da imaginação

A imaginação mental traz a possibilidade de criarmos e visualizarmos imagens, ideias ou conceitos. É um processo que nos permite explorar possibilidades, indo além do que é percebido pelos sentidos.

Agora te convido a explorar o olhar pela imaginação. Vamos construir seu jardim das relações; para isso, você não precisa do conhecimento sobre plantas e flores; basta imaginar e sentir com o coração.

Sente-se ou deite-se confortavelmente, feche seus olhos e respire fundo.

Imagine seu núcleo familiar – visualize as pessoas da sua família, incluindo você. Cada pessoa é representada por plantas ou flores, simbolizando características individuais e vínculos. Comece observando detalhadamente cada um com suas características. Como está configurado o seu jardim familiar?

Comunicação – agora, estenda esse olhar ao aspecto comunicativo, imaginando plantas ou flores conforme seu ambiente familiar, considerando o encorajamento, a escuta ativa e o tempo dedicado às conversas. Você poderá representar conforme sua imaginação, mas trago a dica de representar os aspectos negativos com plantas secas ou flores murchas.

Organização e planejamento – em seguida, transponha esse olhar para a esfera da organização e do planejamento. Imagine plantas que simbolizam a divisão de tarefas, o planejamento financeiro, o tempo individual de cada membro, a influência da tecnologia, enfim, o que julgar relevante. Observe como esses elementos contribuem para o bem estar ou interferem no jardim familiar. Quais sensações evoca em você?

Emoções – agora vamos para o próximo passo, acrescentando um clima ao seu jardim; este representa o clima emocional mais frequente na sua família. Você poderá imaginar tanto como condição climática como representar as emoções mais recorrentes no dia a dia por meio de diferentes flores e plantas, refletindo sobre a harmonia ou a necessidade de equilíbrio emocional. Como está o clima em seu jardim?

Avaliação e ação – após observar cuidadosamente seu jardim com todas as representações mentais, identifique quais plantas estão florescendo saudáveis e quais necessitam de atenção e cuidados especiais. Reconheça as necessidades familiares e considere como melhor cuidar de cada aspecto.

Abra os olhos e, se quiser, desenhe o jardim mentalizado. A seguir, responda:

- Quais são as demandas e carências familiares identificadas?
- Como é possível nutrir e cultivar esse jardim familiar?
- Quais são as flores e ou plantas que estão saudáveis e fortes?
- O que é preciso eliminar, semear, replantar e colher para promover um ambiente mais saudável e florescente?

A compreensão das dinâmicas familiares desempenha um papel crucial no amadurecimento individual. Ao adotar esse olhar imaginativo, você poderá fortalecer os laços familiares, atendendo às necessidades específicas de cada membro promovendo um crescimento saudável.

Outras formas de praticar a construção do jardim

Você também poderá praticar a imaginação de seu jardim mentalizando em separado a sua relação conjugal, parental, com um membro específico da família, sua relação profissional e de amizades.

Você poderá realizar esse exercício de imaginação individualmente onde cada membro da família registra seu desenho, e logo após juntos, observam as construções do jardim de cada um, abrindo espaço para diálogo e negociações.

Também é possível fazer o desenho conjunto, em que todos os membros da família construirão um único jardim, devendo entrar em acordo.

Pode-se utilizar o material *Cultivando as relações*, desenvolvido por mim e publicado pela editora Literare Books. O recurso permite a investigação das relações por meio da autoavaliação abordando temas diversos, permitindo a construção e visualização do jardim pelas lindas imagens, além de possuir várias dinâmicas de jogos.

O jardim sob seu olhar não apenas proporciona uma visão simbólica da dinâmica familiar, mas também favorece o olhar sob diferentes perspectivas, *insights* valiosos sobre as necessidades e potenciais de crescimento, além de possibilidades na resolução de desafios e problemas.

O jardim precisa sempre de cuidados

Viver em um ambiente seguro e facilitador é essencial para o nosso bem-estar e crescimento pessoal. Um ambiente seguro proporciona uma sensação de estabilidade e confiança, é um espaço que nos sentimos aceitos, amados e acolhidos. Um ambiente facilitador é aquele que se adapta às nossas necessidades em constante mudança, oferece uma variedade de recursos e suporte para atender às demandas específicas de cada pessoa.

Infelizmente, nem todos os lares proporcionam tal ambiente saudável. Existem inúmeros desafios, desde conflitos conjugais e parentais até relações tóxicas. Alguns lares estão repletos de discórdias, mágoas, ressentimentos e competições. Diante de tantos desafios, é necessário dar a devida importância aos acontecimentos e à qualidade de nossas relações e adotar atitudes que preservem a saúde do ambiente familiar. Quando me refiro a um ambiente saudável, não sugiro a ausência de conflitos, pois eles são inevitáveis. Entretanto, destaco a importância de um ambiente seguro e facilitador e a habilidade de resolver conflitos de maneira respeitosa. A construção de um lar "jardim" saudável exige muito de nós; são vários os fatores a serem explorados num processo dinâmico e contínuo que exige esforço de todas as partes envolvidas. Ao cultivar conscientemente seu jardim, você se tornará um hábil jardineiro, pronto para cuidar do terreno precioso das suas relações.

Orientações para olhar e cultivar a si e as relações

- Olhe para si de maneira atenta, amorosa, curiosa, corajosa, humilde, coerente e orgulhosa.
- Olhe para os outros com seu melhor olhar.
- Cuide-se e cuide com amor.
- Cuide do solo; ele é a base de tudo.
- Plante sementes e mudas de acordo com seus propósitos.
- Observe as condições climáticas.
- Entenda o que é necessário para que seu jardim se mantenha saudável: sol, sombra, chuva...
- Regue seus sonhos.
- Tenha paciência até que cresçam e floresçam.
- Nem todas as plantas dão flores e ou frutos, mas todas têm seu encanto.
- Se não floresceu, talvez você tenha de cuidar de modo diferente ou replantar.
- Se murchou, pense em novas possibilidades.

• Se cresceu, colha os frutos e flores e aproveite a sombra. Alegre-se e valide as conquistas.
• As pragas existem; fique atento para que não dominem seu jardim.
• Reflita sobre o que precisa ser ajustado, cultivado, replantado ou colhido para promover um ambiente mais equilibrado.
• Utilize ferramentas para deixar seu jardim saudável.
• Lembre-se de que nem tudo depende de você.
• Sempre é tempo para cultivar, nutrir, fortalecer e desenvolver bons relacionamentos.

Superdica: sob seu olhar, cresça, nutra e floresça.

Referências

GREENLAND, S. K. *Jogos de mindfulness.* 1. ed. Braga: Nascente, 2019.

WINNICOTT, D. W. *Família e Desenvolvimento individual.* Ubu Editora; nova edição com revisão técnica (10 março 2023)

2

MÃE: ENTRE BRUXAS E FADAS

A proposta deste capítulo é ampliar a consciência do leitor sobre os vínculos com sua mãe e como esses laços afetivos se refletem nos sentimentos e nas ações do indivíduo. Para colocar luz sobre esse elo mãe-filho(a), a simbologia da literatura será nossa grande auxiliar: vamos olhar para essa ligação de modo a acolher não só as fadas, mas também as bruxas! Ainda neste capítulo, você encontrará dicas valiosas de como se reconectar com sua história, ressignificando sua relação com a maternidade. Prontos para a transformação? Abra seu coração para o amor e para os feitiços que a vida generosamente nos apresenta.

ALESSANDRA RUY PERNA MALINVERNI
E LILIAN VENDRAME FONSECA

Alessandra Ruy Perna Malinverni

Contatos
www.redigiroficinadetexto.com
ale.redigir@gmail.com
Instagram: @ale_pmalin/@ale.redigir
19 99119 1188
Curso Redigir: 19 99927 8686

Professora com formação em Psicopedagogia e Psicanálise. Especialista em Teoria Crítica da Literatura pela Universidade Estadual Paulista (Unesp), atua como professora de adolescentes há 30 anos, ajudando-os a desenvolverem habilidades de escrita. Esse conhecimento e o amor pelo desenvolvimento humano são utilizados pela professora para tornar a sala de aula um local acolhedor e de bem-estar. Atua como supervisora e corretora de bancas dos vestibulares mais importantes do país e é idealizadora do curso de redação Redigir Oficina de Texto, espaço em que, há mais de 10 anos, acompanha jovens em busca de seus sonhos, com conhecimento e afeto.

Lilian Vendrame Fonseca

CRP 06/65755

Contatos
lilian-fonseca@hotmail.com
Instagram: @psi.lilianvendrame/@clinicavendrame
19 99348 0647

Psicóloga, neuropsicóloga, professora e psicopedagoga. Atua, há 15 anos, em atendimento de adolescentes e adultos, orientação familiar e profissional. Especialista em tratamentos para ansiedade e depressão, capacitada pela Universidade de São Paulo e Hospital Albert Einstein. Formação em terapia cognitivo-comportamental e gestalt-terapia. Qualificada para trabalhos com intervenções assistidas por animais (IAAs). Pós-graduada em Psicologia Analítica Junguiana – Perspectiva Multidisciplinar.

Aos meus filhos, Rafael e Leonardo, que me fazem nascer como mãe todos os dias e com quem aprendi o mais profundo significado do amor. Ao meu marido Paulo César, companheiro amoroso, grande incentivador dos meus sonhos e com quem divido a incrível (e também desafiadora) jornada de educar nossos meninos.

Alessandra Ruy Perna Malinverni

À minha mãe, que, apesar das suas limitações, me ensina a ser filha e mulher a cada dia. Aos meus pacientes que me ajudam a entender que cada indivíduo é único, que podemos compartilhar nossa humanidade imperfeita e evoluirmos juntos. Ao meu companheiro de vida por todo amor e compreensão. Todos vocês estão eternizados na memória do meu coração.

Lilian Vendrame Fonseca

Antes de sermos mães, somos filhas

Fala-se muito em como ser uma mãe "boa" e consciente sobre a relação com os filhos, mas pouco se fala sobre a relação que a mãe teve com a sua própria mãe. Quando existe uma desconexão entre mãe e filha, existe também uma dificuldade de olhar para o próprio funcionamento interior. E, para a conexão com seus filhos, primeiro é importante ter conexão consigo mesma.

Para iluminar essa reflexão, será abordado o complexo materno baseado na visão de Carl Gustav Jung, psiquiatra e psicoterapeuta suíço, fundador da psicologia analítica. A escolha da abordagem junguiana foi pelo fato de que Jung era um homem observador, introspectivo e sensível, além de um profissional e pesquisador. Permita-se que a sensibilidade da alma humana de Jung conecte-se com a sua.

Você ressignificou seus valores?

Somos os pais deles, mas o que eles se tornam é maior do que nós. Eles vão tomar boas decisões e, às vezes, tomarão decisões ruins. E, de vez em quando, eles farão algo que irá nos surpreender. Algo que vai além até dos nossos sonhos mais loucos.
(Da série *This is us*, diálogo entre o casal Jack e Rebecca, pais de trigêmeos).

Somos filhas e filhos. Nossa forma de viver, de sentir e de encarar o mundo traz muito da relação tão intensa com nossos pais, mães, cuidadores e, principalmente, de como interiorizamos e ressignificamos essa relação. Neste capítulo, vamos nos concentrar na força da maternidade. Olhar carinhosamente para o vínculo com as mães, despindo-nos de julgamentos, é uma forma genuína de buscar autoconhecimento, imprescindível para cuidar de nós mesmos e, assim, estarmos preparados para cuidar do outro.

Você vai sentir como é libertador e enriquecedor compreender a relação com a própria mãe/cuidadora e ressignificá-la de maneira positiva. É uma jornada de reafirmações e de transformações: reafirmar valores positivos (os quais você deseja eternizar, pois trazem mais leveza e alegria) e transformar os negativos (com os quais você deseja romper, para mitigar os ciclos de sofrimento).

Um convite à reflexão: se não resolvo meus conflitos internos com a maternidade, como vou ajudar meu filho ou meu paciente?

Nasce a mãe

"Amor é ação, não apenas sentimento". Ao nos apresentar essa frase, Bell Hooks abre um olhar mais profundo para o que é o amor e nos faz refletir sobre ser mãe para além do sentimento intenso e arrebatador que nos toma quando temos um filho. O amor se revela no cuidado afetuoso, na atenção, no compromisso em educar. Ser mãe, nessa perspectiva, não é apenas gerar. Para além dos laços biológicos, a jornada da maternidade se inicia quando o cuidador ou cuidadora se dispõe à prática amorosa da maternagem.

Assim, entendemos que são muitas as formas de nascer como mãe: no amor que se renova no ventre, no sentimento experimentado quando o filho ou a filha está em seus braços, no amor que se traduz em ações de cuidado. Nascer como mãe é se preparar para uma caminhada de dores e de alegrias. É ser trazida para uma nova sensibilidade, uma nova forma de se conectar com o mundo e, entre falhas e êxitos, perfeitamente imperfeitas, mães auxiliam os filhos a se encontrarem como seres únicos. Sejam, como lembra Jung, "amorosamente carinhosas ou fatalmente cruéis", as mães são nossa vivência e nosso segredo.

Como você enxerga a sua mãe? Entendendo os complexos

O que é um arquétipo?

Para Jung, o arquétipo indica a existência de determinadas formas da psique que estão presentes em todo tempo e em todo lugar e "pertence aos mais supremos valores da alma humana" (Jung, 2022). São imagens presentes no inconsciente coletivo, percebidas de maneira similar por todos os seres humanos, e representam padrões de comportamento. O arquétipo da mãe, por exemplo, é uma figura percebida pelas pessoas de modo semelhante: aquela que nutre, cuida e preserva a vida. A arte é muito rica em arquétipos. Encontramos imagens arquetípicas na literatura, nos filmes, nas músicas, nos mitos e nas lendas.

O que é o complexo materno?

O complexo materno diz respeito à internalização da imagem da mãe (como o filho/a filha interioriza a mãe a partir de atitudes reais dessa mãe e de outras percepções do filho(a). O arquétipo da mãe – como representação daquela que nutre, cuida e preserva a vida –, aliado à experiência individual com a própria mãe, faz internalizar uma figura materna que muitas vezes não corresponde à realidade – é a percepção do filho(a). Assim, é essa junção da representação arquetípica da mãe com a experiência individual que forma o complexo materno.

O que é mãe negativa?

Mãe negativa é a percepção da mãe como aquela que desperta o terror e o medo. Possessiva e dominadora, não admite que o filho se transforme e dissolva a relação com ela. Mantém o filho no círculo urobórico, representado na mitologia pela imagem da serpente mordendo a própria cauda. Impede que ele conquiste a autonomia e, assim, desenvolva a psique reativa (sempre em estado de alerta para se proteger e obedecer). É percebida como terrível e superior.

O que é mãe positiva?

Mãe positiva é a percepção da mãe como figura acolhedora e amorosa, que ajuda o filho no processo de transformação e de conquista da autonomia. Ajuda a sair do círculo urobórico para gerenciar a própria vida. A mãe positiva permite a existência do filho para além dela e o auxilia a desenvolver a psique receptiva (aproximação espontânea e sem medo). É percebida como perfeita e superior.

Contos de fadas iluminam nossa compreensão

Como vimos, os arquétipos estão presentes na literatura e, nos contos de fada, apresentam-se de modo muito especial. A figura materna aparece de maneiras distintas e representa a forma como os filhos (principalmente as filhas), ao longo das vivências e experiências, enxergam-na e guardam-na em seu interior.

Em várias histórias, a figura da mãe cuidadora e acolhedora (tal como a percebemos na primeira infância) não aparece e, em seu lugar, as protagonistas devem lidar com madrastas e bruxas – representação da face terrível das mães dominadoras, possessivas, negligentes, imperfeitas.

Eis que, nas mesmas histórias, aparecem as fadas-madrinhas, sempre iluminando os caminhos, cuidando e acolhendo. É o retorno da percepção da mãe positiva, amorosa e defensora.

São notáveis, portanto, as diferentes faces da mesma mãe que se apresentam separadamente nesses contos e nos fazem refletir sobre as várias possibilidades de um filho ou uma filha enxergarem essa mãe, elaborarem suas vivências e, quiçá, conquistarem uma psique saudável compreendendo e acolhendo a complexidade e as imperfeições dessa mãe.

"A perversa madrasta representa a decepção de toda criança por não ter a mãe 'perfeita', aquela mãe imaginária sempre disponível, sempre compreensiva e incondicionalmente amorosa."

Mesmeranda, *um conto diferente*

Diferentemente dos contos tradicionais, em que madrastas e bruxas são castigadas e mortas, representando a "mãe terrível" que deve ser eliminada e esquecida, em *Mesmeranda* temos a história de uma filha que se cura e se reencontra quando, em vez de rejeitar ou eliminar, cuida da mãe malvada e louca.

No conto, uma mulher (mãe de Mesmeranda e mais três garotas) sai todos os dias para pegar comida e, quando retorna à casa, chama as filhas

1, 2 e 3 para compartilharem alimento, carinho e boas conversas. À filha 4, que é Mesmeranda, a mãe ordena que fique atrás da porta, não participe do jantar em família e, por fim, fique apenas com as sobras. Enquanto as filhas 1, 2 e 3 se desenvolvem saudavelmente, Mesmeranda obedece e permanece fraca e magra. Certa vez, um lobo decide enganar as meninas imitando a voz da mãe, chama-as para o jantar e, assim que elas se aproximam, são levadas pelo lobo para serem devoradas. A frágil menina permanece atrás da porta e se salva. Assim que a mãe descobre o que ocorrera com as filhas amadas, enlouquece e sai pelo mundo. Mesmeranda segue sua jornada sozinha, casa-se e se torna imperatriz. Anos mais tarde, reencontra a mãe que a negligenciou, nega-a em um primeiro momento, mas logo decide levá-la para seu palácio e cuida dessa mãe. "Então ela banhou a mãe, vestiu e penteou seus cabelos" (Murdock, 2022).

Nessa história, a figura da mãe não é desdobrada em bruxas e fadas. Suas ações de amor por um lado e de privação e de negligência por outro sintetizam os complexos maternos da mãe perfeita e da mãe terrível, ambos no mesmo ser. A dor de Mesmeranda é perceber a atenção da mãe voltada para as irmãs (que podem até representar as várias atribuições de uma mulher, como trabalho, marido e cuidados com a casa) e o que sobra para ela são migalhas. Internalizou o complexo da mãe terrível! Paradoxalmente, foram justamente as suas privações que a salvaram do perigo: seu castigo a fez esquivar-se do lobo. Pegou a sua dor, o seu desamparo e foi conquistar o mundo.

O mais encantador nessa história é a capacidade do perdão, de voltar os olhos para a mãe, de não a julgar e, em um gesto amoroso, reconciliar-se com sua criança interior, com sua força, enchendo a mãe de cuidados. Tornar-se consciente das imperfeições da mãe, tirá-la da obrigação da perfeição e não demonizar suas falhas fez de Mesmeranda uma mulher mais íntegra e feliz. Tivera ela filhos? Não sabemos, mas certamente esse resgate do amor materno fortaleceu seu amor-próprio e ela deve estar por aí, distribuindo afeto para os que com ela convivem.

Orientações aos filhos e às mães

Desconexão – conexão

- É importante olhar para a nossa história com a nossa cuidadora/mãe.

Perguntas para auxiliar filhos e filhas a se conectarem:

- Qual era a frase mais impactante que sua mãe falava na sua infância? Essa frase ainda ecoa na sua mente nos dias atuais? Como você lida com isso?
- O que você sentia, predominantemente, ao estar na presença da sua mãe?
- O que você aprendeu com sua mãe e não abre mão hoje?

Olhar sem julgamento

- Olhe para sua mãe como uma mulher imperfeita: dentro das dificuldades dela, ela fez o melhor que pôde por você.
- Cuidado! Não julgue as pessoas; você não sabe a história delas. Só nós sabemos as delícias e amarguras de ser quem somos.
- Algumas reflexões sobre julgamentos: como está a sua autocrítica? O que você ganha quando julga o outro? O que de você está nesse julgamento?

Lembre-se de que:

- As pessoas estão fazendo o melhor que elas podem com as habilidades que têm.
- Uma maneira mais eficaz do que julgar e culpar é perceber o meu próprio comportamento e o que estou buscando com ele.

Ressignificar de maneira positiva

Não podemos mudar o passado, mas é possível ressignificá-lo. É nossa responsabilidade lidar com o nosso comportamento no presente. Podemos aprender a acolher nossa história, emoções, pensamentos e, para isso, a reflexão pode ajudar.

Leia as seguintes frases/perguntas e anote as respostas em um papel. Atente-se para os sentimentos que vão surgir.

- Escolha de 3 a 5 palavras para descrever: a aparência de sua mãe; o(s) humor(es) mais predominante(s) emanado(s) de sua mãe (atmosfera da casa).
- Quando você tinha problemas na escola, você podia contar com sua mãe?
- Quais são suas dores e alegrias na vivência com sua mãe?
- Se você tivesse que dar um nome para sua experiência com sua mãe, como se fosse um livro, qual nome seria?

Círculo urobórico

Na mitologia, o círculo urobórico é representado pela imagem da serpente mordendo a própria cauda. Quando ficamos presos nesse círculo, não conseguimos desenvolver o processo de individuação, somos impedidos de conquistar a autonomia e ficamos sempre em estado de alerta para nos proteger e obedecer.

Como você avalia sua serpente? Enquanto mãe, o quanto você prende sua filha ou seu filho nesse círculo com a superproteção? Você se permite se olhar como filha? Qual a principal "obediência" que você ainda mantém à sua mãe? Qual é o seu medo de sair do círculo?

O perdão de Mesmeranda

Perdoar é importante, pois nos permite lidar de maneira funcional com a raiva, o rancor, a tristeza e outros sentimentos desagradáveis. Ao realizar o ato de perdoar, tem-se uma oportunidade de se libertar das amarras que trazem peso negativo para nossas vidas. É um símbolo de inteligência emocional e, em muitos momentos, de amadurecimento pessoal.

Fadas e bruxas

Como seres humanos imperfeitos, temos sombra e luz. Quanto mais você se permite conhecer suas potencialidades e dificuldades, mais saudável você se torna.

Você tem consciência da forma como se relaciona com as pessoas?

Como atua a sua fada? E sua bruxa, como é? Onde está seu lado fada nas suas relações?

Amor-próprio

O amor-próprio é o carinho nutrido por si mesmo. É acolher as emoções, aceitar qualidades, defeitos, sucessos, fracassos, compreender a imperfeição e estar disposto a melhorar. O passe de mágica é a aceitação da imperfeição.

Superdica: permitam-se ser perfeitamente imperfeitos.

Referências

BETTELHEIM, B. *A psicanálise dos contos de fadas*. Tradução de Arlene Caetano. Rio de Janeiro: Paz e Ternura, 1980.

CORSO, D. L. *Fadas do divã: psicanálise nas histórias infantis*. Porto Alegre: Artmed, 2006.

HOOKS, B. *Tudo sobre o amor*. São Paulo: Elefante, 2021.

JUNG, C. G. *Os arquétipos e o inconsciente coletivo*. Tradução Maria Luiza Appy, Dora Mariana R. Ferreira da Silva. 11. ed. Petrópolis: Vozes, 2014.

MURDOCK, M. *A jornada da heroína: a busca da mulher para se reconectar com o feminino*. Tradução Sandra Trabucco. Rio de Janeiro: Sextante, 2022.

THIS is us. Dan Fogelman. Estados Unidos: NBC, 2016-2022.

3

ORIENTAÇÃO FAMILIAR NO SERVIÇO PÚBLICO DE SAÚDE

Em conformidade com os princípios do Sistema Único de Saúde (SUS), a orientação familiar é um serviço essencial a se realizar no atendimento psicológico. Assim, neste capítulo, trago minha experiência com atuação como psicóloga da família na unidade de saúde pública, contribuindo para você, seja leitor, profissional ou pai/mãe, mostrando que é possível desenvolver um bom trabalho psicoterapêutico e de orientação com as famílias.

ALEXANDRA INVITTI

Alexandra Invitti

CRP 12/09797

Contatos

alexandrainvitti.psico@gmail.com

Instagram: @alexandrainvitti.psico/
@alexandrainvitti_psico

WhatsApp: 48 98408 7615

Psicóloga clínica, há 15 anos atua no atendimento de crianças, adolescentes, adultos, idosos e casais, com orientação familiar e parental. Especialista em terapia cognitivo-comportamental. Especialista em Orientação Familiar e Educação Parental pelo Instituto de Terapia Cognitivo-Comportamental (InTCC Rio). Certificação Internacional/Austrália – Método Friends – Resiliência para a Vida. Formação em terapia de regulação infantil (TRI) – protocolo de regulação emocional, clínico e preventivo. Palestrante em escolas, unidades de saúde e congressos. Membro do Conselho de Escuta Especializada de crianças e adolescentes vítimas de violência, de Antônio Carlos (SC). Psicóloga da Saúde da Família na Unidade Básica de Saúde (SUS) de Antônio Carlos (SC), trabalha, desde 2017, no serviço publico.

O serviço público de saúde é definido pela Constituição como um conjunto de ações e serviços prestados, por órgãos e instituições públicas, federais, estaduais e municipais, que operam com a mesma forma de organização em todo o país, constituindo assim o Sistema Único de Saúde (SUS). É regido por uma doutrina de princípios, sendo eles: universalização, equidade, integralidade, descentralização e participação popular. Os serviços realizados pelos profissionais do SUS abrangem desde a atenção primária no atendimento à saúde, na assistência de necessidades básicas, às mais complexas, proporcionando acesso universal, integral e gratuito para toda a população, sendo um direito garantido para todos. Suas ações são voltadas à promoção, proteção e recuperação da saúde, qualidade de vida e bem-estar.

O atendimento psicológico oferecido na Unidade de Saúde pública de Antônio Carlos-SC, onde trabalho, se dá por meio de um processo de encaminhamento, e quantidade de sessões pré-estabelecidas, onde o familiar realiza consulta com o médico da Atenção Básica de Saúde, e se necessitar de auxílio psicológico é encaminhado. Em seguida este é inserido no sistema SISREG – SUS por um médico regulador , conforme a gravidade do diagnóstico. O paciente em consulta com o psicólogo é reavaliado no decorrer do tratamento, que será realizado entre 10 e 25 consultas. Este é um protocolo desenvolvido, ao qual propus, em acordo com os gestores da saúde, e demais profissionais da área especializada que atendem na Unidade de Saúde.

A orientação familiar

A família é a base da sustentação, crescimento físico, psíquico, emocional e espiritual, e assim permanecerá para sempre presente na nossa história de vida.

A orientação familiar torna-se essencial para atender e acompanhar todos esses aspectos do desenvolvimento em cada fase do indivíduo e da família como um todo, promovendo um caminho para a saúde mental, sendo possível realizá-la de modo eficiente nos atendimentos do SUS.

E, ao falar sobre orientação familiar, é importante ressaltar que devemos atender e orientar não só pai e mãe, mas também todos os membros da família envolvidos no cuidado com a criança e/ou adolescente, ou o indivíduo que está em tratamento. A família passa a ser o objetivo da atenção, em um atendimento humanizado, sendo compreendida a partir do meio onde vive, buscando uma visão mais ampla do processo de saúde, doença e das intervenções necessárias para o tratamento.

Os objetivos da orientação familiar, segundo Rayes (2023), visam potencializar os pais e/ou responsáveis, promovendo habilidades socioemocionais, tendo como propósito auxiliá-los a se tornarem mais conscientes de suas ações, sentimentos, comportamentos e de seus filhos. Além disso, fornece informações para auxiliar na resolução de problemas, buscando caminhos pertinentes a cada membro, abordando seus pontos fortes e trazendo o desenvolvimento pessoal e coletivo.

O atendimento psicológico

Nas consultas iniciais, realiza-se a avaliação das demandas do familiar. Se o paciente for a criança, a primeira consulta será com os pais; se adolescente, depende de quem é a queixa – se trazida pelos pais, realiza-se entrevista com eles e sucessivamente com o adolescente. Observo nesse processo, além dos sintomas emocionais que o paciente apresenta, o histórico de saúde psicológica e psiquiátrica, se há algum fator de risco a que a família possa estar exposta no seu próprio ambiente e se as necessidades básicas estão sendo supridas. Incluem-se no questionário de anamnese fatores como moradia, alimentação saudável, como está o sono desses pais e filhos, se há qualidade, descanso, se a família está conseguindo ter momentos de lazer, vida social, atividade física, além de espiritualidade e afeto. A investigação é importante para direcionar os atendimentos.

Devemos entender como é a dinâmica da família, trabalhar a organização, a rotina diária das atividades de todos, a escola dos filhos, o equilíbrio entre o trabalho e tempo de lazer, os momentos de privacidade e prioridades individuais.

Converso sobre a importância das crianças terem uma rotina com os horários preestabelecidos, do tempo de estudo, combinados e tempo limitado do uso de telas, do brincar, auxiliando na organização familiar e no planejamento das atividades. Também investigo como estão os hábitos dessa família, os comportamentos condicionados e as responsabilidades de cada membro.

Avalio a comunicação entre pais, filhos e irmãos. É de suma relevância, também, avaliar como está a relação conjugal e o quanto esses fatores estão impactando na saúde mental dessa família. Enfatizo a importância do companheirismo como casal, do entendimento de suas responsabilidades, de estar mais presente e conversar, estando atento ao ouvir e sensibilizar-se um ao outro.

Dessa forma, proponho nas sessões:

- Entrevista inicial.
- Anamnese direcionada ao paciente encaminhado.
- Investigação das necessidades básicas.
- Avaliação da rotina e organização familiar.
- Planejamento e objetivo das sessões de acordo com a necessidade.
- Conscientização da comunicação familiar, conexão e estilo parental.
- Psicoeducação aos pais.
- Orientação ao relacionamento do casal.
- Práticas e dinâmicas familiares.
- Fechamento das sessões, *mindfulness*, relaxamento.

Orientações às famílias

Olhe para suas necessidades

Postulamos que todo ser humano tem suas necessidades fundamentais para a boa saúde do corpo e da mente. As básicas incluem alimentação, moradia, sono, higiene, financeira, trabalho, descanso e lazer. As necessidades emocionais, segundo a Teoria do Esquema, são: vínculos seguros com outras pessoas, como afeto, amor e sexo, trazendo segurança, cuidado e aceitação; autonomia e identidade; liberdade para expressar emoções; espontaneidade e lazer; limites realistas e autocontrole.

Um indivíduo psicologicamente saudável é, de acordo com Young e colaboradores (2008), aquele que consegue satisfazer de maneira adaptativa suas necessidades emocionais fundamentais.

Se alguma dessas necessidades não forem atendidas desde a infância, podem influenciar no temperamento e na desordem emocional, resultando em comportamentos e esquemas desadaptativos, como frustração, rejeição, abandono, desconfiança, defectividade e vergonha, autonomia, privação emocional e isolamento social, bem como no desenvolvimento da personalidade na vida adulta.

Em atendimento, muitas das queixas trazidas pelos pais sobre os sintomas que a criança e o adolescente apresentam vêm de algum aspecto de uma necessidade que não está sendo suprida pelos próprios pais. Vejamos um exemplo: um(a) pai/mãe que chega em casa do trabalho e ainda tem muitas atividades a cumprir vê que a criança não fez seus deveres escolares. Esse adulto fica irritado e expressa suas emoções com raiva, exausto por não ter descansado o suficiente (necessidade não suprida) e não percebe que o filho estava a esperar os pais por ter dificuldade de fazer a tarefa sozinho, sendo uma necessidade da criança.

Às necessidades individuais juntam-se as da família, e por meio da investigação é possível orientar e promover o bem-estar. Se as necessidades dos pais não estão sendo supridas, o sistema familiar não funciona.

Desse modo, sugiro e compartilho aqui algumas ações que irão ajudar:

- Tempo para o autocuidado. Na maioria das vezes, os pais põem à frente as necessidades dos filhos e esquecem de si. No entanto, para cuidar bem dos filhos, primeiro precisam se cuidar. Reserve um tempo para fazer o que gosta, como realizar uma atividade física, yoga, meditação, estar com amigos. Se permitir descansar e relaxar é essencial para o bem-estar emocional e individual, além de propiciar um ambiente familiar mais calmo e feliz.
- Nutrir-se com a escolha por uma alimentação saudável para a família. Se não dispõe de conhecimento sobre quais os alimentos mais adequados, de acordo com a faixa etária e as necessidades de cada um, busque ajuda de um profissional da saúde ou nutricionista. E no momento das refeições preze o convívio familiar; não utilize telas e celular.
- Avalie se suas necessidades estão sendo atendidas, que aspectos da área da sua vida podem estar influenciando a vida dos filhos, e como afetam a parentalidade. Consciente delas, vai ser mais fácil buscar práticas para supri-las, se fortalecer e conduzir seus caminhos e valores.
- Estimule seu filho a realizar exercício físico e esportes. A prática regular evita ansiedade, depressão e outros problemas de saúde mental, além de oferecer um melhor desenvolvimento cerebral e bem-estar.
- Incentive a gratidão. A gratidão é a emoção que mais leva a pessoa ao caminho da felicidade. Orientar os pais e ensinar os filhos a praticarem a gratidão é um excelente instrumento para permanecer positivo e desenvolver a resiliência. Uma forma de praticar é escrever um diário da gratidão, pensar pelo menos três coisas que aconteceram no seu dia, e agradecer por elas.

Organização familiar/planejamento da rotina

O bom funcionamento do sistema familiar requer uma dose de organização e precisa de planejamento da rotina. Crescendo nesse contexto, crianças e adolescentes desenvolvem melhor sua saúde mental, emocional e senso de ordem.

- Escreva em uma agenda ou faça um quadro, as atividades diárias de todos os membros da família, com horários e tarefas – escola, consultas com profissionais, trabalho dos pais, cursos e práticas esportivas e de lazer, regras. Cabe aos pais definir e organizar, mas pode ser elaborado com a participação dos filhos, em uma conversa ou reunião familiar. A organização facilita a dinâmica da família e garante que haja tempo para estarem mais juntos, diminuindo inclusive a culpa dos pais por não poderem estar presentes na vida dos filhos (veja no QR Code, que está no final do livro).
- Estabeleça uma rotina com horário para acordar, se deitar, comer, brincar, estudar e usar tecnologias.
- A falta de sono pode afetar o desenvolvimento cognitivo, causando irritabilidade e estresse. Dormir bem é essencial para o aprendizado e a memória.
- Nas atividades escolares, esteja atento às necessidades, possíveis dificuldades de aprendizagem e comportamentos, e busque conversar com seu filho, mostre interesse e auxilie. Quanto ao adolescente que irá prestar vestibular, apoie.
- Uso de telas. Sabemos o quanto tem sido prejudiciais quando em excesso, e desafiador para os pais orientar e impor limites. Monitore e supervisione, não para controlar, mas para garantir que estejam acessando conteúdos saudáveis e educativos.
- Seja modelo no automonitoramento do uso de telas. Quando estiver com os filhos, limite seu próprio tempo, de maneira consciente e equilibrada para o trabalho e as necessidades, e esteja presente.
- É importante organizar um tempo de lazer para os integrantes da família estarem juntos (só o casal, com cada filho), brincarem, se houver irmãos, e com a família.
- Planeje atividades recreativas no fim de semana e no período das férias escolares, para aproveitar mais esse tempo em família.

Comunicação e afeto

É fundamental que na família haja empatia entre pais e filhos; ela abrirá portas para uma conexão e comunicação mais saudável.

- Fortaleça a comunicação familiar, construindo confiança para que conversem de maneira aberta, e crie um ambiente de confiança em que todos se sintam à vontade para expressar suas emoções, problemas e frustrações, promovendo assim a resolução.
- Aos pais, escutem, sintam e observem a si mesmos; analisem seus pensamentos e ações.
- Escute seus filhos, converse, acolha suas emoções e sentimentos; ajude-o a entender como está se expressando.

- Pais devem ser modelo de enfrentamento das próprias dificuldades; com autoridade, fale com postura firme, e nas orientações converse olhando nos olhos da criança na mesma altura e posição delas.
- Auxilie seu filho a desenvolver a autonomia, deixando que ele mesmo vá construindo as atividades do seu jeito. Ao promover a autonomia, a criança cria habilidades de tomada e decisão em todas as fases da sua vida.
- Apoio mútuo é muito importante entre todos da família. Encorajar o filho ou pai/mãe, no momento de um desafio, quando estão com medo ou cansados, e se ajudar nas atividades, cria uma atmosfera de cooperação e respeito.
- O que os filhos mais precisam é de afeto, presença e amor, não é de presentes materiais.

A orientação familiar trará como auxílio aos pais a promoção das competências socioemocionais e desenvolvimento, essenciais para uma vida mais harmoniosa.

Superdica: atenda e acolha com amor... faça o seu melhor. De coração, sorria e abrace.

Referências

BRASIL. Ministério da Saúde. *Sistema Único de Saúde.* Disponível em: https://www.gov.br/saude/pt-br/assuntos/saude-de-a-a-z/s/sus. Acesso em: 08 mar. de 2024.

FRAIMAN, L. *A síndrome do imperador: pais empoderados educam melhor.* Belo Horizonte: Autêntica/São Paulo: FTD, 2019.

INVITTI, A. *Gestação e puerpério no Programa Saúde da Família da cidade de Antonio Carlos – SC.* 2008. Trabalho de Conclusão de Curso de Psicologia – Universidade do Vale do Itajaí, Biguaçu, Santa Catarina, 2008.

INVITTI, A. *Família remanescente – estudo de caso.* Trabalho de Conclusão de Curso (Especialização em Orientação Familiar e Parental) – Instituto de Terapia Cognitivo-Comportamental Rio, Rio de Janeiro, 2023.

4

ROTINA DA FAMÍLIA COM ADOLESCENTES, EQUILÍBRIO DE AGENDAS E NECESSIDADES

Neste capítulo, reuni informações sobre a adolescência e os desafios enfrentados pelo jovem nessa fase da vida, e como as rotinas da vida da família podem afetar as relações entre pais e filhos.

ANA CLÁUDIA DO NASCIMENTO JACOUB

Ana Cláudia do Nascimento Jacoub

CRP 05/30730

Contatos
ac.jacoub@gmail.com
Instagram: @psicoacjacoub
21 99614 2772

Casada com Jorge, mãe do amado Pedro. Psicóloga clínica atuando há mais de 20 anos com crianças, adolescentes e suas famílias. Psicomotricista pelo Conselho Federal de Psicologia (CFP). Membro da Associação Brasileira de Psicomotricidade. Neuropsicopedagoga pelo Instituto Cognitive. Neuropsicóloga. Especialista em Terapia Cognitivo-comportamental pelo CBI of Miami. Formação em Terapia Cognitivo-comportamental na Infância e Adolescência pelo CBI of Miami. Facilitadora do Programa Socialize-se. Autora do livro infantil *As emoções de Marina*. Coautora do livro *Educação socioemocional – da instituição para a vida*.

A adolescência e seus desafios

Parece que, quando falamos de adolescência, um ser mitológico e perigoso está à espreita, pronto para sair do seu esconderijo e nos atacar. Não é difícil encontrarmos, em nossa prática, pais que se sentem inseguros diante da adolescência dos filhos, mas, afinal, qual o motivo disso tudo?

Segundo Papalia e Feldman (2013), a adolescência corresponde a uma etapa do desenvolvimento caracterizada como o período de transição para a vida adulta, marcada por um conjunto de mudanças biopsicossociais que transcorrem em diferentes contextos, como familiar, social e escolar. É percebida como uma fase crítica, que envolve a busca pela identidade pessoal, sexual e profissional.

Como visto, são muitas mudanças e desafios vividos no seio da família, onde geralmente os pais de filhos adolescentes estão passando pela entrada na meia-idade, vivenciando suas próprias crises do desenvolvimento, questionando-se sobre suas vidas e o que fizeram com ela. Enquanto na adolescência as mudanças são rápidas e intensas, as da meia-idade estão associadas a questionamentos existenciais e ao excesso de trabalho e preparação para a terceira idade.

Para a Organização Mundial da Saúde (OMS), a adolescência vai dos 10 aos 20 anos, mas sabe-se que esses limites são imprecisos e, por isso, tem quem considere que ela vá dos 12 aos 24 anos. A adolescência começa com a puberdade, quando o sistema nervoso central inicia o estímulo da atividade complexa de processos neuroendócrinos que ocorre entre a infância e a idade adulta. A chegada da puberdade está programada geneticamente, ou seja, é característica da espécie *Homo Sapiens* e não sofre influência da vontade da pessoa ou do meio sociocultural em que ela está inserida. Já a adolescência é o período psicológico e social que se inicia a partir da puberdade, e o processo psicológico depende de critérios sociais e culturais para ser definida.

Sua duração varia de cultura para cultura e cada povo tem sua maneira de ser adolescente (Castanho, 2019).

O interesse pela adolescência é algo relativamente recente. Como visto, trata-se de um processo cultural, e em nossa cultura, a adolescência tem cada vez alcançado maior destaque, uma vez que a juventude é muito valorizada. Não é de se estranhar que essa fase de transformação alcance tanto destaque, mas, conforme veremos no decorrer deste texto, os desafios dessa fase não são tão simples nem para os pais nem para os jovens.

Uma pergunta muito frequente é: a adolescência de antigamente é diferente da de hoje? Segundo Castanho (2019), as questões sobre puberdade relacionadas aos hormônios seguem de maneira semelhante, mas com segurança podemos dizer que sim. A adolescência, por se tratar de um processo psicossocial e cultural, se modificou bastante; basta pensar em como nossa sociedade é diferente da que existia 50 anos atrás. Nossas exigências são maiores, nossas vidas mais complexas em relação a estudo, trabalho, relacionamento e sexualidade. Vemos hoje muitos adolescentes sofrendo estresse em relação a essas exigências, desenvolvendo sintomas físicos, desânimo e irritabilidade.

Devemos pensar no que se percebe como necessidades dos jovens atualmente. Talvez aquilo de que necessitássemos alguns anos atrás, quando éramos adolescentes, para essa geração não é tão necessário assim. Ao contrário, aquilo a que não dávamos importância, para os jovens atualmente pode ser de muita necessidade. As relações sociais intermediadas pelo uso da tecnologia, as necessidades de resultados e as pressões da vida moderna modificaram bastante o mundo em um curto espaço de tempo.

Os autores Aberastury e Knobel (1981) afirmam que o sujeito passa por transformações que são esperadas e ocorrem nessa fase. Eles nomeiam essas características de síndrome da adolescência normal. Esse é um período marcado, segundo eles, por lutos pelas perdas sofridas pelo sujeito. Dentre essas perdas estão a perda do corpo infantil, em que ocorre desconforto pelas mudanças e transformações corporais hormonais, neurológicas, químicas e físicas e o luto pela perda da imagem que fazem dos pais na infância. Assim, passam a enxergar os pais sob uma ótica mais humanizada, sem expectativa de que sejam heróis. Também há o luto pela perda da identidade infantil, uma vez que a sociedade passa exigir comportamentos diferentes dos anteriores, já que a criança cresceu. Os autores também mencionam outras características:

- Busca de si mesmo e da sua identidade.
- Separação progressiva dos pais.
- Tendência grupal.

- Necessidade de intelectualizar e fantasiar.
- Crises religiosas.
- Distorção temporal.
- Contradições sucessivas na manifestação da conduta.
- Atitude social reivindicatória.
- Constantes flutuações de humor.
- Evolução sexual.

Essas ideias, amplamente estudadas nos anos 1960, trouxeram um olhar diferenciado para essa fase do desenvolvimento humano, e a adolescência passou a ser alvo de interesse da psicologia. Ao lado das perdas sofridas pelos jovens, também se abre espaço para falar das perdas sofridas pelos pais, que se sentem enlutados pela perda do filho infantil, dócil e de fácil manejo, que acatava tudo, e passam a ter um jovem que questiona comportamentos e propõe novas regras para o que estava estabelecido. Dessa forma, os pais se sentem enlutados, mas também se sentem surpreendidos positivamente pelas qualidades que percebem estar se estabelecendo.

A partir dos estudos e contribuições de Aberastury e Knobel na obra *Adolescência normal* (1981), essa fase se tornou objeto de interesse de outros estudiosos, como Urribarri (2003), que coloca em contraponto o luto mencionado por Aberastury, que se mistura com o júbilo de alcançar novas conquistas, pois, segundo ele, a transição da infância para a adolescência pela qual o jovem passa é desejada. O autor continua: "Esse luto descrito por Aberastury e essas tarefas que ela elenca no decorrer da adolescência demonstram o grande desafio que esse período de vida coloca para o adolescente". No entanto, em seus estudos, diferentemente de Aberastury e Knobel, Urribarri propõe que o luto mencionado por ela não seria propriamente algo difícil e dolorido pois, nessa tarefa de se lançar para o mundo adulto, apesar das perdas psicológicas do corpo infantil e dos pais idealizados da infância, o jovem se sente impulsionado a conquistar o mundo, trazendo júbilo pelo que está por vir. Segundo o autor, "se ele custa a deixar o infantil deseja ardorosamente o novo e luta para consegui-lo" (URRIBARRI, 2003). O autor aponta dois equívocos na teoria de Aberastury e Knobel na visão sobre a adolescência: primeiro, a perda não implica necessariamente luto; segundo, o termo luto como unívoco. Nem toda situação dolorosa implica luto. Ele fala que é um processo de transitoriedade; esse processo causa muitas inseguranças, como já sabemos, e não é fácil lidar com todas as demandas desse período, somadas ainda aos desafios sociais de estudo, início da vida laboral e relacionamentos. Mas há, contudo, um impulso em direção às conquistas da vida adulta.

Quando recebemos pais de adolescentes no consultório, as queixas com frequência estão ligadas a comportamentos que atrapalham a rotina dos estudos e dos compromissos. É muito comum na clínica infantojuvenil que as dificuldades acadêmicas possam ser fatores indicativos de que algo não vai bem. Nas nossas seções de orientações com os pais, é muito importante que possamos ouvi-los sobre o problema que estão trazendo, mas também buscar entender o que eles viveram na própria adolescência pois, como vimos até aqui, muitos desafios são vividos e a mudança nos papéis sociais também influencia na adolescência. Pais que tiveram muita dificuldade na própria adolescência por terem tido pais mais autoritários ou ao contrário, por terem tido pais muito permissivos, tendem a ter dificuldades em acertar o passo nas exigências e cobranças, e podem ter dificuldades em entender as necessidades dos filhos.

Outro ponto a ser discutido com eles é o que esperam do filho. Conseguem estabelecer metas claras e plausíveis? Muitas vezes os pais acabam impondo aos adolescentes uma rotina muito pesada, cheia de afazeres, como a deles próprios costuma ser, e esquecem que a capacidade dos adolescentes para a realização das tarefas da rotina precisa ser levada em conta. Não basta apenas colocar as obrigações; também se deve entender de que eles necessitam e de que maneira conseguem se organizar para dar conta de todas as atividades.

Como expõe Rayes (2023),

> [...] tem pais que não conseguem ver os filhos sem fazer nada, transmitem a mensagem de que, se você não estiver fazendo algo, não será ninguém na vida. Acham que os filhos estão perdendo tempo e temem pelo seu futuro. Lotam tanto suas agendas como as dos filhos, desencadeando estresse que se manifesta no corpo e na mente, desencadeando o desenvolvimento de doenças, alterações de comportamento e psicopatologias. Além disso, pais estressados podem ter filhos estressados, pois o ambiente, as relações e os modelos são fortes influenciadores. Pais estressados são mais irritados e sem paciência, não sensíveis às necessidades de seus filhos e não conseguem manejar as situações ou alterar a rotina.

No consultório, as queixas dos filhos muitas vezes são direcionadas à forma com que os pais costumam se comunicar com eles: cobram estudo, organização do quarto, atenção com o horário, e muitas vezes essas acabam sendo as únicas interações que mantêm com os filhos, não conversando sobre outros assuntos ou apenas os escutando, sem ficar, como costumam mencionar, criticando-os.

Orientações aos familiares

Algumas reflexões:

• Reconheça suas próprias limitações quanto aos horários estabelecidos para as atividades que você precisa fazer todos os dias, como conciliar trabalho, afazeres domésticos e autocuidado. Como você administra sua rotina?
• Você tira um tempo para si mesmo ou vive fazendo uma coisa atrás da outra, no modo automático?
• Você consegue perceber suas necessidades e a de seus familiares? Conversam sobre isso?
• A rotina não é a mesma para sempre; precisa ser flexível!

Orientações aos profissionais

• Ajude os pais a compreenderem os próprios comportamentos em relação à rotina; eles colocam muitas atividades que conseguem fazer ou ficam constantemente desmarcando os compromissos ou ainda fazem tudo e ficam exaustos?
• Avalie com a família as demandas que são reais na vida deles e aquelas que são *fake* (as fazem apenas porque todo mundo faz).
• Ajude os pais a compreenderem a necessidade de um tempo de pausa, para não se sentirem culpados por descansar. Nossa sociedade nos cobra muito.

Superdica:
· Coloque, na sua rotina, espaços livres para arejar as ideias e o coração.
· Olhe para o ser e não apenas para o fazer.

Atividade proposta

Liste suas necessidades durante seu dia e pontue, em uma escala de 0 a 10, a importância dessa escolha. Demos alguns exemplos de necessidade; caso se identifique com outra não listada, acrescente e pontue.

Necessidades	Aplica-se?		Pontuação (0 a 10)
	Sim	Não	
Autocuidado			
Aproveitar sua casa			
Mais horas de sono			
Conversar com amigos/parentes			
Assistir a filmes e séries favoritas			
Ler livros (exceto os técnicos)			
Alimentar-se de modo saudável			
Brincar com os filhos			
Conversar mais com o(a) companheiro(a)			

Pergunta: na ordem da maior para a menor pontuação, sua rotina permite que você atenda às suas necessidades?

Referências

ABERASTURY, A.; KNOBEL, M. *Adolescência normal.* Porto Alegre: Artmed, 1981.

CASTANHO, G; DIAS, M.L. (orgs). *Terapia de família com adolescentes.* 2. ed. São Paulo: Ágora, 2019.

RAYES, C. (coord.). *Orientação familiar: teoria e prática vol. 2.* São Paulo: Literare Books International, 2023.

PAPALIA, R. D; FELDMAN, G. *Desenvolvimento humano.* 12. ed. Porto Alegre: AMGH, 2013.

URRIBARRI, R. Sobre adolescência, luto e a posteriori. – *Revista de Psicanálise da Sociedade Psicanalítica de Porto Alegre*, vol. X, n.1. 2003.

5

ESTRATÉGIAS DE PROTEÇÃO PARA A ROTINA FAMILIAR

Este capítulo propõe estratégias da disciplina positiva (DP) e da terapia cognitivo-comportamental (TCC) para proteger a rotina familiar, priorizando atividades funcionais e tempo de qualidade entre os membros da família.

ANNE KAROLINE SANTOS

Anne Karoline Santos

CRP 17/2130

Contatos

psiannekaroline@gmail.com

Instagram: @psiannekaroline

WhatsApp: 84 98817 3652

Psicóloga clínica há 13 anos, sócia-proprietária dos espaços psicoterapêuticos Ressignifique e Ressignificar no município de Mossoró (RN). Especialista em psicopedagogia pelo Centro Universitário de Patos (Unifip). Terapeuta cognitivo-comportamental, terapeuta ABA com formação internacional em Educação Parental pela Positive Discipline Association (PDA, EUA), formação internacional em Inteligência Emocional pela Escola da Parentalidade e Educação Positivas de Portugal, coautora do livro *Orientação familiar vol. 2* e do *Box intenção de mãe*, publicados pela Literare Books.

"Tambor de todos os ritmos, tempo, tempo, tempo, tempo."
Caetano Veloso

No livro anterior desta coletânea, *Orientação familiar 2*, foi discorrido sobre proteger o tempo de qualidade em família, observando o quão importante é priorizar o tempo de qualidade no contexto familiar. Agora, neste capítulo proponho estabelecer e administrar estratégias para tempo de qualidade na rotina parental. Foi necessário selecionar algumas premissas da disciplina positiva (DP) e da terapia cognitivo-comportamental (TCC) para refletir, aplicar e potencializar a rotina de famílias sagradas.

Considerando a importância da instituição familiar, como o lugar que nos acolhe e nos nutre, precisamos desenvolver estratégias para planejamento e direcionamento das atividades diárias e uma vida mais harmônica.

A rotina se torna importante e necessária para manter a disciplina, a produtividade e a organização da vida pessoal, planejando tempo para atividades, responsabilidades, obrigações, divertimentos e lazer, assim, ponderando os afazeres diários.

Fernandes e colaboradores (2011) verificaram em suas investigações que as rotinas familiares, como as conversas nos momentos das refeições ou a leitura de histórias infantis na hora de dormir, promovem ligações emocionais e trazem consequências favoráveis à saúde mental das crianças. Além disso, contribuem para o enriquecimento do vocabulário infantil, a construção de habilidades sociais e o desenvolvimento escolar, por possibilitarem o envolvimento das crianças nas atividades. Tais rotinas requerem considerável energia e esforço dos pais, que podem vivenciar barreiras ou dificuldades para seu estabelecimento e cumprimento.

Além disso, é preciso ter cuidado e atenção para não se tornar inflexível com a rotina e perder as possibilidades de adaptação a novas situações.

As estratégias para proteger o tempo de qualidade em família são possiblidades, técnicas e combinados estabelecidos por teorias. Neste capítulo, trago a DP e a TCC como abordagens que podem delinear o desenvolvimento humano a partir de pressupostos táticos e aplicáveis.

Diretrizes da disciplina positiva

A DP tem origem nas teorias da Jane Nelsen e diversos coautores (Lynn Lott, Cheryl Erwin, entre outros), preconizando ensinar habilidades sociais e habilidades de vida para crianças, adolescentes e adultos.

A DP baseia-se no conceito de que criação e educação podem ser ensinadas com firmeza e gentileza ao mesmo tempo, sem punição. Essa teoria apresenta o caminho do meio entre o autoritarismo e a permissividade, resultando em mais de 50 ferramentas para ajudar a desenvolver as habilidades que tanto queremos para construir relacionamentos mais saudáveis.

Diretrizes da terapia cognitivo-comportamental

A TCC é uma abordagem da psicologia que considera diversos aspectos do paciente. De modo geral, essa psicoterapia busca compreender a forma como os indivíduos interpretam o mundo ao seu redor e como reagem a isso. Essa abordagem é bastante específica, clara e direta. É utilizada para tratar diversos transtornos mentais de modo eficiente e com evidências científicas.

A terapia cognitiva foi fundada no início dos anos 1960 por Aaron Beck, neurologista e psiquiatra norte-americano, e tem como objetivo principal identificar padrões de comportamento, pensamentos, crenças e hábitos que estão na origem dos problemas, indicando, a partir disso, técnicas para alterar essas percepções de maneira positiva.

A prática clínica da disciplina positiva e da terapia cognitivo-comportamental

Os benefícios dessas duas teorias na prática clínica mesclam ferramentas e estratégias enfatizando a singularidade familiar e a do sujeito. Alguns autores percorrem sobre as teorias divergirem, porém, partindo do pilar da aplicabilidade, elas se tornam funcionais e efetivas no *setting* terapêutico. Isso se dá exemplificando e objetivando a vida de pais e mães, na rotina e no dia a dia, nas abordagens necessárias e nas intervenções que precisam acontecer para o desenvolvimento do indivíduo.

Considerando mesclar DP e TCC para encontrarmos o caminho do meio, entre permissividade e autoritarismo, podemos nos munir de combinados e possibilidades que tornem nossa rotina e convivência harmoniosa e respeitosa.

Refletir sobre DP e TCC nos remete a muitos questionamentos. A prática clínica transitando entre elas se torna rica, pois considera a subjetividade de cada indivíduo, bem como cada realidade familiar, sendo possível realizar ajustes, reajustes e direcionamentos singulares.

Essas singularidades são determinantes nos estilos parentais; a família permissiva não consegue estabelecer regras e uma família autoritária se torna inflexível nas negociações. Então, sem regras ou sem flexibilidade se torna impensável priorizar o tempo de qualidade. Quando organizamos esses estilos parentais, a rotina se torna mais leve, colaborativa, flexível e aberta para o tempo de qualidade em família. É importante lembrar que o tempo de qualidade perpassa por momentos em família, momentos em casal (sem as crianças), momentos entre pai e filho(a), momentos entre mãe e filho(a), e ainda momentos de atividades individuais para cada membro da família.

Orientações para profissionais e/ou famílias

A convivência e a organização familiar precisam de estratégias e ferramentas que facilitem a convivência, a harmonia e os combinados. É pensando nessas possibilidades de intervenção que podemos pensar em rotina/planejamento, investimento de tempo em treinamento e pausa positiva. Na DP, essas três ferramentas favorecem a rotina familiar; vamos conhecê-las:

- **Rotina/planejamento**: para encorajar a disciplina, é necessário organizar a rotina, as tarefas e os papéis sociais dentro da família. Planejar o dia a dia, planejar o trabalho, os estudos, as viagens, as férias, as brincadeiras, as responsabilidades. No papel de genitores e pais, planejar e refletir juntos sobre o que nossas crianças podem ou não aprender, fazer, vivenciar, compartilhar. Na atividade disponível pelo QR code, que está na última página deste livro, temos um quadro de rotinas onde podemos construir dentro dessas possibilidades. É importante lembrar que o principal é que essa construção proteja o tempo de qualidade, seja lúdica, divertida, respeitosa, colaborativa e participativa, sem imposições ou ordens.
- **Investimento de tempo em treinamento**: é a prática para ensinar habilidades de vida. As crianças podem não saber o que fazer e precisam de suas orientações e direcionamentos. São habilidades práticas para treinar nossas crianças, dentro de um desenvolvimento saudável, independente,

autônomo e com perspectivas de um futuro promissor dentro das bases familiares que vão sendo potencializados, aprendidos e treinados. Podemos usar treinamento em tudo, afinal, viver é um processo de aprendizagem contínuo. Devemos nos lembrar de olhar para nossa essência, sabendo que ela será refletida no outro, mais ainda, em nossas crianças.

A máxima "somos espelhos" é premissa básica quando colocamos em prática essa ferramenta. Observar e refletir sobre quem somos, para então entendermos o que estamos ensinando, refletindo e ecoando. As crianças aprendem com o exemplo. Observe-se enquanto treina seu filho.

- **Pausa positiva (PP)**: nossos comportamentos estão ligados a como nos sentimos; devemos priorizar o quesito regulação emocional e a PP, afinal, precisamos de habilidades com as emoções para manejarmos um planejamento/rotina que pode ser flexibilizado, ou, ainda, para entendermos que treinamento requer persistência, constância, disciplina, paciência. A PP surge dentro dos protocolos de flexibilização cognitiva, modulação ambiental, entre outros.

  Entendemos a PP como um momento de se afastar do conflito, respirar, repensar e esperar – bem difícil nos dias de hoje, em que sempre queremos resolver. Durante o conflito, o que mais precisamos é regular nossas emoções e não resolvê-las. Como na máxima "Quer ter paz, ou ter razão?", a PP é o momento de ter paz, reorganizar as emoções e então pensar nas possibilidades dessa tal razão.

  Observe como você lida com a sua autorregulação como adulto para que possa ensinar ao seu filho.

Vale considerar a junção e a tramitação entre a DP e a TCC; ambas se cruzam nos mais diversos níveis de organização familiar, por isso precisamos conhecer bem a singularidade de cada família e todas as potencialidades dessas ferramentas e estratégias.

Dentro dos planejamentos e treinamentos, enfatizo as três ferramentas da TCC: quadro de incentivos, quadro de vantagens e desvantagens e faça o teste!

- **Quadro de incentivos**: organizar um planejamento singular requer conhecer os interesses de cada membro da família, entendendo o porquê, como e quando será mais fácil cumprir responsabilidades, combinados, obrigações, direitos e deveres. Após construir a rotina/planejamento, podemos colocar metas, estabelecer momentos de premiação, recompensas que sejam compartilhadas entre os membros da família para servir de comemoração no processo de conquistas das metas, sejam elas individuais, sejam coletivas. A atividade disponível no QR code é bem colorida e divertida para que esse momento estimule motivação, engajamento e interesse para viver o processo da conquista – não somente a conquista por si só, mas a compreensão da importância de realizar e fazer.

- **Quadro de vantagens e desvantagens**: a aplicabilidade dessa ferramenta deve ser planejada e usada de modo singular, pensando em vantagens e desvantagens de seguir a rotina e os combinados, bem como dar sentido a isso. Pensar em vantagens e desvantagens é o entendimento das demandas familiares para com a execução do que foi planejado. Isso pode ser utilizado em vários momentos da rotina, principalmente quando ela precisa ser flexibilizada ou não está funcionando como deveria. Vantagens e desvantagens precisam de reflexão para possibilidades de mudança da rotina. Na nossa atividade do QR code, há um quadro para ser usado prontamente quando necessário. Tenha ele sempre por perto; você vai precisar.
- **Faça o teste!**: com essa ferramenta, podemos fazer uma verificação do que está funcionando ou não nessa rotina e combinados. Percebam que todas as estratégias e ferramentas anteriores preconizam o diálogo, são espaços para convivermos em família e, ainda assim, discutirmos possibilidades do sermos e estarmos em família.

  É mais uma ferramenta de racionalização, trazer o pensamento racional à tona nos momentos desafiadores e de conflitos. Essa ferramenta faz que seja possível acessar a realidade por meio de possibilidades palpáveis do que funciona ou não. Nossa atividade disponível pelo QR code bem colorida, justamente para descontruirmos e pensarmos de modo leve e flexibilizar esse racional.

Considere usar todas essas ferramentas muitas vezes, diversas vezes, infinitas vezes. Lembre-se que estamos reprogramando, reestruturando crenças, pensamentos, hábitos e costumes, e fazer isso demanda tempo, dedicação, persistência, flexibilização. Perceba também suas expectativas sobre os resultados esperados, entenda todas essas aplicabilidades como processos de mudança, saindo de uma educação autoritária, rígida, ou, ainda, permissiva, complacente, para transitar nos estilos parentais. Essa percepção é premissa básica para entendermos sobre desenvolvimento, criação e educação de crianças.

Superdica: planejamento, treinamento e flexibilidade são as bases para proteger o tempo de qualidade em família.

Referências

CATANI, J.; LIMA, A. L. G. A dedicação de um tempo "de qualidade" aos filhos: análise de um enunciado recorrente. *Estilos da Clínica*, v. 26, n. 3, 2021.

FERNANDES, G. C. M. et al. Rotinas e rituais familiares: implicações para o cuidado. *Ciência Cuidado Saúde*, v. 10, n. 4, p. 866-871, 2011.

MCCLURE, J. et al. *TCC expressa: técnicas de 15 minutos para crianças e adolescentes*. Porto Alegre: Artmed, 2021.

NELSEN, J. *Disciplina positiva para pais ocupados: como equilibrar vida profissional e criação de filhos*. Barueri: Manole, 2020.

NELSEN, J.; GARSIA, A. *Disciplina positiva para educar os filhos*. Barueri: Manole, 2018.

NOLÊTO, P. *Filhos em construção: as necessidades da criança para teoria do esquema*. São Paulo: Literare Books, 2021.

RAYES, C (org.). *Orientação familiar II: teoria e prática*. São Paulo: Literare Books, 2023.

6

A IMPORTÂNCIA DE DEMONSTRAR FÉ NA CRIANÇA

Este capítulo foi escrito com profundo sentimento de esperança em nossa capacidade, enquanto adultos que se relacionam com crianças no campo familiar ou profissional, em construir e fortalecer uma fé genuína em cada uma. O conceito de fé está relacionado à capacidade de acreditar no potencial das crianças, transmitindo confiança de maneira encorajadora e consistente, incutindo nelas, desde sempre, fé em si mesmas.

BETÂNEA REZENDE

Betânea Rezende

CRP 18/01767

Contatos

www.betanearezende.com.br

contato@betanearezende.com.br

Instagram: @betanearezende

66 99975 6687

Psicóloga, formada há 12 anos pela Universidade Federal do Mato Grosso (UFMT). Especialista em neuropsicologia clínica e pós-graduanda em Orientação Familiar e Educação Parental pelo Instituto de Terapia Cognitivo-Comportamental (InTCC Rio). Experiência no atendimento psicológico com famílias no setor público e judiciário. Atualmente, é psicóloga clínica infantojuvenil e orientadora familiar. Já realizou inúmeras oficinas terapêuticas e rodas de conversa com famílias, crianças e mulheres, com foco na educação emocional.

Dedico este capítulo aos que sempre demonstram fé em mim, meu esposo Paulo Henrique e nossa filha Marina.

A palavra fé tem origem no grego *pistia*, que indica a noção de "acreditar". No latim *fides*, remete à "fidelidade" e ambos os significados transmitem a ideia de "confiança", "crença", "credibilidade". Assim, nossa capacidade pessoal de ter fé, em algo ou em alguém, provoca em nós a motivação para nos dedicarmos e comprometermos com afinco a uma tarefa.

Certamente, uma das tarefas mais desafiadoras da vida adulta está relacionada à criação e educação de outro ser humano. Ao decidirmos pela maternidade ou paternidade, assumimos a responsabilidade da parentalidade em todos os seus aspectos.

Segundo a definição da Fundação Maria Cecília Souto Vidigal, "A parentalidade é uma relação de cuidado, em que os adultos atendem às necessidades da criança de maneira responsiva e afetiva". A capacidade que os pais/cuidadores apresentam para desempenhar uma parentalidade positiva constrói as bases necessárias para que a criança se desenvolva de maneira integral.

Na atualidade, muito tem sido investido no desenvolvimento físico e intelectual de uma criança, inclusive com estimulação precoce nas áreas motoras, sensoriais e da linguagem. Contudo, ainda existem muitas barreiras culturais e educacionais quanto ao investimento emocional na vida de uma criança e seu impacto transformador para o desenvolvimento infantil.

O tripé: autoconceito, autoconfiança e autonomia

Está na qualidade do relacionamento que uma criança estabelece com um adulto de referência a base, o tripé para a formação do *self* que ocorre ainda na infância. O *self* é definido como a compreensão que o sujeito desenvolve sobre quem ele é, o que tem início já nos primeiros anos de vida, quando a criança começa a se perceber a partir do olhar do outro. Esse outro é sempre um adulto de referência, que assume a função parental na vida da criança e que transmite as primeiras noções sobre quem ela é, dentro de uma relação de cuidado responsiva e afetuosa.

A partir desse olhar, a criança começa a construir as percepções, ainda que iniciais, sobre ser e estar no mundo, o que se dá pela maneira como ela sente que faz parte do mundo afetivo de alguém. Esse alguém – pais, cuidadores, professores – demonstra *fé* na criança e a capacidade de acreditar no potencial que ela possui, formando as bases para um autoconceito positivo.

Autoconceito pode ser compreendido como o conjunto de crenças que uma pessoa possui sobre si mesma, levando-a a agir em conformidade com essa autopercepção. Assim, grande parte do conjunto de comportamentos de uma pessoa será definida com base na soma de tudo o que ela pensa sobre si, formando seu senso interno de capacidade e competência. Isso, por si só, seria justificativa suficiente para a demonstração de fé na criança.

Em sua obra *O livro que você gostaria que seus pais tivessem lido (e seus filhos ficarão gratos por você ler)*, a autora Philippa Perry (2020) escreveu que todos precisam de um laço afetivo primário, com seus pais e/ou cuidadores, e que ele funcionaria como uma âncora em nossa vida. Convenhamos: como é importante saber que você não está à deriva!

Saber-se pertencente a algo ou alguém molda nosso senso interno de confiança, fortalecendo nossa capacidade de confiar em nós, no outro e no mundo. É o que nos torna mais autoconfiantes, termo utilizado para traduzir a capacidade de uma pessoa confiar em si mesma e, vejam bem: quando isso teria início, senão em nossas relações parentais?

É justamente essa autoconfiança que emana da fé em quem somos, ou seja, nosso autoconceito, fundamental para o desenvolvimento das habilidades de vida, compreendidas como um pré-requisito para um estado de bem-estar físico, mental e social. Esse estado de bem-estar seria uma mola propulsora para a autonomia desde a infância.

Podemos buscar entender o conceito de autonomia como a capacidade de fazer escolhas e agir por conta própria, considerando os níveis de desenvolvimento físico, cognitivo e emocional de uma criança. A educadora Maria Montessori considerava que uma criança não deve ser ajudada a realizar uma tarefa para a qual ela possua condições de realizar por si mesma, sendo este um dos princípios para o desenvolvimento da autonomia infantil.

Considerar que a formação de autoconceito, autoconfiança e autonomia da criança formam um tripé nos permite visualizar o impacto do investimento emocional na relação estabelecida com a criança e o quanto ele está firme ou não. Acreditar e confiar em todo potencial e capacidade que a criança possui aumenta nosso próprio senso de credibilidade diante do exercício da parentalidade. É como uma grande roda d'água relacional que se retroalimenta.

Aos adultos, pais/cuidadores e profissionais das infâncias cabe o desafio de demonstrar confiança e de acreditar na criança, sendo um grande farol para os passos que elas podem dar e o quão longe elas podem chegar. Destaca-se o papel fundamental da família no desenvolvimento do senso de competência da criança, o que só é possível a partir da construção de uma relação profundamente amorosa e comprometida com seu desenvolvimento, com base na qualidade do vínculo, nos sonoros "sins" que a criança escuta sobre quem ela é, tudo o que ela pode conseguir e o quão longe ela pode chegar.

Matthew L. Jacobson afirma, em sua célebre frase, que "Atrás de cada criança que acredita em si mesma está uma família que acreditou primeiro".

Orientação aos pais e profissionais

O olhar para si

O grande propósito da orientação familiar está relacionado, segundo Cris Rayes, em sua introdução no livro *Orientação familiar – teoria e prática*, ao autoconhecimento e desenvolvimento dos pais e famílias como um todo, possibilitando reflexão, conscientização e mudança de atitude parental, tendo um caráter preventivo quanto à qualidade das relações familiares.

O caráter da prevenção sempre foi meu grande motivador para atuar com a orientação familiar na clínica da parentalidade, uma vez que a qualidade do vínculo familiar é indicada como grande fator de proteção para um desenvolvimento infantil saudável de modo integral.

Contudo, a capacidade de demonstrar fé nos filhos esbarra na fé abalada dos pais em relação a si mesmos. Este é, com certeza, um ponto de partida: fortalecer a sustentação do tripé do *self* parental. Como estão o autoconceito, a autoconfiança e a autonomia dos pais diante da parentalidade? Essa é uma pergunta inquietante e norteadora, tanto aos pais e famílias quanto aos profissionais que atuam na orientação familiar.

Aos pais (me incluo aqui), vale um olhar curioso para nossa história de vida e qualidade das nossas primeiras relações familiares enquanto crianças e das referências que nos transmitiram afeto e demonstraram confiança em nós ao longo de nossa vida. Diante da parentalidade, cabe criar nossas próprias afirmações de fé enquanto pais e mães.

Habilidade do profissional

Enquanto profissionais, devemos demonstrar confiança e acreditar na capacidade de mudança e evolução familiar, sem nos esquecer que somos portadores de afirmações de fé para cada família.

Na prática

Para demonstrar fé na criança, podemos transmitir encorajamento por meio de palavras e atitudes.

Afirmações encorajadoras que transmitem fé na criança:

- Você é muito especial!
- Eu amo estar ao seu lado!
- Você faz do mundo um lugar melhor!
- Eu confio em você!
- Eu acredito na sua capacidade!
- Você é tão bom nas coisas que faz!
- Eu amo aprender coisas novas com você!
- Você consegue!
- Eu estou aqui se precisar de ajuda!
- Conte sempre comigo!

Atitudes encorajadoras:

- **Incentivar para o novo**: a todo momento, a criança está diante de oportunidades de aprendizagem e o novo, apesar da sensação de insegurança que pode gerar, é também a possibilidade de treinar e desenvolver habilidades. Ao nascer, a criança começa a sustentar o pescoço, depois rola, se senta, engatinha, passa a ficar em pé e depois a dar os primeiros passinhos; costumo dizer às famílias que, quando você menos espera, ela está correndo e as asas para voar somos nós quem lhe damos. Isso significa que a criança se desafia diante do novo constantemente e, como adultos, devemos incentivar a criança para os desenvolvimentos de novos hábitos, como experimentar um novo alimento, praticar um esporte diferente, fazer novas amizades, aprender um novo idioma ou um novo jogo. Assim, demonstra-se confiança neste que é um processo natural do ser humano: o da aprendizagem.

- **Estimular a curiosidade**: ser curioso ganhou uma conotação negativa em nossa sociedade, como se fosse sinônimo de falta de educação, mas sinto informar que a curiosidade é fundamental para a compreensão de como o mundo funciona. É diante de questionamentos simples sobre a vida que a criança começa a testar hipóteses e encontrar respostas e soluções para problemas básicos do dia a dia e das relações. Devemos perguntar à criança como tal coisa funciona, olhar com atenção para pequenos detalhes, diminuir o ritmo para ver o mundo acontecendo à nossa volta e pela perspectiva da criança, deixar de lado nosso ímpeto de dar respostas prontas ou acelerar o tempo de compreensão sobre um determinado assunto e desenvolver nossa capacidade de ouvintes. Em cada idade a criança apresenta curiosidade diante de temas específicos; isso denota aspectos de desenvolvimento cognitivo e ela vai observar, testar, errar e tentar até compreender o funcionamento e a razão das coisas, processo incentivado pela curiosidade para, só então, poder acertar.
- **Tolerar frustração**: um grande desafio da parentalidade é ensinar a criança a lidar com a frustração, seja diante do "não" do adulto, do não conseguir realizar uma tarefa específica, de perder em um jogo ou da derrota do time do coração. A capacidade em lidar com o sentimento de frustração diante das mais variadas situações que não saíram como o esperado é uma habilidade fundamental para a vida, denotando flexibilidade cognitiva e emocional. Enquanto adultos, podemos ensinar as crianças a reconhecer e nomear esse sentimento, assim como incentivá-las a buscar alternativas criativas para lidar com as situações de frustrações. Perdeu no jogo? Oriente a criança a pedir revanche. Não se saiu bem na prova? Incentive-a a estudar mais na próxima vez. Brigou com um amigo? Mostre a importância de se desculpar. Não conseguiu fazer algo? Motive-a a tentar outra vez. Não concordou com uma decisão? Ensine-a a argumentar. A capacidade de lidar com o sentimento de frustração passa pelo enfrentamento da situação de maneira inteligente, empática, responsável. A dificuldade em lidar com a frustração pode ser superada com o desenvolvimento de habilidades de resolução de problemas.
- **Fazer juntos**: muitos pais acabam por entregar aos filhos as coisas prontas, a comida na mesa, a cama arrumada, roupas passadas, a fruta cortada. Não estou dizendo que devemos dificultar a vida da criança. Não se trata disso, mas temos desperdiçado a oportunidade de realizar as pequenas atividades do dia a dia com a criança e acabamos fazendo para ela. A justificativa, muitas vezes, é a falta de tempo, para evitar bagunça ou conflitos. Contudo, na ausência do tempo para "fazer juntos", seja preparar o café da manhã, seja dobrar uma roupa, recolher um brinquedo ou colocar ração para o cachorro, as crianças perdem a oportunidade de desenvolver novas habilidades, colaborar na rotina doméstica e criar memórias afetivas. O "fazer juntos" pode ser trabalhoso, mais demorado e até caótico, mas é o

momento em que o adulto transmite valores e demonstra se importar de verdade com a criança.

- **Criar desafios**: precisamos desafiar as crianças a sair da zona de conforto, estimulando uma competitividade saudável que as encoraje a testar suas próprias habilidades e limites físicos, intelectuais e cognitivos. Propor jogos de tabuleiro, corridas, escaladas, quem faz a torre de copos mais alta, quem lê o maior número de livros por mês, quem experimenta um alimento novo durante a semana. O desenvolvimento de hábitos saudáveis pode ser estimulado dentro de desafios divertidos que estimulem a criança a desafiar a si mesma.

Superdica: ao demonstrar fé na criança, nós resgatamos a fé em nós mesmos!

Referências

FUNDAÇÃO MARIA CECILIA SOUTO VIDIGAL. Parentalidade | O que é essa tal de? Disponível em: <https://biblioteca.fmcsv.org.br/biblioteca/que-essa-tal-de-parentalidade/#:~:text=A%20%22Parentalidade%22%20%C3%A9%20uma%20rela%C3%A7%C3%A3o,autonomia%20e%20das%20habilidades%20emocionais>. Acesso em: 27 ago. de 2023.

PERRY, P. *O livro que você gostaria que seus pais tivessem lido (e seus filhos ficarão gratos por você ler)*. São Paulo: Fontanar, 2020.

RAYES, C. (coord.). *Orientação familiar: teoria e prática*. São Paulo: Literare Books INternational, 2022.

7

ALTAS HABILIDADES/ SUPERDOTAÇÃO E AS MÚLTIPLAS INTELIGÊNCIAS

GÊNIOS OU NÃO, TODOS QUEREM PERTENCER!

Este capítulo traz reflexões sobre a importância dos estímulos nos processos de aprendizagem e desenvolvimento de habilidades em qualquer área do conhecimento, bem como descreve as múltiplas inteligências e superdotação. Agradecemos às famílias pelo privilégio de poder trabalhar com seus filhos. Eles nos motivam a compreender como aprendem e se sentem quando não têm suas habilidades reconhecidas.

BIANCA TERRA MARQUES
E MAIRA CRISTINA ITABORAI

Bianca Terra Marques

CRP 04/60707

Contatos
biancaterramarques@gmail.com
Instagram: @biancaterra_
34 99166 2649

Psicóloga clínica e escolar, atua na clínica com crianças, adolescentes, adultos, orientação familiar e como coordenadora pedagógica. Pós-graduanda em terapia cognitivo-comportamental, tem experiência em atendimento de crianças em vulnerabilidade social, abuso sexual infantil, distúrbios de aprendizagem e desenvolvimento infantojuvenil. Palestrante e coautora dos livros da *Lagarta à borboleta* e *Orientação familiar* volume 2.

Maira Cristina Itaborai

Contatos
mairaitaborai@yahoo.com.br
YouTube: Maira Itaborai
Instagram: @mairaitaborai
34 99169 5971

Mãe da Emily, pedagoga, tem mais de 25 anos de atuação e estudo na área da educação. Na clínica, atua como terapeuta e na orientação de pais e educadores. Especialista em psicopedagogia, neuropsicopedagogia, educação sistêmica, parental, emocional, especial e inclusiva. Mestranda em educação inclusiva, palestrante e coautora dos livros *Educação e afeto*, *Orientação familiar* volume 2 e *Apanhei e não morri*.

Dedicatória

Agradecemos a Deus por alimentar e intuir nosso supercérebro.
À família, nossa base e a força para exercitarmos nossa inteligência.
Aos amigos leitores, que têm um lugar especial em nosso coração!

No universo da sala de aula, é possível encontrar olhinhos atentos e curiosos, escuta sensível e acolhedora de crianças ávidas por explorar os saberes que envolvem o ser humano. Sabemos que a escola é o primeiro lugar público a que a criança vai sozinha, onde ela socializa e reproduz com alegria o que aprendeu com os pais.

Os primeiros anos são considerados janelas de oportunidade para o desenvolvimento e a aprendizagem de habilidades, assim como a revelação de um ou mais talentos. São períodos em que algumas competências acontecem de maneira mais facilitada quando a criança é exposta a estímulos. Vale lembrar que não significa que, mesmo após esse período, a janela de oportunidade estará fechada para o aprendizado.

A estimulação acontece desde o nascimento e a escola tem um poder de ação ainda maior, formando a base de aprendizado que será usada por toda a vida. Você já viu ou ouviu falar de uma pessoa que se destacou pelo seu talento ou habilidade em tenra idade?

Várias referências, como cientistas, jogadores de futebol, cineastas e artistas se destacam por terem uma inteligência acima da média. O desafio está em reconhecer e estimular o que é nato. Pessoas com altas habilidades e superdotação estão mais próximas do que imaginamos. É aquele cuja habilidade se destaca no desenho, na música, no esporte, ou até mesmo aquele que possui muita facilidade no raciocínio lógico. Enfim, pessoas comuns com uma inteligência extraordinária.

No Brasil, segundo dados da Organização Mundial da Saúde (OMS), estima-se que entre 3 e 5% da população seja composta por indivíduos com altas habilidades (AH) e superdotação (SD) (APAHSD, 2014). A princípio, podemos dizer que é uma porcentagem considerável; no entanto, existem muitos superdotados que não aparecem nas pesquisas, uma vez que não foram reconhecidos por sua família ou professores, por falta de informação sobre suas características e necessidades.

Segundo a Política Nacional de Educação Especial (PNEE), os indivíduos com AH/SD possuem características em suas mais variadas nuances comportamentais, emocionais, psicológicas e intelectuais, além de uma infinidade de habilidades peculiares que os identificam e perpassam o cognitivo, a personalidade, a afetividade e o desenvolvimento neuropsicomotor, sendo isoladas ou combinadas.

Silverman (2002) define o superdotado como um indivíduo que possui um desenvolvimento assincrônico e essa assincronia pode ser traduzida por desenvolvimentos não lineares, característicos do superdotado, e que seriam os geradores de sentimentos de descompasso do indivíduo em relação a si mesmo e à sociedade.

Em uma época em que muito se fala sobre transtornos do neurodesenvolvimento, principalmente transtorno do déficit de atenção com hiperatividade (TDAH) e transtorno do espectro autista (TEA), as comorbidades e os transtornos com sintomas semelhantes são desconsiderados. Deixamos de olhar para o indivíduo em sua singularidade e olhamos somente para o diagnóstico. Nesse contexto, um dos maiores desafios para os pais e profissionais é incluir as crianças com dificuldades e distúrbios de aprendizagem, transtornos, deficiências e síndromes em um modelo educacional pronto, sem olhar para o seu talento.

Ainscow (2004) sinaliza que a inclusão escolar pressupõe três elementos essenciais: a presença, ou seja, superar o isolamento do ambiente de casa e estar na escola, espaço público de socialização e aprendizado; a participação, ambiente escolar adequado para que ele possa interagir nas atividades propostas; e a construção de conhecimento, determinante para que os elementos anteriores existam.

Na escola tradicional, as inteligências são baseadas em uma nota alta nas principais disciplinas, como língua portuguesa e matemática. Ou seja, a inteligência é baseada em ler, escrever, calcular e tirar boas notas. Assim, esquecem que possuímos outras inteligências e estas ficam adormecidas ou não são potencializadas e muitos estudantes acabam excluídos por não se encaixarem nesse padrão de ensino e aprendizagem.

Os transtornos, deficiências e síndromes sempre existiram. Assim como a superdotação, os estudos e a inclusão dessas pessoas na escola e na sociedade vêm conquistando espaço e respeito, buscando combater a segregação e o capacitismo.

Existem inúmeros testes, escalas, recursos e instrumentos de avaliação para diagnosticar TDAH, TEA, transtorno opositor desafiador (TOD), transtorno obsessivo-compulsivo (TOC) e que auxiliam na mensuração das habilidades e inteligência. Um deles é o quociente de inteligência, o teste de QI, por meio do qual é possível saber o seu nível de capacidade para aprender, entender, formar conceitos, processar informações, aplicar a lógica e a razão, em comparação à população geral. Porém, ele não envolve habilidades como criatividade, motivação, capacidade psicomotora e as várias inteligências que uma criança pode desenvolver se estimulada desde a infância.

Quocientes médios de inteligência maiores que 130 indicam superdotação para alguma atividade intelectual e QIs menores que 70 são considerados indicativos de um distúrbio de deficiência intelectual e a possibilidade, apesar da intensidade do esforço, de experimentar mais dificuldades do que outras pessoas em atividades intelectuais, além de dificuldades no comportamento social.

A Teoria das Inteligências Múltiplas, de Howard Gardner, traz contribuições importantes e necessárias nesse processo que desconstruiu o aprendizado como uma faculdade única. Segundo Gardner (1995), a inteligência humana é um conjunto de habilidades que permitem ao indivíduo solucionar problemas de maneira criativa nas mais diferentes e desafiadoras situações. O aluno superdotado, portanto, tem maior habilidade no que se refere ao conteúdo de uma das inteligências definidas por Gardner (Gama, 2014).

As competências cognitivas merecem detalhamento, pois Gardner sustenta que seriam universais na espécie humana: a inteligência linguística – característica dos poetas; a lógico-matemática – capacidade lógica e matemática; a espacial está relacionada à capacidade de formar um mundo espacial e de ser capaz de manobrar e operar utilizando esse modelo (marinheiros, engenheiros, cirurgiões etc.); a musical – possuir o dom da música, como Mozart; a corporal-cinestésica – capacidade de resolver problemas ou elaborar produtos utilizando o corpo (dançarinos, atletas, artistas etc.); a interpessoal – capacidade de compreender outras pessoas (vendedores, políticos, professores etc.); a intrapessoal – capacidade correlativa, voltada para dentro, de formar um modelo acurado e verídico de si mesmo e de utilizar esse modelo para operar efetivamente na vida; inteligência pictórica – capacidade de expressão por traço, desenho ou caricatura (pintores, cartunistas, ilustradores etc.). Gardner acrescenta mais dois tipos de inteligência à sua teoria: a naturalista – capacidade de reconhecer e classificar espécies animais e vegetais; e a espiritual ou existencial – que envolve o universo e a expansão de consciência.

Vale lembrar que nosso cérebro é feito de neurônios, células nervosas que se comunicam entre si por sinapses elétricas, com liberação de mediadores neuroquímicos. De acordo com os estímulos recebidos, pode haver um rearranjo dessas células. Isso quer dizer que, quanto mais utilizamos uma área do nosso cérebro, mais desenvolvida ela se tornará.

Os aspectos neurofisiológicos da superdotação são abordados nas conexões acentuadas entre os neurônios e no aumento do número de sinapses, cujo fortalecimento depende de estímulos fortes para induzir a expressão gênica (Rocha, 2017). O que temos observado é que muitos indivíduos não têm explorado todas as suas potencialidades nas áreas da experiência humana. Em verdade, as pessoas talentosas sofrem com sua mente brilhante, muitas têm uma aceleração nas fases da vida e estudos mostram que o que difere uma pessoa com altas habilidades de outra com inteligência mediana não é o tamanho do cérebro ou o número de neurônios, mas a quantidade e a complexidade das conexões cerebrais que se dão por meio das sinapses (Mettrau, 2000).

Pessoas com AH/SD merecem um olhar atento, pois aprendem e possuem atitudes que não são compatíveis com seu desenvolvimento. Elas têm sede de aprender, fazem muitas perguntas e têm habilidade de adquirir conhecimento por si mesmas. Algumas são perfeccionistas, realizam suas tarefas com precisão e excelência, e têm o comportamento semelhante ao de pessoas com TOC. Podem apresentar características do TDAH, como o medo de si mesmo, das consequências de seus pensamentos e emoções hiperativas, ou do TEA, com uma hipersensibilidade às vezes invisível do exterior.

Muitas mentes geniais podem ter fobia social, um déficit importante na habilidade de conviver, não têm paciência com os pares e podem apresentar depressão e ansiedade, sendo miniadultos tentando ser vistos além da inteligência genial. Gênios ou não, a verdade é que todos querem pertencer e ter o potencial intelectual liberado para servir e contribuir. Uma mente notável também tem dificuldades que precisam ser compreendidas, acolhidas e direcionadas para a psicoeducação.

Talvez você não saiba, mas na sua família, consultório ou sala de aula, assim como pode haver crianças com dificuldades e transtornos, também pode haver crianças, adolescentes ou até mesmo adultos com altas habilidades. Existem milhares de superdotados esperando o olhar disponível e libertador das inteligências que ainda não foram potencializadas.

Entre os vários significados da palavra inteligência, encontramos faculdade de conhecer e aprender, capacidade de compreender e resolver novos problemas e conflitos e de se adaptar a novas situações. Partindo desse pressuposto, é possível identificar características de um aluno com inteligência acima da média descritas pelo Ministério da Educação: falam e aprendem a ler mais cedo, comparados às crianças da mesma idade; envolvem-se em vários tipos de atividade; preferem a companhia de crianças mais velhas ou de adultos, o que pode ser visto como dificuldade de socialização; têm forte senso de humor e são críticos em relação a si e aos outros; apresentam vocabulário mais amplo, têm menor aceitação de informações colocadas como verdades e questionam seus porquês; manifestam melhor habilidade em tarefas individuais com foco maior do que as crianças da sua faixa etária; expressam uma criatividade aguçada.

Mas como fazer a intervenção ou trabalhar com pessoas superdotadas? Procure se lembrar do seu primeiro dia de aula ou de alguma época da sua infância – como era a sua escola? Sua professora? O que você levava na mochila e na sua lancheira? Cada um de nós tem lembranças dessa época, como o primeiro contato com a "tia", aquela que nos dava atenção, carinho, cuidado, às vezes gritava ou colocava de castigo. As amizades, a merenda, os apelidos; somos capazes de reconhecer as memórias afetivas dos tempos escolares, sendo elas boas ou ruins. *Nerds* (muito inteligentes) ou *burros* (dotados de pouco conhecimento), tentávamos ser vistos e pertencer a algum grupo.

O professor era aquele que olhava ou deveria olhar para o aluno na sua essência, na singularidade, e promovia o aprendizado com estrelinhas de ouro para os melhores, prata para os bons e bronze para os que precisavam de reforço. É aqui que a mágica acontece: acreditamos na tríade professor/escola, família e equipe multidisciplinar, que se unem para colaborar para o desenvolvimento integral do indivíduo superdotado.

Sabemos que na escola o professor é o profissional que passa tempo suficiente com a criança para identificar suas altas habilidades, pesquisar atividades que estimulem seus interesses e necessidades, planejar e promover ações dentro e fora da sala de aula que direcionem ao processo criativo e estudos independentes para que haja equilíbrio entre a(s) área(s) de interesse e as áreas de conhecimento. A família exerce o superpoder de estimular a inteligência talentosa e promissora, validando e acolhendo essa criança com amor, cuidando para que não vire adulta antes da hora e perca a magia da infância por ser superdotada. A equipe multidisciplinar pode ser formada por psicólogo, psicopedagogo, terapeuta ocupacional e fonoaudiólogo, de acordo com a necessidade da criança; cabe a essa equipe a missão de ajudar essas crianças a desenvolver habilidades de vida, para que aprendam a ter equilíbrio entre o ser e o saber.

No QR code, na última página deste livro, vocês podem encontrar dicas de atividades e jogos que estimulam as múltiplas inteligências e contribuem para a formação integral do ser humano.

Superdica: esteja disponível para estimular e desenvolver talentos!

Referências

ANTUNES, C. *As inteligências múltiplas e seus estímulos.* Campinas: Papirus, 1998.

ANTUNES, C. *Jogos para estimulação das múltiplas inteligências.* 20. ed. Petrópolis: Vozes, 2014.

ASSOCIAÇÃO PAULISTA PARA ALTAS HABILIDADES/SUPERDOTAÇÃO (APAHSD). *Fatos relevantes para pessoas com altas habilidades.* São Paulo, 2014. Disponível em: <http://apahsd.org.br/fatos-relevantes-para-pessoas-com-altas-habilidades/>. Acesso em: 10 mar. de 2024.

BRASIL. *Diretrizes gerais para o atendimento educacional dos alunos portadores de altas habilidades/superdotação e talentos.* Brasília: MEC/SEESP, 1995b. (Série Diretrizes n. 9).

BRASIL. *Subsídios para organização e funcionamento de serviços de educação especial na área de altas habilidades.* Brasília: MEC/SEESP, 1995a. (Série Diretrizes n. 10).

CRE MARIO COVAS/SEE-SP. *Processo de Inclusão é um processo de aprendizado.* Disponível em: <http://www.crmariocovas.sp.gov.br/ees_a.php?t=002>. Acesso em: 7 maio de 2004.

GALVÃO, J. A. Contribuições da neuropsicologia: altas habilidades/superdotação. *Revista Científica Multidisciplinar Núcleo do Conhecimento*, ano 5, ed. 3, v. 6, p. 41-70, março de 2020. Disponível em: <https://www.nucleodoconhecimento.com.br/psicologia/altas-habilidades-superdotacao>. Acesso em: 10 mar. de 2024.

METTRAU, M. B. *Inteligência: patrimônio social.* Rio de Janeiro: Dunya, 2000.

ROCHA, R. A. *Neurofisiologia das altas habilidades: superdotação: a relação do astrócito na formação da memória.* 2017. Monografia (graduação) – Faculdade de Ciências da Saúde e Educação, Centro Universitário de Brasília, Brasília, 2017.

SILVERMAN, L. K. Asynchronous develo-pment. In: NEIHART, M.; REIS, S. M.; ROBINSON, N. M.; MOON, S. M. (Orgs). *The social and emotional development of gifted children. What do we know?* (pp. 31-37). Washington, DC: Prufrock Press, 2002.

SODRÉ SALGADO GAMA, M. C. As Teorias de Gardner e de Sternberg na educação de superdotados. *Revista Educação Especial*, v. 27, n. 50, p. 665-674, 2014.

GLAT, R. (org.). *Educação inclusiva: cultura e cotidiano escolar.* Rio de Janeiro: 7letras, 2009.

8

HABILIDADES SOCIAIS NA INFÂNCIA
GUIANDO A CONSTRUÇÃO DE UM CAMINHO

Trago um olhar compreensivo e prático para o desenvolvimento de habilidades sociais na infância, sendo ela típica ou de crianças dentro do transtorno do espectro autista (TEA). Que as famílias, profissionais e educadores possibilitem espaços seguros para aprendizagem dessas habilidades, já que os pequenos participam de trocas sociais importantes. Que esse aprendizado contribua para o desenvolvimento saudável de todas as crianças.

CAMILA MENEGUETTI DE CARLOS LEMOS

Camila Meneguetti de Carlos Lemos

CRP 08/14235

Contatos

www.camilameneguetti.com.br
camilameneguettipsi@gmail.com
Instagram: @psicamilameneguetti
44 99916 7572

Psicóloga formada pelo Centro Universitário de Maringá (UniCesumar), 2008. Especialista em Terapia Cognitivo-comportamental e Análise do Comportamento pelo Núcleo de Educação Continuada do Paraná (Necpar), 2014. Especialista em Terapia Cognitivo-Comportamental da Infância e Adolescência pelo Instituto de Terapia Cognitivo-Comportamental (InTCC), 2023; e em Desenvolvimento Infantil e Aprendizagem pela Pontifícia Universidade Católica do Rio Grande do Sul (PUC-RS), 2024. Formação, domínio de conhecimento e prática clínica em análise do comportamento aplicada (ABA) e estratégias naturalistas para transtorno do espectro autista pelo Instituto Singular, 2020. Experiência com atrasos do desenvolvimento, altas habilidades e superdotação. Há 15 anos, atua em clínica no atendimento individual a crianças, adolescentes, adultos e orientação de pais/cuidadores, com experiência no atendimento em grupo de crianças e adolescentes. Mamãe da Maitê e da Marina, esposa do Mauro; eles me ensinam a mais linda poesia da vida e me dão a chance de mostrar, dia após dia, o que existe de melhor em mim junto de todos aqueles que caminham ao meu lado.

A construção deste capítulo se deu após meu olhar carinhoso sobre a necessidade individual de crianças com desenvolvimento típico e das crianças no transtorno do espectro autista (TEA) em desenvolver habilidades sociais. Sabemos que a infância é um período crítico para aprendizagem e que o desenvolvimento dessas habilidades é indicador de ajustamentos psicossociais; o contrário disso caracteriza sintomas ou sinais de sofrimento psicológico. Aumentar o repertório de comportamentos pró-sociais pode ser tanto fator para a promoção de qualidade de vida quanto para a prevenção de problemas na infância, adolescência e na vida adulta, já que o desenvolvimento e o desempenho adequado dessas habilidades aumentam as chances de consequências positivas e reforçadoras. Essas consequências modelam, mantêm e fortalecem o bom desempenho social do indivíduo.

Habilidades sociais (HS), segundo Del Prette e Del Prette (2022), são: comportamentos sociais valorizados em determinadas culturas; com alta probabilidade de resultados favoráveis para o indivíduo, seu grupo e comunidade; e que podem contribuir para um desempenho socialmente competente em tarefas interpessoais, contribuindo para a competência social e promovendo resultados desejados nessas interações em ambiente familiar ou não.

Cada criança é única; segundo Martorell e colaboradores (2020), isso significa que devemos considerar as diferenças individuais nas características, nas influências e nos resultados do desenvolvimento. Crianças diferem entre si nas características fisiológicas, na saúde física, mental e nível de energia, em termos de contingências em que vivem, em inteligência, temperamento, na personalidade, nas formas de expressividade emocional, em aspectos de vida acadêmica e social; por isso, devemos considerar muitas variáveis para avaliar e compreender o desenvolvimento global de uma criança. Por esse olhar, devemos também considerar as possibilidades de desenvolvimento de HS, já que a troca social, ou seja, o relacionamento social de um indivíduo, se inicia desde o nascimento, e segundo Del Prette e Del Prette (1999), em função de suas próprias necessidades, esse repertório vai ser tornando mais elaborado ao longo da infância, um período importante para conquistar habilidades fundamentais para a vida.

O desenvolvimento de crianças é caracterizado por marcos que devem ser atingidos para que as próximas etapas sejam o alvo. Algumas crianças têm mais facilidade ou não para atingir o curso esperado e, como já citado, isso depende de muitos fatores, entre eles fatores genéticos, temperamento e contingências diversas. O desenvolvimento da criança no TEA também tem suas particularidades. Segundo Bernier e colaboradores (2021), tais particularidades mostram que essas crianças apresentam, em maior ou menor grau, dificuldades na interação social e na comunicação e interesses restritos, além de contato visual reduzido, expressões faciais limitadas e formas incomuns de interação com pares e outros, o que pode restringir o desenvolvimento e a manutenção de relações significativas, saudáveis e duradouras desses indivíduos. As crianças no TEA apresentam déficits significativos em HS. Esses déficits permanecem mais toleráveis socialmente até que elas entrem na fase da adolescência, quando as exigências de desempenho social aumentam significativamente e elas percebem as próprias dificuldades. Sendo assim, a análise, a promoção e o enriquecimento precoce do desenvolvimento de HS na infância de todas as crianças, principalmente na passagem da infância para adolescência, favorecem o desenvolvimento psicossocial saudável, influenciando também o processo de passagem para as fases posteriores do desenvolvimento infantil.

Segundo Del Prette e Del Prette (2022), o refinamento das HS pode variar dependendo das etapas do desenvolvimento de uma criança, e há habilidades específicas esperadas em apenas algumas fases da vida, assim como o desempenho delas. As principais classes de HS descritas na literatura são:

1. **Comunicação**: envolve habilidade de iniciar e manter uma conversa, fazer e responder perguntas, assim como dar opiniões, fazer, receber e agradecer elogios, tudo isso face a face ou de forma indireta.
2. **Civilidade**: resumidamente, são as formas de polidez conforme a cultura, como cumprimentar e/ou responder a cumprimentos, usar locuções como "por favor", "obrigado", "com licença", agradecer e desculpar-se.
3. **Fazer e manter amizades**: conversar, informar, ouvir ou fazer confidências/expressar sentimentos, convidar ou aceitar convites, responder a contatos, ser solidário(a).
4. **Empatia**: fazer e manter contato visual, ouvir genuinamente (prestar atenção), estar presente, demonstrar disponibilidade afetiva, compartilhar emoções, oferecer ajuda, mostrar interesse pelo outro.

5. **Assertividade**: defender os próprios direitos e os dos outros, concordar, discordar e dar opinião, fazer e recusar pedidos, expressar emoções, desculpar-se, aceitar críticas, assim como fazê-las e rejeitá-las, falar com autoridades.
6. **Expressar solidariedade**: identificar a necessidade alheia, oferecer apoio e envolver-se em atividades sociais.
7. **Manejar conflitos e resolver problemas interpessoais**: praticar autocontrole, reconhecer, nomear e definir o problema (pensar antes de tomar decisões), levantar hipóteses sobre causas de conflitos e suas possíveis soluções.
8. **Expressar afeto e intimidade**: aproximar-se e demonstrar afeto por meio de contato visual, expressões faciais e toque, cultivar o bom humor, compartilhar interesses em comum, demonstrar interesse pelo outro.
9. **Coordenar grupos**: organizar atividades em grupo colocando em prática as etapas da atividade proposta, assim como manter o grupo engajado.
10. **Falar em público**: cumprimentar, fazer contato visual levando em consideração tom de voz, velocidade, considerar o assunto, usar estratégias para manter o foco da plateia e agradecer ao final.

O autocontrole e expressividade emocional, a civilidade, a empatia, a assertividade, a capacidade de fazer amizades, as habilidades para solucionar problemas interpessoais e as habilidades sociais acadêmicas, segundo Del Prette e Del Prette (2013), compõem sete grupos de HS específicas na infância que são interdependentes e complementares. Tais habilidades fazem parte das principais demandas interpessoais da infância e da adolescência, e nenhuma delas deveria ser negligenciada, pois, quando são identificadas e recebem intervenção precoce, há maior probabilidade de serem superadas.

Para intervenção, devemos identificar quais fatores estão relacionados aos possíveis déficits que influenciam o desenvolvimento dessas habilidades e quais dificuldades existem para que uma criança em desenvolvimento não consiga atingir o esperado para a idade. Em se tratando de HS, para Del Prette e Del Prette (2013), esses déficits podem ser definidos em três grupos: déficits de aquisição, quando a habilidade não ocorre diante das demandas do ambiente; déficits de desempenho, quando a habilidade ocorre com frequência inferior à esperada; e déficit de fluência, ou seja, quando a habilidade ocorre com proficiência inferior. Conforme os mesmos autores, esses déficits estão relacionados aos seguintes fatores pessoais: falta de conhecimento; restrição de oportunidades; falhas de reforçamento; ausência de *feedback*; excesso de ansiedade pessoal; dificuldades de processamento e discriminação; e problemas de comportamento. Esses fatores também são divididos em grupos, formando subgrupos dentro dos déficits já citados, ou seja, os déficits de aquisição envolvem falta de conhecimento, restrição de oportunidades e problemas de comportamento. O déficit de desempenho engloba problemas comportamentais e ansiedade excessiva, falhas de reforçamento e ausência de *feedback*. Já os déficits de fluência abarcam todos os fatores pessoais.

Diante dessa análise, entender e identificar esses possíveis déficits norteará o planejamento de intervenção clínica individual ou em grupo, além da orientação familiar e escolar.

Em minha prática clínica, tenho recebido pedidos de crianças e adolescentes para aprender formas de ajustamento social para superar dificuldades de relacionamento. Essas crianças sentem o desejo de se relacionar e de pertencer a um grupo. Relatos de sensação de inadequação ou inquietude diante do convívio com pares, timidez ou ansiedade nas relações com colegas e familiares, mostram um custo emocional alto para evitar o desejo de se manter isolado, o que pode trazer queda de qualidade de vida e de desempenho acadêmico. A dificuldade de fazer amigos e o desconforto ao perceber a quantidade de amigos ocasiona problemas de comportamento. Esses pedidos são urgentes, já que demonstram sofrimento e são a manifestação concreta de um pedido de ajuda.

O planejamento de intervenções específicas para os déficits no desenvolvimento das HS superando as dificuldades interpessoais e os problemas associados a essas dificuldades envolve não apenas intervenções clínicas, mas também programas que incluam a família e a escola, indo muito além do consultório. É preciso compreender a demanda da família, que geralmente é quem busca o atendimento, e, se houver, a demanda escolar ou de outros profissionais e, principalmente, a demanda da criança ou do adolescente. Os déficits nas HS podem estar presentes em todos os ambientes; por isso, mais uma vez, a análise, a intervenção, os planos de manutenção e refinamento das HS devem considerar aspectos comportamentais, cognitivos, afetivos e fisiológicos, além de um olhar sem julgamento para todos aqueles que estão diretamente ligados a essas crianças.

Orientações para famílias e profissionais

Para guiar a construção do caminho de desenvolvimento das HS na vida de todas as crianças, é necessário estar preparado para isso. O primeiro grupo em que uma criança é inserida é a família, e por isso eu trouxe algumas orientações que serão suporte para uma prática parental mais assertiva:

- **Pais, sejam exemplo!** Sabemos que uma das formas de consolidar o aprendizado é a observação. Crianças também aprendem assim, e é possível que observem comportamentos, a forma como o outro se expressa emocionalmente e até a verbalização do outro sobre seus próprios pensamentos. Por isso, devemos nos atentar à história de vida e saúde mental desses modelos, refletindo juntos sobre as formas de práticas educativas adotadas pelos pais e cuidadores, o estilo parental dos genitores, o desenvolvimento das HS deles e daqueles que convivem ativamente no dia a dia dos cuidados da criança. Assim, a importância de investigar sem julgamentos, categorizar e intervir no repertório dessas habilidades dos pais e cuidadores é fundamental para o desenvolvimento saudável de comportamentos pró-sociais de todas as crianças.
- **As estratégias devem ser lúdicas!** Leia livros infantis sobre temas e conceitos específicos; por exemplo, livros sobre fatos do dia a dia da vida das pessoas e conceitos como gentileza, amizade, autoaceitação, autoestima, ansiedade ou depressão. Pode-se incluir o ensino de expressões faciais dos personagens, tanto a identificação das emoções no outro quanto o reconhecimento das próprias emoções. As crianças também se beneficiam quando levantamos juntos as possibilidades de caminhos existentes para resolver conflitos da idade e encontrar soluções, lembrando aqui a importância de modelos parentais adequados ou de cuidadores com repertório de comportamentos pró-sociais. Isso pode ser usado quando a criança traz uma situação conflituosa ou que tenha dificuldade para enfrentar, construindo juntos o caminho mais adequado usando habilidades para o desempenho social competente.
- **Abrace as oportunidades!** A restrição de situações oportunas pode aumentar os déficits. As trocas sociais fora de ambiente familiar, com pares e outros adultos, fazem parte das estratégias de aprendizado de habilidades específicas como civilidade, gentileza, empatia e autocontrole. Essas trocas são chances para colocar em prática habilidades já desenvolvidas e que serão reforçadas naturalmente. Oportunizar, estimular e aprender um bom repertório de habilidades sociais é fator protetivo para o desenvolvimento humano.

Superdica: Olhem para si. Não há uma fórmula mágica, mas existem caminhos que podem ser construídos juntos!

Referências

BERNIER, R. A. et al. *O que a ciência nos diz sobre o transtorno do espectro autista*. Porto Alegre: Artmed, 2021.

DEL PRETTE, A.; DEL PRETTE, Z. *Competência social e habilidades sociais: manual teórico e prático*. 8. reimpressão. Petrópolis: Vozes, 2022.

DEL PRETTE, A.; DEL PRETTE, Z. *Psicologia das habilidades sociais: terapia, educação e trabalho*. Petrópolis: Vozes, 1999.

DEL PRETTE, A.; DEL PRETTE, Z. *Psicologia das habilidades sociais na infância: teoria e prática*. Petrópolis: Vozes, 2013.

MARTORELL, G. et al. *O mundo da criança da infância à adolescência*. Porto Alegre: 13. ed. Porto Alegre: AMGH, 2020.

9

GRUPO TERAPÊUTICO DE TREINAMENTO PARENTAL

Este capítulo tem como objetivo compartilhar uma proposta de intervenção terapêutica para os pais e cuidadores. Essa intervenção é feita pelo método de grupo terapêutico com foco no treinamento parental, visando a prevenção e promoção de saúde e desenvolvimento de habilidades para regulação emocional, ao mesmo tempo em que busca a modificação de problemas comportamentais nas crianças e nos adolescentes.

CELMA MATEUS

Celma Mateus

CRP 10/3225

Contatos

celmagrupos@gmail.com

Instagram: @psicelmamateus/
@espaçocelmamateus

96 99140 2233

Mãe da Alexa e da Helena. Psicóloga clínica e terapeuta de grupo há mais de 10 anos, atuando no atendimento de crianças, adolescentes e adultos. Especialista em terapia cognitivo-comportamental. Formação em Parentalidade e Educação Positiva pela Escola da Parentalidade do Porto (Portugal). Certificação em Educação Parental em Disciplina Positiva pela Positive Discipline Association (EUA). Idealizadora do Clube da Terapia de Grupo, com 20 cadernos terapêuticos especificos para crianças e adolescentes. Responsável pela supervisão em terapia de grupo e pelo curso OUSE Fazer Grupos Terapêuticos. Autora dos livros *Guia para criar e desenvolver um grupo terapêutico* e *Transforme o seu grupo terapêutico*.

Dedico este trabalho para todas as famílias que buscam um espaço de aprendizado para formar cidadãos saudáveis.

O ambiente terapêutico em grupo estruturado para pais, com um espaço nutrido por acolhimento, escuta, informação, aconselhamento e treino de habilidades parentais, tem se apresentado como um método seguro e potente para auxiliar famílias no desenvolvimento de estratégias educativas e promoção de melhor qualidade de vida.

A orientação de pais em grupo é empregada como uma estratégia que visa intervir no contexto familiar. A partir da identificação dos fatores que mantêm o comportamento-problema da criança, é possível incentivar a modificação dos estilos parentais que interferem nas habilidades sociais da criança, o que contribui para um tratamento eficiente. O grupo tem caráter totalmente colaborativo, não só com as informações trazidas pelos terapeutas, mas também pelo compartilhamento de experiências de outros pais (Neufeld, 2011).

Segundo os estudos de Stern (2003), o principal foco do grupo de treinamento de pais é propiciar o aumento de sua motivação para mudar suas práticas educativas, ajudando-os a abandonar certos comportamentos negativos na criação dos filhos, muitos ligados à imagem pessoal que os pais têm e à modelação de comportamentos pelo modo como foram criados.

Rayes (2022) escreve que a orientação familiar implica o autoconhecimento e o desenvolvimento dos pais e da família como um todo. Traz a possibilidade de reflexão, conscientização e mudanças de atitudes, em caráter tanto preventivo quanto de intervenção nas dificuldades já existentes. Fornece informações sobre o desenvolvimento, o manejo e as formas de enfrentamento das situações.

Dessa forma, o grupo se torna uma ferramenta importante para orientar e treinar os participantes, além de ser um recurso gerador de vínculo, identificação, esperança, rede de apoio, autocuidado e sentimentos genuínos, como o de que não estar sozinho.

Como visto, muitas são as vantagens de oferecer a modalidade terapêutica de grupo para os pais. Aqui deixo o modelo que pratico, com seus benefícios e resultados.

O grupo

Este modelo surgiu com o objetivo de oferecer estratégias educativas parentais, habilidades sociais educativas e enfrentamento de situações estressoras para os responsáveis e cuidadores de crianças e adolescentes. Baseia-se na terapia cognitivo-comportamental (TCC), mas também se beneficia da disciplina e parentalidade positivas. Os principais temas abordados nos encontros são: noções de desenvolvimento infantil; práticas e estilos parentais; importância do vínculo; regras e limites; reforçamento e punição; comportamentos adequados e inadequados; comunicação assertiva; resolução de problemas; tomada de decisões; funcionamento dos aspectos cognitivos; e manejo das emoções.

O grupo acontece em 11 encontros, de modo quinzenal, e cada encontro tem a duração de uma hora e trinta minutos. Os encontros acontecem de maneira distinta, com pais de crianças de até 11 anos juntos e pais de adolescentes em outro grupo. A metodologia é desenvolvida em oito momentos:

1. **Entrevista inicial**: momento de conhecer o(s) participante(s), apresentar o grupo e estabelecer o contrato terapêutico.
2. **Acolhimento**: recepção ambiental e afetiva.
3. **Apresentação**: integração de todos os participantes, inclusive o facilitador, para se conhecerem.
4. **Combinados**: construção das regras de convivência.
5. **Atividade de aquecimento ou quebra-gelo**: tem como finalidade preparar o grupo para estar mais conectado e aquecido na atividade seguinte.
6. **Atividade central**: psicoeducação focada no tema do encontro, seguida de uma atividade prática e espaço para compartilhamento.
7. **Encerramento**: momento de estabelecer possíveis estratégias para o tema central; também se pode oferecer um plano de ação e pedir aos participantes um *feedback* do encontro.
8. **Despedida**: fortalecimento do vínculo por meio da roda afetiva.

Como recurso avaliativo, temos a ficha de entrevista clínica, observação clínica, Inventário de Estilos Parentais (IEP) e o Inventário para Crianças e Adolescentes (CBCL).

Estrutura geral do grupo terapêutico de treinamento parental	
Pré-grupo	Entrevista com os pais; contrato terapêutico e aplicação do IEP e CBCL.
Sessões	**Atividades desenvolvidas**
1º	Apresentação do grupo; construção dos combinados; estabelecimento de vínculo e coesão grupal.
2º	Psicoeducação sobre o modelo cognitivo e manejo de emoções desconfortáveis.
3º	Como posso estimular autonomia e encorajar meu filho na idade em que ele está? (fases do desenvolvimento).
4º	Vivência dos estilos parentais e estratégias reparadoras.
5º	Comunicação assertiva.
6º	Vínculo como o protagonista nas relações.
7º	Construção de regras e limites.
8º	Reforço e punição; comportamentos adequados e inadequados.
9º	Exercício de resolução de problemas e tomada de decisão.
10º	Pais ajudam pais.
11º	Retrospectiva dos temas aprendidos; avaliação qualitativa, reaplicação dos testes e confraternização.
Pós-grupo	Análise dos dados.

Vantagens de participar do grupo terapêutico:

- Prevenção e promoção de saúde.
- Troca de experiências.
- Percepção de que não está sozinho.
- Identificação com outros participantes.
- Instalação do sentimento de esperança.
- Otimização dos resultados do processo terapêutico individual.
- Aumento da rede de relacionamentos.
- Rede de apoio e suporte.
- Custo menor.

Vantagens de criar um grupo terapêutico:

- Ampliação do trabalho para além do consultório.
- Aumento da renda.
- Oferecimento de mais uma modalidade terapêutica.
- Potencialização do processo terapêutico do paciente.

Ao fim dos encontros, os resultados obtidos pelos relatos dos pais são sensibilizadores por compartilharem seus avanços e sentimentos na diminuição do descontrole emocional, da punição física e da comunicação violenta e no aumento dos padrões de comportamento mais saudáveis e respeitosos. Os pais também ressaltam melhora nas habilidades interpessoais nos relacionamentos com os filhos, com maior demonstração de afeto, conexão e envolvimento. De acordo com a analise do CBCL e da afirmação dos pais, as crianças e adolescentes tiveram mudanças significativas nos âmbitos emocional e comportamental. Destacam que o grupo foi um ambiente de diminuição da culpa, da angústia, da ansiedade e dos medos e de fortalecimento educativo para a jornada de formar cidadãos autônomos e solidários.

Após os 11 encontros, os participantes são orientados para a opção de retornar ao grupo e realizar a manutenção terapêutica. O objetivo é fortalecer o aprendizado com novas atividades e treinos em grupo, nutrir a rede de apoio e ampliar o repertorio de regulação emocional, ganhando mais habilidades para uma relação parental cada vez mais saudável.

Orientações aos pais e profissionais

Criar os filhos não é simples, tem dificuldades sim! E há cada vez mais evidências de que as práticas educativas parentais são indicadores para o desenvolvimento dos filhos. A relação parental tem reflexos diretos em autoestima, desempenho acadêmico, ansiedade, depressão, comportamentos agressivos, comunicação violenta, relacionamentos interpessoais, entre outros. Isso acontece por falta de informação e habilidades dos pais com estratégias mais efetivas na conduta com os filhos.

Dentre as atividades que disponibilizamos no grupo para realizar em casa, vou compartilhar duas que auxiliam no desenvolvimento de mais nutrição para o vínculo familiar:

1. **Vale-conexão**: são cartões que você imprime, recorta e apresenta para todos os que vão participar. Alguns estarão em branco e poderão ser preenchidos como desejar. No cartão terá opções como: receita em família, *tour* pela cidade, banho de mangueira, cinema em casa, jogos de tabuleiro etc. Cada membro da família escolhe uma atividade que almejam realizar juntos e em uma agenda visual (papel colado em um local que todos veem) e determina o dia e a hora aproximada para que possam se organizar e viver bem esse momento coletivo. O objetivo é que cada membro,

independentemente da idade, tenha um espaço para fazer suas escolhas e que todos possam se engajar coletivamente, conectando-se ainda mais.

2. **Mural afetivo**: uma prática simples, que gera envolvimento, reconhecimento e aumenta o repertorio emocional da família. Compre ou construa um mural e deixe-o localizado de modo que todos possam acessá-lo, com uma caneta e papel ao lado. Diga que ali será o espaço onde todos da família podem fazer um desenho, deixar uma mensagem ou agradecimento para a família ou um membro em especial. Os pais e/ou cuidadores serão o modelo para iniciar o mural; deixo algumas ideias de mensagens: *Eu amo ser sua mãe*; *Você me faz feliz como pai*; *Nossa família é muito divertida*; *Te desejo uma ótima prova*; *Filha, eu reconheço o seu esforço e percebo o quanto você dedicou no seu jogo de vôlei, estou muito orgulhoso!*; *Vovô te ama muito*; *Irmã, obrigada por arrumar o nosso quarto, você foi muito generosa...* entre outras.

Dessa forma, o treinamento de pais é um importante aliado para dar aos cuidadores recursos, técnicas, conhecimento e alternativas para mudança na rotina e encorajamento para promover a prevenção e promoção de saúde às crianças e adolescentes, em um ambiente familiar mais acolhedor, validante e saudável.

Superdica: Os grupos terapêuticos são redes de apoio que abraçam as dores emocionais e oferecem um respiro novo para que os pais sigam cuidando e amando com respeito.

Referências

BIELING, P. J. et al. *Terapia cognitivo-comportamental em grupos*. Tradução: Ivo Haun de Oliveira. Porto Alegre: Artmed, 2008.

NELSEN, J.; LOTT, L. *Disciplina positiva para adolescentes: uma abordagem gentil e firme na educação dos filhos*. Tradução: Bete P. Rodrigues, Ruymara Teixeira de Almeida. 3. ed. Barueri: Manole, 2019.

NEUFELD, C. B.; RANGÉ, B. P. (org.). *Terapia cognitivo-comportamental em grupos: das evidências à prática*. Porto Alegre: Artmed, 2017.

NEUFELD, C. B. (org.). *Terapia cognitivo-comportamental em grupo para crianças e adolescentes*. Porto Alegre: Artmed, 2015.

RAYES, C. (coord.). *Orientação familiar: teoria e prática*. São Paulo: Literare Books International, 2022.

10

ENVELHECER
COMPREENDENDO E APRENDENDO A LIDAR COM ESSA FASE DA VIDA

O envelhecimento é uma jornada com desafios psicológicos, exigindo suporte familiar e compreensão das mudanças físicas e emocionais. As estratégias para o envelhecimento ativo incluem orientação familiar, educação sobre saúde e suporte emocional. Por isso, é de extrema importância entender o declínio cognitivo e o envelhecimento não saudável para proporcionar o cuidado para o idoso.

CRISTINA ALTISENT

Cristina Altisent

CRP: 06/92750

Contatos

psicorhaltisent@yahoo.com.br

Instagram: @crisaltisentpsico

Whatsapp: 11 96083 2239

Psicóloga graduada pela Universidade Guarulhos (UnG). Especialista em Terapia Cognitivo-comportamental (TCC) pelo Centro de Estudos em Terapia Cognitivo-comportamental (CETCC) e em Neuropsicologia pelo Instituto Albert Einstein. Extensão em Avaliação Neuropsicológica no Envelhecimento e Demência pela Universidade Federal de São Paulo (Unifesp). Atuou, por 15 anos, na área de recursos humanos, dedicando-se a recrutamento e seleção, treinamento e desenvolvimento, além de desenvolvimento humano e organizacional. Essa sólida experiência está aliada à atuação como psicóloga e supervisora clínica, focada especialmente no atendimento a adolescentes, adultos e idosos. Contribuição como pesquisadora e supervisora em pesquisa no Instituto de Psiquiatria do Hospital das Clínicas da Faculdade de Medicina da Universidade de São Paulo (IPq-HCFMUSP) (Estudo Longitudinal de Saúde do Adulto – ELSA) durante os anos de 2020 e 2021. Palestrante em instituições financeiras, de saúde, de marketing, escolares etc. Fora do ambiente profissional, é mãe do Matheus, esposa do Rogério e filha da Dona Carmen.

Dedicatória

Dedico este capítulo ao meu filho, Matheus, a meu esposo, Rogério, à minha mãe, Dona Carmen e aos meus pacientes, pois não seria nada na minha trajetória profissional sem todo o incentivo e suporte dado por eles.

Se envelhecer é a única certeza que temos, como lidar com isso com nossos familiares?

O tempo passa, né? E isso nos faz pensar em um monte de coisas. Envelhecer, então, é como uma viagem com muitas mudanças e desafios que bagunçam nossa cabeça. Este capítulo é sobre essa parte psicológica do envelhecimento, e como ela se conecta com o bem-estar emocional dos mais experientes.

A entrada na terceira idade é crucial e carregada de desafios e oportunidades, e a orientação familiar é um pilar para garantir o bem-estar e a qualidade de vida do idoso.

A família é fundamental e precisa compreender as necessidades dos mais velhos, diante de todo o processo de mudanças corporais, problemas de saúde, falta de vontade de socializar e até mesmo desregulações emocionais. É essencial que o idoso seja compreendido e atendido em suas necessidades pela família.

> Na atualidade, estratégias para a conquista do envelhecimento ativo são traçadas para garantir que a longevidade represente um ganho no curso de vida humano e não mera sobrecarga para a sociedade e para aqueles que envelhecem (Ribeiro, 2015).

A família deve buscar informações e obter conhecimentos, por meio de profissionais, sobre os cuidados específicos e necessários para os idoso. Isso inclui orientações médicas, adaptações no ambiente domiciliar, dieta adequada e atividades físicas apropriadas. Também é fundamental educar-se sobre condições de saúde comuns na terceira idade.

O idoso frequentemente enfrenta desafios emocionais, como solidão, ansiedade e depressão. O apoio da família é crucial para mitigar esses problemas. Estar presente emocionalmente e oferecer companhia frequente pode ser reconfortante e benéfico para a saúde mental do idoso.

A orientação familiar envolve uma comunicação aberta e empática, promovendo resiliência e comprometimento diante dos desafios. Isso contribui para enfrentar as alterações neurológicas associadas ao envelhecimento, como o declínio cognitivo, de maneira mais informada.

É crucial reconhecer sinais precoces de problemas cognitivos e buscar avaliações neuropsicológicas para diagnóstico e intervenção precoce. Apesar dos desafios, muitos idosos mostram notável resiliência, utilizando a sabedoria acumulada para encarar os desafios sob uma perspectiva mais ampla.

A capacidade de encontrar significado em experiências e cultivar a gratidão pelas pequenas alegrias se torna uma fonte valiosa de força psicológica. Lidar com as questões psicológicas e neuropsicológicas do idoso é desafiador, mas também gratificante. Ao oferecer suporte emocional e estratégias adequadas, a família contribui significativamente para a qualidade de vida do idoso.

Alguém próximo a mim está envelhecendo; o que fazer?

Falar sobre envelhecimento é um tabu para a sociedade, pois está associado a doenças e ao fim da vida. É importante compreender que as alterações no funcionamento cognitivo que ocorrem com o envelhecimento saudável não implicam necessariamente um declínio significativo.

A noção de envelhecimento saudável ou bem-sucedido se manifesta quando a pessoa preserva e direciona continuamente seu potencial ao longo da vida. Isso implica investir seletivamente nas capacidades mantidas, resultando na potencialização das partes funcionais. Esse processo visa alcançar um equilíbrio entre as possibilidades e limitações inerentes ao envelhecimento (Baltes; Baltes, 1990, apud Andrade et al., 2020).

O envelhecimento cognitivo é uma fase da vida em que ocorrem mudanças na capacidade de processar informações, reter memórias e executar tarefas cognitivas. No entanto, o declínio cognitivo nem sempre é observado em todas as pessoas que envelhecem. Alguns idosos continuam a apresentar habilidades cognitivas excelentes, enquanto outros podem apresentar sinais de declínio cognitivo.

É importante distinguir o envelhecimento saudável e identificar possíveis problemas cognitivos precocemente para tomar medidas adequadas. Existem várias maneiras de identificar sinais de envelhecimento saudável. Alguns indicadores positivos incluem:

- **Memória**: um envelhecimento saudável geralmente envolve a preservação da memória de eventos recentes e da capacidade de registrar eventos passados com clareza e precisão.
- **Atenção e concentração**: indivíduos que envelhecem de modo saudável mantêm a atenção em tarefas complexas e concentram-se nas atividades diárias sem dificuldades excessivas.
- **Raciocínio e resolução de problemas**: aqueles que envelhecem de modo saudável continuam a demonstrar um bom desempenho em tarefas que exigem habilidades analíticas, abstração e resolução de problemas.
- **Habilidades de comunicação**: idoso com envelhecimento saudável mantêm a capacidade de se expressar claramente e compreender as informações apresentadas por outras pessoas.
- **Suporte profissional e de apoio**: buscar orientação de profissionais especializados, como psicólogos ou neuropsicólogos, é essencial em casos mais complexos, além de oferecer suporte adicional e compartilhamento de experiências.

É importante lembrar que o envelhecimento saudável nem sempre significa enfrentar declínio cognitivo. Cada pessoa é única e encara o envelhecimento de maneiras distintas. Se surgirem sinais de declínio cognitivo, a busca por ajuda profissional e a implementação de orientações adequadas são passos essenciais.

Orientações para familiares e cuidadores

Quando o envelhecimento não é saudável? Já é o momento de se desesperar?

Calma! Não precisamos correr para as colinas; temos que pensar que o envelhecimento faz parte da vida e que, a partir do nosso nascimento, já estamos envelhecendo.

Quando se fala em orientação familiar do idoso, precisamos pensar em alguns pontos:

- **Compreensão e apoio emocional**: ouvir ativamente e oferecer apoio emocional são elementos essenciais na orientação familiar. Criar um ambiente propício para os mais velhos expressarem seus sentimentos é muito benéfico.
- **Estímulo cognitivo e social**: atividades que desafiam mentalmente os idosos, como jogos, leituras e interações sociais, são vitais para preservar suas habilidades cognitivas.

- **Rotina e estabilidade**: manter uma rotina consistente e previsível pode oferecer um senso de segurança aos idoso. A família pode ajudar a criar rotinas, desde atividades, comida e descanso, ofertando estabilidade emocional.

Quando falamos de idoso, podem ocorrer mudanças significativas nas habilidades cognitivas e emocionais de uma pessoa, e é normal sentir preocupação ou medo quando alguém próximo a você apresenta essas mudanças.

Existem alguns sinais que podem indicar um envelhecimento não saudável. É importante estar atento a mudanças abruptas ou significativas no funcionamento cognitivo e emocional de uma pessoa, como:

- **Perda de memória grave**: esquecer aniversários, a frequência de alimentação e dos cuidados e não conseguir registrá-los posteriormente.
- **Dificuldades de análise e tomada de decisões**: não conseguir decidir o que vai comer, o que vai vestir etc.
- **Mudanças de personalidade e comportamento**: alterações no comportamento, humor, paladar.
- **Dificuldades de comunicação**: dificuldades de criar um diálogo conseguindo evocar palavras do dia a dia.

Para compreender quando devemos nos preocupar com o envelhecimento e o declínio cognitivo, é crucial estar atento a sinais significativos. Mudanças normais fazem parte do processo de envelhecimento, mas é essencial reconhecer quando a atenção especial é necessária nas habilidades cognitivas ou emocionais de alguém próximo. Não é o momento para desespero, mas sim para identificar um declínio cognitivo e agir diante dele.

Culturalmente, muitas vezes os idosos são vistos em um papel de fragilidade e dependência, aproximando-os de uma representação infantilizada. Essa metáfora da "criança idosa" não apenas reflete a falta de compreensão sobre os desafios do envelhecimento, mas também influencia as interações sociais e, consequentemente, o bem-estar psicológico dos idosos.

No envelhecimento não saudável, quando exploramos não apenas as raízes culturais desse estigma, mas também suas implicações neuropsicológicas, percebemos o quão negativo é tratar os idoso como criança, pois são tolhidas a autonomia e a dignidade daqueles que caminham pela fase mais madura da vida.

Quando uma pessoa próxima está enfrentando um envelhecimento não saudável, oferecer apoio emocional e prático pode fazer uma grande diferença. Algumas estratégias úteis incluem:

- **Ter conversas empáticas**: demonstrar interesse genuíno e abrir espaço para uma pessoa expressar suas preocupações e emoções.

- **Estimulação cognitiva adequada**: adaptar as atividades cognitivas ao nível de habilidade da pessoa, oferecendo desafios adequados para suas capacidades.
- **Fornecer suporte prático**: oferecer assistência em tarefas diárias, como acompanhar uma pessoa em compromissos médicos ou ajudá-la a organizar uma medicação.

Orientações para o dia a dia no cuidado do idoso

Cuidar de um idoso é difícil, pois não sabemos o que fazer e como fazer. Por isso, separei algumas dicas:

1. Entender as necessidades específicas

- Dica amigável: seja um ouvinte atento. Às vezes, um sorriso ou um abraço dizem mais do que palavras. Conhecer as necessidades dos idosos ajuda a criar uma conexão mais forte.

2. Comunicação eficaz

- Conselho simples: fale devagar e com calma. Use gestos e sorrisos para complementar as palavras. Uma comunicação clara é a chave para evitar frustrações.

3. Ambientes seguros

- Passo a passo: faça uma "inspeção de segurança" em casa, remova tapetes, adicione corrimãos e garanta que tudo esteja acessível.

4. Estimulando atividades físicas e mentais

- Atividades leves e divertidas: caminhadas suaves e jogos de quebra-cabeça mantêm a mente e o corpo ativos. Incentive atividades que tragam alegria e satisfação.

5. Cuidados com a alimentação

- Receitas saudáveis e saborosas: explore receitas nutritivas e deliciosas. Lembre-se de manter uma boa hidratação, especialmente nos dias mais quentes.

6. Manejo de medicamentos

- Organização é a chave: crie um sistema de organização para os medicamentos com quadros de avisos e estabeleça um ritual diário.

7. Saúde mental em foco

• Conversas e carinho: esteja presente emocionalmente. Converse, ouça e esteja atento aos sinais de tristeza.

8. Planejamento financeiro e jurídico

• Documentos em dia: prepare documentos como testamento e procurações, mantenha as finanças em ordem para os custos do cuidado. Antecipe e discuta questões legais e financeiras, como patrimônio e cuidados de saúde, para evitar complicações futuras e assegurar a proteção adequada do idoso. Isso proporciona tranquilidade à família.

Ao iniciar essa jornada, lembre-se que não está sozinho e que não existe uma receita perfeita; por isso, pode encontrar inspiração na criatividade e inovação. Não tenha medo de errar, pois cada desafio é uma oportunidade de aprendizado e de pedir ajuda.

Para cuidar também é necessário se cuidar!

Quer desafio? Vamos cuidar de um idoso, pois, muitas vezes, isso exige um esforço importante do cuidador. Por isso, o cuidador também precisa de cuidados; assim, reconhecer a importância do autocuidado, pensando no ponto de vista tanto psicológico e neuropsicológico quanto fisiológico, é essencial, pois, para cuidar do outro, precisamos estar bem em relação à saúde tanto física quanto mental.

Segundo Decrozzi e Camilo (2018), por meio das projeções demográficas, a população idosa no Brasil quadruplicará de 2000 a 2060, indicando um aumento significativo no número de idosos e, por isso, precisamos nos cuidar para ter qualidade de vida no envelhecimento.

Do ponto de vista psicológico, é necessário promover o próprio bem-estar emocional, buscando apoio, estabelecendo limites e, assim, reconhecendo a necessidade de pausas e descanso. Tudo isso auxilia no não esgotamento e contribui para um ambiente mais saudável.

Pensando na perspectiva neuropsicológica, é importante refletir como o estresse crônico que o cuidador lida no dia a dia pode afetar sua função cognitiva. Assim, o autocuidado pode contribuir para a redução do estresse, promovendo a saúde cognitiva do cuidador.

Pensando no aspecto fisiológico, os cuidadores enfrentam desafios decorrentes do estresse crônico, que pode resultar em elevados níveis de cortisol, afetando diretamente o sistema imunológico e a qualidade do sono, causando distúrbios musculoesqueléticos por movimentos repetitivos. A pressão emocional também pode afetar a saúde mental, levando a ansiedade e depressão. Para lidar com essas preocupações fisiológicas, é crucial que os cuidadores adotem práticas regulares de autocuidado, incluindo pausas, apoio emocional, exercícios e uma alimentação equilibrada, buscando assistência médica quando necessário. Ao compreender a importância do autocuidado, o cuidador pode desempenhar seu papel de maneira saudável, beneficiando tanto a si mesmo quanto o idoso que está sendo cuidado.

Superdica: não façam por mim, sem mim! Envelhecer não é uma opção; a qualidade de vida, sim!

Referências

ANDRADE, M. S. (org.). *Acolhimento à pessoa idosa: do fundo existencial ao sofrimento emocional.* Universidade Federal do Acre, 2020. *E-book* (99p.).

DECROZZI, R. L. Envelhecer na rua: um desafio às políticas públicas. In: 16º Encontro Nacional de Pesquisadores em Serviço Social. *Anais*, 2018, Vitória. Disponível em: <https://periodicos.ufes.br/abepss/article/view/21980/14498>. Acesso em: 15 mar. de 2024.

RIBEIRO, P. C. C. A psicologia frente aos desafios do envelhecimento populacional. *Gerais: Revista Interinstitucional de Psicologia*, v. 8, n. spe, p. 269-283, dez. 2015.

11

SÍNDROME DO PÂNICO

O CÉREBRO ANSIOSO

Este capítulo convida você a compreender a síndrome do pânico de uma maneira abrangente, integrando aspectos físicos, emocionais, psicológicos, e a estabelecer uma base sólida para a jornada de entendimento e superação. É um espaço seguro, livre de julgamentos; seu bem-estar é a minha prioridade.

CYNTIA GODOY

Cyntia Godoy

CRP 06/119962

Contatos

psicologiamenteplena.com.br

psicologacyntiagodoy@gmail.com

Instagram: @psicologiamenteplena

Psicóloga clínica atuando no atendimento de adultos, adolescentes, crianças e casais. Orientadora parental, palestrante, especialista em terapia cognitivo-comportamental (TCC). Pós-graduada em Terapia do Esquema (TE) pela Wainer Psicologia, com certificação pelo New Jersey Institute for Schema Therapy Springfield. Formação em Terapia Focada na Compaixão, Narrativa e Psicologia Positiva pelo Instituto de Psiquiatria do Hospital das Clínicas da Universidade de São Paulo (IPq-HCFMUSP). Formada em terapia para casais e sexologia. Pós-graduanda em neuropsicologia e neurociência. Coautora dos livros *Orientação familiar* vol.1 (capítulo 4 - Ansiedade de separação na infância); *livro Orientação Familiar vol. 2* (capítulo 6 - Transtorno de Ansiedade Generalizada - TAG).

Dedicatória

Dedico este capítulo aos meus amados pais, Roberto e Marlene, que me ensinaram com seu amor e cuidado a base mais importante de tudo que eu sou. A minha família, irmãs parceiras, cunhados, sobrinhos, sogro e sogra (in memorian) que me apoiam em cada conquista. As minhas filhas, Isabele e Lívia, que me ensinam o grande significado do amor, respeito e admiração são minhas inspirações. Ao meu amado companheiro por tanto cuidado, incentivo e por ser a minha estrutura e segurança. Aos meus pacientes, que estão comigo nessa jornada no processo psicoterapêutico, vocês são parte da minha evolução.

Meu propósito é passar conhecimento, agregando autoconhecimento e acolhimento para todas as pessoas que necessitam de ajuda na saúde mental.

Gratidão!

Sabemos que o transtorno do pânico pode ser uma jornada desafiadora. Neste capítulo, exploro os fundamentos da síndrome do pânico, oferecendo uma visão abrangente de suas manifestações, sintomas e impacto na vida cotidiana.

Quando o medo toma o controle: compreendendo a síndrome do pânico

Todos nós já estivemos em situações difíceis ou de perigo e sentimos o coração acelerar, a respiração intensificar e ficamos constantemente em alerta. Quando passamos por situações em que perdemos o controle, isso pode parecer desconcertante e assustador. Para muitos de nós, o termo "ataques de pânico" pode evocar imagens dramáticas e até mesmo confusas. No entanto, é fundamental entender que a síndrome do pânico é mais do que uma reação comum ao estresse; é uma condição de saúde mental que afeta milhões de pessoas em todo o mundo. A pressão para realizar tarefas rapidamente e a obsessão pela aparência e pelos padrões impostos a cada um de nós diariamente estão afetando negativamente a saúde mental das pessoas.

> *Precisamos que nossas emoções nos digam o que é importante e nos ajudem a tomar decisões. Elas podem nos dizer "isso parece certo ou isso parece perigoso". Mas também podem nos enganar. Por exemplo, podemos concluir que uma coisa é perigosa simplesmente porque nos sentimos ansiosos. "Este avião é perigoso. Sei disso porque me sinto ansioso". É o denominado raciocínio emocional, que pode nos levar a pensar que uma pequena inconveniência é uma catástrofe* (LEAHY, 2021).

A síndrome do pânico é um transtorno de ansiedade caracterizado por ataques de pânico recorrentes e inesperados. Os ataques de pânico são episódios intensos de medo ou desconforto, que atingem o auge em poucos minutos. As crises podem ocorrer em qualquer lugar, contexto ou momento, durando em média de 15 a 30 minutos. Esses ataques podem ocorrer em situações diversas, até mesmo durante o sono. A pessoa que sofre de síndrome do pânico geralmente vive com medo constante de ter outro ataque de pânico.

A Organização Mundial da Saúde (OMS) aborda questões relacionadas à saúde mental em geral e reconhece a importância dos transtornos de ansiedade, incluindo o transtorno do pânico, como parte das condições de saúde mental que afetam a população global. A OMS ainda destaca a crescente carga global de transtornos mentais e de saúde mental e enfatiza a necessidade de reconhecimento, tratamento e prevenção dessas condições em todo o mundo.

A síndrome do pânico tem um impacto negativo na qualidade de vida de qualquer indivíduo. Ela rouba a motivação e o prazer de viver, retirando a energia e a produtividade que antes existiam. Isso leva a uma vida limitada, cheia de medo, estresse e desconforto.

O que a pessoa sente fisicamente em um ataque de pânico? Como seu cérebro reage?

O transtorno do pânico é caracterizado por ataques de pânico súbitos e intensos. Durante um ataque de pânico, várias mudanças físicas e reações ocorrem no corpo e no cérebro. Para se caracterizar como um ataque de pânico, devem estar presentes pelo menos quatro dos seguintes sintomas, de acordo com a quinta edição do DSM-V *(Manual de diagnóstico e estatística de transtornos mentais.* APA, 2013).

Sintomas comuns da síndrome do pânico:

- Palpitações ou ritmo cardíaco acelerado.
- Sudorese excessiva.
- Tremores ou tremedeira.
- Sensação de falta de ar ou sufocamento.
- Dor ou desconforto no peito.
- Náusea ou desconforto abdominal.
- Sensação de tontura, instabilidade ou desmaio.
- Calafrios ou ondas de calor.
- Sensação de irrealidade ou de estar separado de si mesmo (despersonalização).
- Medo de perder o controle ou enlouquecer.
- Medo de morrer.

Esses sintomas podem ser tão avassaladores que muitas pessoas procuram assistência médica imediatamente durante um ataque, acreditando que estão enfrentando uma emergência médica, como um ataque cardíaco. Além dos ataques de pânico, as pessoas muitas vezes vivem com um medo constante de ter novos ataques, o que pode levar a comportamentos de evitação.

Quando o ataque de pânico acontece, o cérebro manda estímulos para o corpo imediatamente, fazendo que os níveis de ansiedade se tornem exagerados, o que causa muito desconforto. Algumas das seguintes reações são emitidas pelos nossos pensamentos negativos, ativando nosso sistema de luta e fuga:

> O ataque de pânico tem origem no aparelho cerebral do medo, que, por diversos fatores, inclusive por estresse crônico, pode se "desregular" e desencadear alarmes falsos em situações que em geral não representam qualquer tipo de ameaça ou perigo real. Diversas estruturas do cérebro fazem parte desse sistema complexo que envolve o medo, a ameaça, o risco ou o perigo: o córtex pré-frontal, a ínsula, o tálamo, a amígdala e o tronco cerebral são responsáveis pelo disparo e pela condução dessas reações, intermediadas pelos neurotransmissores" (SILVA, 2017).

- **Atividade do sistema nervoso autônomo – sistema nervoso simpático ativado**: durante um ataque de pânico, o sistema nervoso simpático é ativado, desencadeando a "resposta de luta ou fuga". Isso leva a uma liberação rápida de hormônios do estresse, como adrenalina, que preparam o corpo para enfrentar uma ameaça percebida.

- **Cardiovascular**:
  - o **Aumento da frequência cardíaca**: a adrenalina aumenta a frequência cardíaca para fornecer mais sangue e oxigênio aos músculos em preparação a uma resposta de emergência. Nessa hora, muitas pessoas sentem o coração acelerar.
  - o **Aumento da pressão arterial**: a pressão arterial também pode aumentar como parte da resposta de luta ou fuga.
- **Respiratório – hiperventilação**: muitas pessoas experimentam hiperventilação durante um ataque de pânico, respirando rápida e superficialmente. Isso pode levar a sintomas como tontura, falta de ar e formigamento nas extremidades.
- **Tensão muscular**: a resposta de luta ou fuga pode resultar em tensão muscular, o que pode causar dores e desconforto.
- **Gastrintestinal – desconforto abdominal**: algumas pessoas relatam desconforto abdominal, náusea ou outros sintomas gastrintestinais durante um ataque de pânico.
- **Cérebro – ativação da amígdala**: a amígdala, uma parte do cérebro associada ao processamento emocional, é ativada durante um ataque de pânico. Ela interpreta erroneamente uma situação não ameaçadora como perigosa, desencadeando a resposta de luta ou fuga; dessa forma, os pensamentos se tornam catastróficos.
- **Alterações nos neurotransmissores**: desregulações nos níveis de neurotransmissores, como a serotonina e a norepinefrina, também podem desempenhar um papel na síndrome do pânico.
- **Sensações subjetivas – medo intenso**: a sensação predominante é um medo intenso e uma sensação de perigo iminente, muitas vezes sem uma causa aparente.
- **Sensação de irrealidade**: algumas pessoas relatam uma sensação de irrealidade, como se estivessem separadas de si mesmas (despersonalização) ou o ambiente ao seu redor parecesse estranho (desrealização).

É importante ressaltar que um ataque de pânico não representa uma ameaça física real, mas a resposta do corpo é ativada como se houvesse uma situação de perigo iminente. Compreender esses aspectos físicos e neurobiológicos é fundamental para o diagnóstico e tratamento adequados da síndrome do pânico, no entanto, alguns gatilhos comuns incluem:

- Altos níveis de estresse, relacionado ao trabalho, relacionamentos, problemas financeiros ou outros fatores.
- Eventos traumáticos passados, como acidentes, perdas significativas ou experiências emocionalmente impactantes.

• Fobias específicas, como medo de espaços fechados (claustrofobia) ou medo de altura (acrofobia). Algumas pessoas podem ser sensíveis a estímulos sensoriais, como luzes intensas, sons altos ou multidões.
• Flutuações hormonais, como aquelas associadas ao ciclo menstrual, gravidez ou menopausa.
• Situações que envolvem humilhação, constrangimento ou vergonha podem ser desencadeadoras, especialmente se relacionadas a experiências passadas.
• Situações que provocam a sensação de perda de controle, em situações físicas ou emocionais, uso de substâncias como cafeína, álcool, drogas ilícitas ou medicamentos.

A duração do ataque de pânico pode variar significativamente de uma pessoa para outra. Algumas pessoas podem experimentar episódios esporádicos ao longo de suas vidas, enquanto outras podem lidar com a condição de maneira mais crônica.

Orientações para pessoas com síndrome do pânico

Relação do transtorno nas áreas da vida

A síndrome do pânico pode ter um impacto significativo em diversas áreas da vida de uma pessoa. O transtorno não se limita apenas aos momentos de ataques de pânico, mas pode influenciar o funcionamento diário, os relacionamentos, o trabalho e a qualidade de vida. Estas estão algumas das áreas em que o transtorno do pânico pode ter impacto:

Vida social:

• **Isolamento social**: o medo de ter ataques de pânico em locais públicos ou sociais pode levar à evitação e ao isolamento social.

Trabalho e educação:

• **Absenteísmo**: a síndrome do pânico pode resultar em faltas ao trabalho ou à escola por ataques de pânico ou ansiedade associada.
• **Desempenho afetado**: o foco e a produtividade no trabalho ou na escola podem ser afetados pela preocupação constante com a possibilidade de ter um novo ataque de pânico.

Relacionamentos pessoais:

• **Conflitos relacionados à ansiedade**: a ansiedade associada à síndrome do pânico pode contribuir para conflitos nos relacionamentos pessoais, especialmente se os parceiros, amigos ou familiares não compreenderem completamente a condição.

- **Dependência emocional**: pode ocorrer uma dependência emocional em relação a pessoas próximas como fontes de apoio durante momentos de ansiedade.
- **Preocupação constante**: a preocupação constante com a possibilidade de ter um ataque de pânico pode afetar negativamente o bem-estar emocional.

Planejamento futuro:

- **Restrições nas oportunidades**: a preocupação com a possibilidade de ter ataques de pânico pode levar a restrições nas oportunidades de trabalho, estudo ou lazer, afetando os planos futuros.

Mudanças de hábitos são necessárias; por onde começar?

O tratamento da síndrome do pânico geralmente envolve uma abordagem combinada, incluindo terapias psicológicas (psicoterapia) e, em alguns casos, medicamentos. Aqui estão algumas orientações para a prevenção da síndrome do pânico:

- **Gerenciamento do estresse**: pratique técnicas de gerenciamento do estresse, como meditação, *mindfulness*, ioga ou exercícios de relaxamento.
- **Estilo de vida saudável**: mantenha um estilo de vida saudável com uma dieta equilibrada, exercícios regulares e sono adequado.
- **Evite estimulantes em excesso**: reduza o consumo de substâncias estimulantes, como cafeína e nicotina, que podem desencadear ou intensificar a ansiedade.
- **Regule o sono**: estabeleça rotinas regulares de sono para garantir uma boa qualidade de descanso.
- **Exposição gradual a desafios**: pratique a exposição gradual a situações desafiadoras.
- **Técnicas de relaxamento e respiração**: aprenda e pratique técnicas de relaxamento, como respiração profunda, sempre que sentir sinais de ansiedade.
- **Autoconhecimento**: desenvolva autoconhecimento sobre seus próprios gatilhos de estresse e ansiedade. Isso pode ajudar a identificar padrões e implementar estratégias de enfrentamento.
- **Manutenção de relacionamentos**: cultive relacionamentos saudáveis e de apoio. Ter uma rede de suporte pode fornecer ajuda emocional nos momentos difíceis.
- **Procure ajuda de um psicólogo**: a terapia cognitivo-comportamental (TCC) é frequentemente recomendada, pois ajuda a pessoa a entender e modificar padrões de pensamento e comportamento que possam contribuir para o pânico. Um terapeuta pode ajudar a pessoa a aprender técnicas para

lidar com os sintomas de pânico e a enfrentar gradualmente as situações que provocam ansiedade.

• **Medicação**: em alguns casos, um médico psiquiatra pode prescrever medicação para ajudar a controlar os sintomas de pânico. A medicação é um excelente auxílio para crises agudas que auxiliam na regulação emocional.

Orientações para toda a família e cuidadores; como ajudar

Quando se trata de fornecer orientação familiar para o transtorno do pânico, é fundamental adotar uma abordagem empática, educacional e de apoio. Aqui estão algumas orientações-chave que podem ser úteis para familiares, amigos ou entes queridos de pessoas que enfrentam síndrome do pânico:

• **Educação**: incentive os familiares a buscarem informações precisas sobre o transtorno do pânico. Isso pode envolver a leitura de livros e artigos ou a participação em *workshops* educacionais. Quanto mais os membros da família compreenderem sobre o transtorno do pânico, melhor poderão apoiar seus entes queridos.

• **Comunicação aberta**: encoraje a comunicação aberta e a escuta ativa dentro da família. Os membros da família devem se sentir à vontade para expressar suas preocupações, perguntas e emoções, e as pessoas que enfrentam o transtorno do pânico devem se sentir compreendidas e apoiadas.

• **Esteja presente e ouça**: às vezes, a melhor coisa que você pode fazer é simplesmente estar disponível para a pessoa. Ouça atentamente e valide seus sentimentos. Evite minimizar a experiência da pessoa ou dizer frases como "Isso é coisa da sua cabeça".

• **Respeite os limites**: algumas pessoas podem preferir ficar sozinhas durante um ataque de pânico, enquanto outras podem procurar apoio. Respeite os desejos da pessoa e esteja disponível quando ela precisar.

• **Envolvimento na busca de tratamento**: encoraje a participação ativa no processo de tratamento. Isso pode incluir acompanhar o ente querido às consultas médicas, terapia ou grupos de apoio. O apoio contínuo demonstra compromisso e solidariedade.

• **Pratique a empatia e seja paciente**: reconheça que o transtorno do pânico pode ser desafiador tanto para a pessoa que o vive quanto para seus familiares. Praticar a empatia e a paciência é fundamental para manter um ambiente de compreensão e apoio.

Essas orientações formam uma base para que os familiares possam apoiar significativamente aqueles que enfrentam o transtorno do pânico.

Seja gentil... uma mensagem para você

Ao longo da minha prática clínica, tenho atendido muitas pessoas prejudicadas pelos transtornos de ansiedade e suas comorbidades, levando uma vida com medo, inseguranças e vergonha. A síndrome do pânico pode causar sentimentos avassaladores, mas é importante lembrar que existem maneiras de lidar com isso e buscar ajuda. Entenda que a síndrome do pânico não define quem você é nem define a pessoa que deseja ser. Não tenha vergonha de enfrentar desafios de saúde mental; o fato de reconhecer e lidar com essa condição mostra uma incrível força e coragem em você.

É crucial buscar apoio profissional; um psicólogo e/ou psiquiatra pode ajudar a identificar as causas e desenvolver estratégias para gerenciar os sintomas como foi descrito neste capítulo. Não hesite em falar sobre o que está sentindo e em pedir ajuda quando precisar e, acima de tudo, seja gentil consigo mesmo(a). A jornada de superar a síndrome do pânico pode ter altos e baixos, e está tudo bem. Celebre suas vitórias, por menores que sejam, e lembre-se de que a busca pela melhora e o progresso acontecem no seu próprio tempo e, por meio do autoconhecimento, você retoma o controle da situação e da sua vida. Confie!

Superdica: seja gentil com seu momento; reconhecer-se em sua vulnerabilidade lhe trará a força para seu fortalecimento.

Referências

AMERICAN PSYCHIATRIC ASSOCIATION (APA). *Manual diagnóstico e estatístico de distúrbios mentais:* DSM-5. Porto Alegre: Artmed, 2013.

BECK, J. S. *Terapia cognitiva: teoria e prática*. Porto Alegre: Artmed, 1997.

BROWN, T. et al. Transtorno de ansiedade generalizada. In: BARLOW, D. H. (org.). *Manual clínico de transtornos psicológicos*. 2. ed. Porto Alegre: Artmed, 1999.

CHAFFEE, J. *Pense diferente, viva criativamente: 8 passos para tornar a sua vida mais completa*. Tradução Márcia Paredes. Rio de Janeiro: Campus, 2000.

CLARK, D. A.; BECK, A. T. *Terapia cognitiva para os transtornos de ansiedade*. Porto Alegre: Artmed, 2012.

CLARK, M. D. Estados de ansiedade: pânico e ansiedade generalizada. In: HAWTON, K. et al. *Terapia cognitivo-comportamental para problemas psiquiátricos: um guia prático*. São Paulo: Martins Fontes, 1997.

DUGAS, M. J.; ROBICHAUD, M. *Tratamento cognitivo-comportamental para o transtorno de ansiedade generalizada*. Rio de Janeiro. Cognitiva, 2009.

LEAHY, R. L. *Não acredite em tudo que você sente: identifique seus esquemas emocionais e liberte-se da ansiedade e da depressão*. Porto Alegre: Artmed, 2021. 192 p.

ORGANIZAÇÃO MUNDIAL DA SAÚDE (coord.). *Classificação de transtornos mentais e comportamento da CID-10: descrições e diretrizes diagnósticas*. Tradução Dorgival Caetano. Porto Alegre: Artmed, 1993.

SILVA, A.B.B. *Mentes ansiosas*. São Paulo: Principium, 2017.

WRIGHT, J. H. et al. *Aprendendo a terapia cognitivo-comportamental: um guia ilustrado*. 2. ed. Porto Alegre: Artmed, 2019, 232 p.

[illegible] completa. [illegible] 2006.

[illegible] São Paulo: [illegible] 2013.

[illegible]

[illegible]

[illegible]

[illegible]

12

ADOLESCENTES COM TRANSTORNO DO ESPECTRO AUTISTA, COMUNICAÇÃO E INTERAÇÃO SOCIAL

E quando a criança com transtorno do espectro autista (TEA) cresce e chega na fase da adolescência? Você sabe que, nesse período, ele fará novas amizades como todo adolescente, certo? E, mais que isso, muito provavelmente você, pai, não poderá ficar o tempo todo por perto, então eis a questão: como ele se comportará nas conversas? Nos jogos? Entenderá o que o os amigos querem? Você sabia que, se você o preparar, desde criança, para ter um bom repertório social, isso não será um problema? Este capítulo é carregado de dicas para ajudá-lo(a) nessa fase tão desafiadora para qualquer adolescente, mas, em especial, para nossos *TEA teens*!

DANIELA BORGES

Daniela Borges

CRP 06/122518

Contatos

Instagram: @psicologa_danielaborges

11 98954 1441

Mãe do Leonardo, Fabio Ricardo e da Maria Júlia. Neuropsicóloga e psicóloga clínica da abordagem cognitivo-comportamental, atuando no atendimento infantojuvenil e adulto, orientação familiar e profissional. Autora do projeto Família Educadora; Filhos Virtuosos. Atuou como professora de educação socioemocional para ensinos fundamental I, II e médio. Mestranda em ciências da saúde. Coautora dos livros *Orientação familiar* vol.s 1 e 2 (Editora Literare Books). Palestrante nos congressos Orientação familiar vols. 1 e 2 e em instituições acadêmicas. Coautora dos baralhos *Conectando com os adolescentes* e *S.O.S vencendo a depressão*.

Dedicatória

A Deus, que zela por mim noite e dia. Aos meus filhos; por eles ainda vale a pena cada conquista, apesar das enormes batalhas. À querida Wandersônia Medeiros que, mesmo sem saber, me inspirou a trilhar um caminho lindo com os TEA teens e, claro, ao meu pai espiritual, Monsenhor João Clá, EP; nunca cansarei de dizer que, sem seus ensinamentos, minha vida não teria o mesmo sentido que hoje possui.

Era uma segunda-feira, dia 24 de junho de 2021. Mariana, uma psicóloga da abordagem de terapia cognitivo-comportamental (TCC), estava prestes a iniciar um novo grupo terapêutico a adolescentes com transtorno do espectro autista (TEA) nível 1 de suporte. Para ela, iniciar um novo conjunto era sempre uma grata surpresa, pois, apesar de já ter o planejamento terapêutico, sempre teve muito presente que queria mesmo conhecer muito bem seus novos tripulantes dessa incrível viagem – sim, ela sempre dizia, a cada grupo terapêutico, que os via como uma bela viagem, de modo que adentrar no mundo de cada um de seus integrantes era uma experiência ímpar e, assim, conforme a demanda que traziam, ela poderia alterar algumas rotas. Com esse grupo não foi diferente.

Eram dez tripulantes: Afonso, João, Miguel, Gabriel, Rafael, Antonieta, Isabel, Teresita, Joana e Esther. Já de início, Mariana percebeu que todos estavam bem encabulados; apenas se olhavam e alguns sorrisos tímidos surgiam, mas nada de conversas extensas. E foi então que, para quebrar o gelo, ela puxou conversa, iniciando a apresentação falando seu nome, do que gostava e o do que não gostava e o que desejava que acontecesse naquele grupo. E não foi que, depois disso, alguns se manifestaram e também fizeram as apresentações? Mas não foram todos, não! Tinham aqueles que realmente nada falaram. Até que um deles, o Miguel, declarou: "Não quero me apresentar, não vejo razão para isso, quero manter o meu silêncio". Claro que seu desejo, *a priori*, foi bem aceito e ele não precisou dizer nada, mas o grupo precisava seguir. A dinâmica continuou... Alguns se soltaram mais e disseram tudo o que queriam.

Sabe qual foi o maior pedido daqueles que expressaram bem seus pensamentos, se comunicaram e fizeram amizades com maior facilidade? Acreditem: era que todos aqueles que não estavam conseguindo conversar e se expressar, que se encorajassem para isso; em seguida, perguntaram à Mariana se ela poderia ajudar com isso. Evidente que ela ficou contente e tocada com esse pedido, pois realmente percebia uma dificuldade bem patente naquele conjunto quanto à interação social e comunicação.

O interessante é que, conforme estudos apontam, quanto mais cedo se confirma o TEA e mais cedo se inicia uma intervenção, maior e melhor é o resultado e, no caso de TEA nível 1 de suporte, fica claro que, quanto mais cedo se faz a intervenção, melhor é o resultado de socialização, tornando-se mais positivo na adolescência e estendendo-se para a vida adulta. Aliás, vale dizer aqui que esses adolescentes que se expressaram sem maiores dificuldades faziam parte do grupo que tiveram o diagnóstico de TEA antes da adolescência, com início das intervenções tão logo os pais receberam o diagnóstico.

Em geral, a adolescência é comumente considerada um período de intensa interação social e formação de novos pares para qualquer pessoa, estejam elas no espectro ou não. Muitos pais chegam a estranhar o comportamento dos filhos, pois eles passam a ficar menos tempo com a família e têm aquela famosa frase de quando seus pais os levam ao colégio: "Mãe (pai), pode me deixar aqui, não precisa ir até o portão". Sim, eles não querem ser vistos com seus responsáveis, pois não querem ser vistos como eternas crianças, pois isso não pega nada bem.

Agora, pensemos juntos: acham que um adolescente com TEA é diferente? A resposta é não; porém, para eles, as coisas são mais complexas, pois o processo de comunicação não é tão simples. Estudos confirmam que a pessoa com TEA apresenta maior dificuldade para iniciar e manter uma amizade por algumas razões, como dificuldades de compreensão de comportamentos sociais, problemas com figuras de linguagem quando estão em um grupo social (dentre elas a metáfora e a hipérbole), dificuldades em estabelecer uma comunicação interpessoal e de desenvolver empatia, entre outras razões; porém, essas são as mais notadas. Com tais dificuldades, muitos adolescentes com TEA acabam não conseguindo fazer parte de grupos e experimentam um sentimento que os afasta ainda mais, isolando-os.

Foi por estudar esses comportamentos e observar os comportamentos dos novos tripulantes que Mariana criou o *Diário de uma aventura para fazer amizades: versão para adolescentes, pais e cuidadores*. Nesse diário, havia os seguintes passos para auxiliar os adolescentes no espectro a lidarem com o convívio social e para as famílias cumprirem em casa aquilo que foi aprendido em terapia.

Orientações para pais, cuidadores e adolescentes

Diário de uma aventura para fazer amizades – versão para adolescentes, pais e cuidadores

Para pais e/ou cuidadores

Queridos pais e cuidadores, antes de começarem a leitura das orientações para lidar com seu adolescente, é muito importante que vocês nunca se esqueçam de que a casa é a extensão da clínica; ou seja, é necessário que aquilo que a psicóloga ensina/orienta em terapia seja continuado em casa. Não podemos fechar os olhos para os preconceitos que as pessoas com TEA vivenciam, como uma piada sem graça que podem escutar por apresentarem comportamentos diferentes (como balançar as mãos, também conhecido como *flapping*), assim como não podemos fechar os olhos para quando eles se isolam (ainda mais que é o comum para uma pessoa dentro do espectro) por não conseguirem fazer ou manter amizades, pois ou seus assuntos não são interessantes para os pares e eles não conseguem entrar em outros, ou não conseguem compreender as conversas que acontecem nos grupos. Pais, isso muitas vezes acontece porque a comunicação e a interação social são realmente importantes para formar a personalidade e ampliar o repertório social e de amizade, porém, isso precisa ser ensinado e treinado.

Por tais motivos, contamos com a sua ajuda para que seu filho se torne um adolescente capaz (sim!) de interagir, de se comunicar, de expressar suas ideias, de manifestar suas opiniões... E assim por diante. Acreditem: ele sempre pode mais e mais!

Agora, leiam com atenção algumas orientações e, claro, tirem-nas do papel!

1. **Socialização**: é importante, sim, colocar seu filho em grupos de jogos para melhor socialização, pois ele tem dificuldade em comunicação in-

terpessoal; no entanto, nada adiantará apenas matriculá-lo e não treinar com ele os comportamentos que poderá encontrar no novo ambiente. Se, por exemplo, ele frequentar um grupo de jogos em equipe, que tal jogar com ele em casa antes? Explique que meninos são mais expressivos mesmo e que, por isso, seu filho poderá se deparar com adolescentes que achem ruim se ele errar a jogada, mas que é assim mesmo: ele tem de conviver, permitir-se ao erro para retomar a jogada e, então, seguir em frente. Há muitas outras dicas, sendo essa apenas um exemplo para que você, sendo mais velho, ajude seu filho no enfrentamento de diversas situações que poderão ocorrer.

2. **Habilidades sociais**: as habilidades sociais fazem parte de todos nós. Portanto, encaixe no dia a dia de seu filho questões que o ajudem a compreender o que são tais habilidades, suas funções e mais: auxilie-o a colocá-las em prática, tendo a seguir alguns exemplos:

- Fazer perguntas e respondê-las.
- Elogiar.
- Pedir e dar opiniões.
- Começar e manter conversas.
- Dizer "por favor".
- Agradecer.
- Apresentar-se.
- Cumprimentar.

3. **Comunicação assertiva**: diferentemente de falar de maneira agressiva ou muito passiva, tenha uma comunicação assertiva, ou seja, uma forma direta, porém com bem-querença, de maneira que ele entenda as regras, as formas de se fazer isso ou aquilo. Lembre-se: uma comunicação direta, mas não ofensiva. Tenha equilíbrio.

4. **Empatia**: ensine o adolescente a se colocar no lugar do outro em alguma situação para que ele entenda o que é ser empático, mas não se esqueça de também ser empático com eles: lembre-se de que o que para você é de fácil compreensão, para ele não é.

5. **Figuras de linguagem**: você sabia que as pessoas com TEA não compreendem figuras de linguagem, como metáforas e hipérboles, as quais são muito usadas nas conversas dos adolescentes no dia a dia? Pois bem: faz parte de suas orientações ensinar-lhe o significado delas e, por favor, tenha paciência!

6. **A paciência é uma virtude**: pais, nunca falarei que é fácil, mas falarei sempre: "Tenha paciência para ensinar, para ajudar, para colocar em prática o que a psicóloga lhe diz!". Às vezes, você poderá se sentir cansado e desanimado, mas não perca a confiança, porque é tendo confiança que chegamos ao topo de nossas conquistas. Quando ela falta, vem o desânimo, e esse não poderá fazer parte de sua história. Se um dia se sentir cansado,

tudo bem: pare, respire, descanse... Todos precisamos nos abastecer, mas prometa a si mesmo que avançar sempre é necessário e que desanimar não o levará a lugar algum. Sendo assim, tenha muita paciência, pois ela é uma virtude que o leva sempre para frente e para o alto!

Dicas preciosas para você, adolescente, aprender a comunicação e a interação social

Querido adolescente, primeiro quero lhe dizer que você é uma pessoa incrível, capaz de fazer novos amigos (além de manter os que já tem) e de fazer que as pessoas queiram ficar perto de você. Isso só acontece porque você é muito especial e a comunicação é algo que todos nós podemos ter; porém, temos que treiná-la todos os dias. Por isso, vou lhe dar dicas preciosas que você poderá ler sempre que se sentir triste, pois, assim, vai se lembrar do que precisa fazer para que a emoção da tristeza não fique tanto tempo em você, de modo que ela dê lugar à alegria, combinado?

1. **Nunca deixe de reconhecer suas habilidades e seus talentos**: lembre-se sempre de que você sabe fazer algo; pode ser praticar um jogo, fazer uma comida, desenhar, escrever e outras tantas habilidades.
2. **Expresse-se**: seja corajoso para sempre compartilhar seus pensamentos, sentimentos, ideias e opiniões.
3. **Comemore tudo o que conseguiu fazer**: sempre que você conseguir realizar algo, não importa o que seja, comemore! Conseguiu fazer uma lição? Comemore! Conseguiu ir à padaria e fazer um pedido sozinho? Comemore! Conseguiu conversar com um novo amigo? Comemore! Conseguiu escolher uma camiseta para usar no jogo do colégio? Comemore! Comemorar suas realizações é importante para seu desenvolvimento.
4. **Faça você mesmo**: sempre que puder, seja independente e tome suas decisões. Se tiver algum problema, siga a seguinte regra: pare, pense e depois prossiga. Ou seja, pare para pensar numa solução e depois a faça. Isso vai ajudar você a ter autonomia, mas, quando não conseguir, tudo bem: peça ajuda. Nunca se esqueça de que todos nós enfrentamos desafios; então, quando você se vir diante de um desafio e não conseguir pensar numa solução, peça apoio para conseguir criar estratégias de modo a superar esses obstáculos e siga em frente.
5. **Participe de atividades em grupo**: ficar sozinho não ajuda a desenvolver suas habilidades sociais; sendo assim, que tal fazer parte de um grupo de teatro, de jogos ou de artes? Isso vai ajudá-lo a ter novos relacionamentos.
6. **A paciência é uma virtude**: tenha sempre muita paciência consigo mesmo! Às vezes, você poderá ficar irritado porque não compreende o que os outros falam ou até mesmo não compreende o que eles sentem, mas não perca a paciência. Nunca deixe de perguntar quando não entender algo.

Não tenha vergonha, não se aborreça e não se isole, pois você nasceu para viver em grupo e não isolado. Assim, busque amigos de quem você goste e conviva com eles! Tenha paciência com você mesmo e com os outros: às vezes, eles também podem não entender o que você pensa ou quer.

Ei, adolescente, sabia que você é muito especial? Você tem seu próprio jeito, sua própria maneira de viver e de ser! Seus pais e seus amigos podem ajudar você a construir uma autoimagem positiva, mas, quer saber? Isso quem pode fazer melhor é você mesmo. Arrume-se, cuide-se, ame-se, pois ter autoestima é algo valioso e ela depende de cada um de nós. Você é a única pessoa responsável pelo seu amor-próprio. Sempre que tiver necessidade de falar algo, converse com seus pais: pode ter certeza de que eles nunca vão abandoná-lo e sempre terão algo bom para lhe dizer.

Pois bem, meu querido leitor, e foi assim que Mariana, uma psicóloga apaixonada pelo ser humano, desenvolveu um novo recurso para ajudar seus adolescentes com TEA que tinham dificuldades na comunicação e, consequentemente, na interação social. Dizem que até hoje esses adolescentes andam por aí resolvendo problemas, fazendo amizades, tendo autocuidado, amor-próprio e mais que isso: dizem que eles ajudam outros adolescentes, estejam eles dentro do espectro ou não.

E assim termina mais um capítulo das nossas histórias de "psicólogas não por escolha, mas por amor".

Superdica: pais, viver é estar junto! Por isso, viva sempre junto de seu adolescente com TEA e o ajude a voar alto, porque ele pode. Ele consegue!

Referências

BERNIER, R. A. et al. *O que a ciência nos diz sobre o transtorno do espectro autista*: *fazendo a escolha certa para seu filho*. Porto Alegre: Artmed, 2021.

COSTA, A. J. et al. *Leve pra quem? Transtorno do espectro autista nível 1 de suporte*. Belo Horizonte: Ampla, 2023.

MORGAN, L.; GEORGE, E. L. *What therapy is available for adults with autism?* Disponível em: <https://www.mentalhelp.net/blogs/therapy-for-adults-with-autism/>. Acesso em: 12 mar. de 2024.

13

O USO DOS LIVROS INFANTIS COMO FERRAMENTA PARA ESTIMULAÇÃO DA LINGUAGEM INFANTIL

O presente capítulo pretende apresentar aos leitores a estratégia de leitura compartilhada como um instrumento motivante, divertido e prazeroso para a estimulação da linguagem em crianças pequenas na fase de aquisição e desenvolvimento de linguagem.

DANIELA D'ELBOUX MISRAHI

Daniela D'Elboux Misrahi

CRFa 2-7795

Contatos

dani.misrahi@hotmail.com

Instagram: @dani.misrahi

11 99137 5191

Fonoaudióloga clínica, formada pela Pontifícia Universidade Católica de São Paulo (PUC-SP). Especialista em Linguagem pelo Conselho Federal de Fonoaudiologia (CFFa) e mestre em Fonoaudiologia pela PUC-SP. Atuação clínica com crianças pequenas com atraso de linguagem, atrasos no neurodesenvolvimento, incluindo transtorno do espectro autista (TEA), apraxia de fala e distúrbios de aprendizagem. Formação em PROMPT níveis I e II, It Takes Two to Talk, More than Words e Talk Ability, Hanen Centre Canadá, para orientação de pais com crianças com atrasos de linguagem e TEA. Aperfeiçoamento em transtorno motor de fala, linguagem e apraxia de fala na infância.

"The more that you read, the more things you will know. The more you learn, the more places you'll go."
Dr. Seuss, I can read with my eyes shut!

"Quanto mais você ler, mais coisas você saberá. Quanto mais você aprender, a mais lugares você irá."
Dr. Seuss, Posso ler de olhos fechados!

No capítulo intitulado "Estratégias para facilitar o processo de aquisição da linguagem em crianças menores de três anos de idade" (Misrahi, 2023), publicado no livro *Orientação familiar* volume 2, foram abordadas estratégias simples para os pais e/ou responsáveis utilizarem para estimular a linguagem em contexto natural com suas crianças. O objetivo agora é trazer uma nova reflexão a partir do uso de livros infantis, abordando a contribuição dessa outra modalidade para o desenvolvimento da linguagem infantil.

Uma linguagem pobre, com pouco vocabulário, sintaxe simples e dificuldades de compreensão, poderá implicar dificuldades de aprendizado e até de socialização para esse indivíduo.

Diante desse dado, é importante que diferentes estratégias sejam inseridas nos contextos domiciliar, clínico e educacional, para que os pais e/ou cuidadores saibam o que fazer e o como fazer em situações de promoção da linguagem, assim como em situações de estimulação, quando um risco para o desenvolvimento já se faz iminente.

A leitura compartilhada de livros infantis é uma dessas estratégias e se refere ao ato de ler e/ou compartilhar um livro com a criança. Ler **com** e **para** uma criança **pode** e **deve** acontecer, mesmo antes de a criança ser alfabetizada. Isso favorece a interação entre adultos e criança, além da atenção compartilhada, aspecto essencial para um desenvolvimento de linguagem adequado.

Além da importância de sua contribuição dialógica entre adultos e criança, a leitura compartilhada também pode ser utilizada para estimular habilidades específicas da linguagem, entre elas, ênfase no vocabulário, habilidades de conversação e narrativa, desenvolvimento da gramática, consciência fonológica e habilidades relacionadas ao aprendizado da leitura (Noble et al., 2019).

A pesquisa elaborada por Clemens e Kegel (2021) mostrou que a leitura compartilhada provocou mais situações de linguagem que outras situações cotidianas entre as crianças e seus cuidadores, como o horário das refeições, brincadeiras, músicas e cuidados pessoais, provocando um aumento significativo de troca de turnos.

Dickinson e colaboradores (2012) reforçaram que a leitura de livros, além de estimular a linguagem em crianças em fase de aquisição, também promove a construção de laços afetivos. Os autores acrescentam ainda que essa atividade ajuda as crianças a regularem sua atenção e respostas aos estímulos externos. O adulto atento ao interesse da criança (lembram do "seguir o interesse da criança", discutido no capítulo do volume 2?) pode fazer comentários, provocando uma nova função comunicativa, usar diferentes gestos, como apontar, fazer contato visual, usar diferentes expressões faciais e dramatizações, ressaltar uma palavra ou frase, ampliando o repertório de vocabulário e sintaxe frasal.

Uma vez que a leitura compartilhada é uma maneira interativa de ler com a criança, vamos ressaltar que essa não é uma simples leitura, já que é uma oportunidade de engajar a criança na atividade, por meio das imagens ou da história, e ampliar a interação e conversação.

Dessa forma, novas estratégias serão abordadas, para melhor aproveitarmos a leitura compartilhada. São elas:

- **Fazer pausas**, observando o comportamento da criança e seus interesses, deixando a criança ocupar turnos.
- **Fazer perguntas**, estimulando a criança a pensar sobre a história, criando oportunidade de dar modelos variados de como perguntar.
- **Relatar experiências pessoais**, auxiliando a criança a fazer conexões com outras situações já vividas por ela.
- **Expandir**, repetindo e acrescentando novas informações ao livro lido.
- **Responder com comentários**, mantendo o interesse da criança e a interação.

Uma estratégia diferente para manter o interesse da criança é o livro confeccionado com base nas vivências dela. Esse recurso também é bastante utilizado por nós, fonoaudiólogos, durante o processo de intervenção terapêutica. Chamado por alguns de diário de experiências ou caderno de linguagem, nele as situações vividas pela criança são retratadas por meio de fotos ou imagens. Além da situação ilustrada, diferentes recursos podem ser explorados, a depender do objetivo com a sua criança, ou seja, um vocabulário específico e/ou variações ou extensões sintáticas.

Vou ressaltar mais uma vez que não existe idade para ler com a criança. O que variará é o tipo do livro e como o usaremos em prol do desenvolvimento da linguagem da criança.

Uma criança com pouca linguagem verbal poderá se beneficiar de livros coloridos com imagens de pessoas, animais, em situações de seu cotidiano e de livros interativos, com diferentes texturas, sons ou abas para abrir e fechar (tipo *pop-up*), confeccionado com um material resistente para que ela também possa manipular.

Retomando a estratégia de ficar face a face, deixe o livro entre vocês e narre aquilo que acredita que chamará mais a atenção da criança. Use o nível de linguagem que sua criança é capaz de compreender (de novo, lembram do "mais um"?), aponte para a imagem, ressaltando o vocabulário específico e então **observe** e **espere**. O que a criança faz? Siga a liderança da criança. Se ela apontar, repita. Se ela emitir algum som, imite.

Com a criança que já é capaz de falar algumas palavras, nosso foco será ampliar seu repertório semântico e sintático; assim, ela se beneficiará de livros com muita repetição, rimas ou contos acumulativos[1], como *Vai embora,*

1 Contos acumulativos são compostos por textos em que as sentenças se repetem ao longo da narrativa, acrescentando novos elementos – personagens, ações ou vocábulos – no decorrer da história.

grande monstro verde, de Ed Emberley, *Bem lá no alto*, de Susanne Strasser, ou, ainda, *O grande rabanete*, de Tatiana Belinky, entre outros.

Leia devagar, dê ênfase àquilo que você quer chamar a atenção da criança, como um novo vocábulo ou nova estrutura frasal. Observe e espere. As pausas provocadas pelo adulto ledor abrirão possibilidades para novas funções comunicativas além da nomeação e da narrativa, como a possibilidade de emergir uma pergunta ou comentário.

Os livros anteriormente sugeridos também podem proporcionar situações de dramatização, trazendo a cena, o corpo, que auxiliarão ainda mais na compreensão e expansão da linguagem, além de proporcionarem variações da prosódia, aspecto importante da constituição da fala.

Mas e quando a criança não responde bem à estimulação mediada pelos livros infantis? E se ela não tem interesse? Não olha? Não interage? O que fazer?

Há alguns sinais para um desenvolvimento atípico de linguagem que, se observados pelos pais e/ou cuidadores, servirão de alerta para buscar auxílio de um profissional fonoaudiólogo para orientação e, se necessário, avaliação e intervenção:

- Crianças que entre os 18 e 24 meses não falam ou falam muito pouco.
- Crianças que não fazem contato visual ou muito pouco, bem como não respondem ao chamado do nome.
- Crianças que não fazem uso de gestos, como dar tchau, mandar beijo, apontar.
- Crianças em que se percebe a vontade de falar, aquelas que parecem ensaiar o movimento com a boca, olham atentamente para o movimento da boca do adulto, mas não conseguem emitir sons, sílabas ou palavras inteligíveis.
- Crianças que compreendem, mas que não falam.
- Crianças que não imitam gestos e/ou a fala.
- Crianças que não se interessam por brincadeiras com outras crianças ou adultos, que também não se interessam por brinquedos ou os manipulam de uma maneira não usual.

Orientação aos familiares e profissionais

Ao compartilhar a leitura com a criança, lembre-se dos seguintes aspectos:

- **Fique face a face**: sentar-se de frente para a criança com o livro entre vocês.
- **Use o observar, escutar e esperar**: deixar a criança manusear o livro, apontar as imagens, comentar, perguntar; assim, ela lerá o livro da sua maneira.

- **Leia o mesmo livro diversas vezes. Repita e repita.**
- A cada nova situação, acrescente um novo vocabulário ou comentário, altere sua entonação. **Faça da leitura uma brincadeira prazerosa**!

Superdica: leia **com** a criança, e **não para** a criança (Lowry, 2023).

Referências

CLEMENS, L. F.; KEGEL, C. A. T. Unique contribution of shared book reading on adult-child language interaction. *Journal of Child Language*, v. 48, n. 2, p. 373-386, 2021.

DICKINSON, D. K. et al. How reading books fosters language development around the world. *Child Development Research, v. 2012, 2012*. Disponível em: <http://www.hindawi.com/journals/cdr/2012/602807/cta/>. Acesso em: 12 mar. de 2024.

DR. SEUSS. *I Can Read With My Eyes Shut*. New York: HarperCollins Children's Books, 2019.

FEIN, D. et al. *The activity kit for babies and toddlers at risk: how to use everyday routines to build social and communications skills*. New York: The Guilford Press, 2016.

LOWRY, L. *Bring on the books! 10 tips for reading with autistic children*. The Hanen Centre. 2023. Disponível em: <https://www.hanen.org/Helpful-Info/Articles/Bring-On-the-Books-10-tips.aspx>. Acesso em: 12 mar. de 2024.

LOWRY, L. *Encourage conversations with wordless books!* The Hanen Centre. 2023. Disponível em: <https://www.hanen.org/Helpful-Info/Articles/Encourage-Conversations-with-Wordless-Books.aspx>. Acesso em: 12 mar. de 2024.

MISRAHI, D. E. Estratégias para facilitar o processo de aquisição da linguagem em crianças menores de três anos de idade. In: RAYES, C (org.). *Orientação familiar: teoria e prática vol. 2*. São Paulo: Literare Books, 2023.

NOBLE, C. et al. The impact of shared book reading on children's language skills: a meta analysis. *Educational Research Review*, v. 28, n. 100290, 2019.

PETRIE, A. et al. Parent-child interaction during storybook reading: wordless narrative books versus books with text. *Journal of Child Language*, v. 50, n. 1, p. 104-131, 2023.

WEITZMAN, E. *It takes two to talk – a practical guide for parents of children with language delays*. 5. ed. Toronto: Hanen Early Language Program, 2017.

WEITZMAN, E.; GREENBERG, J. *Learning language and loving it: a guide to promoting children's social, language, and literacy development in early childhood settings*. 2. ed. Toronto: Hanen Early Language Program, 2002.

14

PAIS DA SALA DE ESPERA

São inúmeros os pensamentos e sentimentos vivenciados pelos pais enquanto aguardam na sala de espera; são minutos que parecem uma eternidade. Uma mistura de medo, angústia, incerteza, ansiedade, solidão e sobrecarga. Eles estão em busca de respostas, soluções, suporte e orientações. A intenção deste capítulo é abordar a importância do olhar para os cuidadores, pois quem cuida também precisa ser cuidado.

DENISE SIQUEIRA

Denise Siqueira

CRP 06/80554

Contatos

denisesiqueirapsicologa@hotmail.com
Instagram: @_denise.siqueira
12 98890 4758

Psicóloga, especialista em Terapia Cognitivo-comportamental pela Universidade de São Paulo (USP), pós-graduada em Neuropsicologia e em Reabilitação Cognitiva pelo Hospital das Clínicas da Faculdade de Medicina da Universidade de São Paulo (HCFMUSP). Pós-graduada em psicopedagogia clínica e organizacional. Certificação internacional em Psicologia Positiva pelo Wholebeing Institute, com o projeto final *Auditório interno, onde habita a felicidade* - um livro que conversa e versa com a simplicidade da vida! Certificação em parentalidade consciente, certificação internacional em Positive Discipline Classroom Educator e em Positive Discipline Parent Educator, ambas pela Positive Discipline Association. Pós-graduanda em Transtorno do Espectro do Autismo: Atenção Multiprofissional pelo Instituto de Ensino e Pesquisa ALBERT EINSTEIN. Coautora dos livros *Box intenção de mãe, TDAH e você - como esse transtorno impacta a sua vida* e *O mundo da criança 2*, pela editora Literare Books. Ministra cursos e palestras.

Dedicatória

À minha amada mãe, Sylvia, às minhas filhas, Bianca e Luiza, e ao meu companheiro de vida, Cristiano.

> *"...devemos amá-los por si mesmos, e não pelo melhor de nós mesmos neles, e isso é muito mais difícil de fazer. Amar nossos próprios filhos é um exercício para a imaginação..."*
>
> *Andrew Solomon*

A chegada

A chegada de um filho traz consigo sonhos, expectativas, idealizações, comemorações e muitas mudanças. Durante esse período da chegada, há toda uma preparação, sendo ela física, psicológica, financeira, estrutural e de rotina na dinâmica familiar. No entanto, nenhuma família se prepara para receber os desafios, as frustrações ou o contrário de tudo o que idealizou. Ao perceber que algo está diferente no processo de desenvolvimento do seu filho, ao iniciar todo um processo de investigação até chegar ao diagnóstico final, os pais também iniciam um processo de luto pelas idealizações, pelos sonhos, pela perda do filho idealizado (Lima et al., 2022).

Durante essa fase inicial, a negação pode fazer que a procura por ajuda seja adiada, uma vez que muitos pensamentos e sentimentos começam a conduzir o comportamento dos pais.

Comportamentos de fuga, de esquiva diante de pensamentos de culpa, de frustração e esperança impulsionam os pais à procura de explicações, de inúmeras investigações e tentativas frustradas de tratamento.

Cada família é única e esse processo é vivenciado de modo e tempo diferentes para cada um.

Os primeiros passos: a investigação inicial

Quando se é cuidador de uma vida, quando se exerce o papel de cuidar da saúde física e emocional de uma criança, com esse papel nascem muitos questionamentos: "Será que vou ser capaz de cuidar?", "Saberei conduzir sua educação?", "Terei todas as respostas ao que ele me perguntar?", "Ele será feliz?", "Terá amizades?", "Será saudável?".

Nos cuidados mais simples aos mais complexos, sejam eles filhos atípicos ou não, as preocupações, incertezas e medos são compartilhados nos corações dos pais. Agora, imagine os pais que iniciam essas preocupações logo cedo em busca de respostas para os questionamentos diante dos sinais que despertam um alarme de que algo não caminha pelo fluxo esperado do desenvolvimento?

A viagem é longa e incerta; começa com a percepção de que algo não está bem, de que o filho tem algo diferente, e é exatamente nesse momento que os primeiros sentimentos como o medo e a angústia começam a fazer parte do dia a dia da família.

Esse é o início das primeiras salas de espera.

Os médicos especialistas em pediatria, neuropediatria e psiquiatria são os primeiros profissionais a receberem esses pais em busca de orientação. Nesse processo inicial de investigação diagnóstica, os pais experimentam uma dualidade de pensamentos e sentimentos: o querer saber e o temer saber, o medo do desconhecido e o alívio por ter uma direção.

> "Era sem dúvida sentimento de ansiedade e medo." *(C1)*

> "Foi angustiante, pensava no futuro dela, se ia conseguir se comunicar, como ia se virar sozinha, que ia ser dependente sempre de alguém. Senti medo, raiva e tristeza." *(C2)*

Serão inúmeras as salas de espera, as investigações começam com exames a depender do que é solicitado pelos especialistas, marcadores como hemogramas, exames de imagens, investigação genética, encaminhamentos para outras investigações e avaliações, como fonoterapia, terapia ocupacional, psicóloga – avaliação neuropsicológica. Cada especialista vai apresentar um protocolo de avaliação; inicia-se nesse momento uma estrutura de atendimento que para os pais é algo desgastante, mesmo sabendo da importância e da necessidade. Entrevistas, preenchimentos de anamnese, de escalas, que muitas vezes têm perguntas repetidas. A sala de espera por um bom tempo será sua mais nova "parada". Ali surgirão momentos de reflexão, de silêncio, de troca com outros pais que ali compartilham dos mesmos sentimentos, dos mesmos pensamentos, das mesmas vivências e experiências.

Toda família é única, toda criança é única e cada sala de espera tem sua singularidade e seu significado para cada família.

O diagnóstico: a mesma sala de espera

As salas de espera são as mesmas, mas a devolutiva de cada profissional que compõe o processo de avaliação da criança faz com que aquela sala antes conhecida torne-se a mais fria e a mais quente das salas de espera. O tempo marcado no relógio é diferente do tempo interno que esses pais aguardam; dez minutos de espera para entrar emocionalmente podem significar uma eternidade. Permitindo os mais variados sentimentos: angústia, medo, solidão, vazio, ansiedade, desespero, paz, esperança e sonhos. O corpo também experimenta os mais variados sintomas fisiológicos: taquicardia, pernas inquietas, mãos suadas, sede excessiva, dispersão, ausência, coceira e rubor, sem contar os sintomas voluntários: a tela do celular como fuga, o levantar e sentar para se servir de água, a ida até a janela, a revista que é folheada sem nem mesmo ser lida.

É possível perceber que a comunicação do diagnóstico é um fator que desencadeia vivenciar a dor do luto confirmado e ao mesmo tempo iniciar um processo de enfrentamento da nova realidade que está por vir, acrescido de dificuldades e responsabilidades, gerando sentimentos de fragilidade por medo desse novo desconhecido (Riccioppo, 2021).

O nome é anunciado e a porta se fecha; a devolutiva está com toda a explicação de tudo o que foi analisado até ali. Nesse momento, é possível observar inúmeras reações, como dor, tristeza, choro, medo, negação e/ou alívio por ter uma resposta.

> "Ao mesmo tempo tinha uma paz, por saber exatamente do que se tratava e pra mim era importante, para poder ajudar meu filho, mas o medo me perseguia ainda." *(C1)*

> "Como demorou pra fechar o diagnóstico, quando recebi eu senti um certo alívio, porque assim eu saberia qual caminho tomar e como agir." *(C2)*

Os pais da sala de espera: enquanto espero

Passada a fase de elaboração do diagnóstico, esses pais iniciam uma caminhada longa em busca de atendimento especializado para cada necessidade apontada nas avaliações que foram realizadas. Esse percurso é longo, muitas vezes frustrante, em outros momentos revoltante e sempre muito cansativo. Os pais esbarram na burocracia das operadoras de saúde, nos direitos que são negados e negligenciados, nas filas de espera por uma vaga para o atendimento dos seus filhos, que em alguns casos chega a durar um ano, nas trocas de profissionais. São inúmeras as salas de esperas enfrentadas por esses pais e, novamente, os mais diversos pensamentos e sentimentos são desencadeados nessa nova fase.

Quando os pais conseguem estabelecer o vínculo com os profissionais que deverão acompanhar por muito tempo o tratamento dos seus filhos, sentem-se mais seguros e confiantes:

> "No início foi difícil, mas eu ficava muito triste, pois me culpava por aquilo, por deixar ele passar por aquilo, por deixar ele passar por esse processo, pois meu sonho era ter um filho e deixar ele ser criança, respeitar o tempo dele, tive pensamento de dúvida, se era realmente para ele estar ali, porque, no fundo, eu gostaria de estar levando ele para uma atividade, como natação, judô... hoje eu sei que é importante demais para ele, pois vimos a evolução dele com as terapias." *(C1)*

> "Eu gosto de conversar com outras mães, observar outras crianças, para entender algo que possa ajudar no dia a dia com minha filha. Espero ansiosamente o *feedback* do profissional, para seguir o que orientou em casa a ser trabalhado durante a semana. Quando não tem isso, fico com uma sensação de impotência." *(C2)*

Inicia-se a fase desafiante de adaptação. A agenda familiar precisa ser ajustada, a família precisa adaptar uma nova rotina para que a criança receba todas as intervenções necessárias. Olhar para as necessidades de cada membro da família não é um processo fácil. É sabido que toda essa adaptação, que todo o envolvimento familiar exerce um papel importante no tratamento da criança, mas também é percebido que muitas mães, por diversos motivos, experimentam uma condição de solidão e percebem-se sozinhas nesse processo, muitas vezes sem ter com quem compartilhar os cuidados necessários (Riccioppo, 2021).

A sala de espera muitas vezes torna-se seu local de descanso, seu momento de leitura, seu momento de fazer contato e compartilhar vivências com outros pais, dividir aprendizagem. Em muitas situações, é a sala de reunião de trabalho, de organizar as coisas que estão pendentes, de ter um tempinho para se distrair com as redes sociais, de dar uma ida ao mercado e buscar algo que está faltando, de pagar uma conta, ou simplesmente de se desligar por alguns minutos.

Pensando que já não é fácil o exercício de cuidar, criar e prover a saúde emocional e física dos filhos típicos, imagina quando esse mesmo exercício vem acrescentado das demandas e necessidades que uma criança atípica apresenta? Terapias, exames, apoio escolar, manejo das crises, dificuldades de adaptação, seletividade alimentar, entre tantas outras necessidades específicas que são apresentadas pela criança e pelo contexto geral da família, que acaba inevitavelmente desencadeando no cuidador um esgotamento físico e emocional, que muito se tem apontado como *burnout* parental. Este é considerado uma síndrome de exaustão e de esgotamento emocional que tem afetado os cuidadores de crianças que necessitam de um acompanhamento contínuo, diferenciado e especializado. Os sintomas desse quadro podem incluir exaustão física e mental, isolamento social, falta de motivação, sentimentos de desesperança e desamparo, ansiedade, depressão, problemas com o sono e problemas de saúde física e emocional. Diante desse quadro de esgotamento dos cuidadores, torna-se mais evidente a necessidade de estratégias diversificadas de intervenção e de apoio aos cuidadores.

Uma pergunta que não quer calar: como fica o cuidado dos cuidadores?

Orientações para os familiares

Para a família do cuidador: apoio

Olhem para esse cuidador! Ele necessita de apoio, seja de pessoas mais próximas, seja de familiares ou amigos. Esse apoio pode ser acolhendo seus sentimentos, com uma escuta afetiva, ouvindo suas angústias e seus medos. Ofereça acolhimento com palavras de encorajamento e ajude o cuidador a se cobrar menos, a ser menos crítico e exigente consigo mesmo, pois esse é um comportamento muito comum nos cuidadores. A depender do vínculo estabelecido, ofereça ajuda para que ele possa ter um tempo para cuidar de si, ofereça-se para ajudar na rotina, crie momentos de distração e converse sobre assuntos diversos.

Para o cuidador: permita-se

Antes de qualquer coisa: perfeição não existe! Sendo assim, errar faz parte do processo, da aprendizagem e da vida. Alivie a autocobrança; não se exija tanto, retire a culpa, a vergonha e a necessidade de suprir as expectativas das outras pessoas. Faça o que é possível! Para que você possa exercer o amor e o cuidado com seu filho, é preciso antes exercê-los com você. Reserve um tempo para você, peça ajuda! Você precisa realizar coisas que lhe tragam prazer, seja ler um livro, seja tomar um banho mais demorado e despreocupado, assistir a uma série, dormir até mais tarde, sair para visitar uma pessoa amiga ou fazer uma caminhada, e esse momento precisa ser seu, sem a presença de crianças. Elimine da sua agenda e dos compromissos dos filhos tudo o que não for essencial; isso permitirá mais tempo para você e para as crianças.

E o mais importante, mas talvez o mais difícil: peça ajuda e delegue algumas tarefas sempre que sentir necessidade, mas entenda que as pessoas são diferentes e que a forma como o outro vai fazer talvez não seja da mesma forma que você faz, e tudo bem ser assim, desde que haja cuidado, carinho e que a ação não desestabilize a criança. O importante é o que está sendo feito.

Para os profissionais: um olhar além

Quando uma criança chega, chega também toda uma família. O trabalho não se limita às quatro paredes da sala de atendimento; seu trabalho vai além do que seus olhos podem ver. Seu trabalho está na escola, na vida social dessa criança e, principalmente, no ambiente familiar em que ela está inserida. Cuide com muito amor, com muita ética, com muita dedicação, baseando-se na ciência, no atendimento humanizado e responsável. Na sua frente está a vida de uma criança, de uma família e de uma sociedade que depende do bom trabalho a ser realizado.

Os pais necessitam do seu trabalho, apoio e acolhimento.

> "Hoje sei que é importante demais para ele, pois vimos a evolução dele com as terapias... Hoje já consigo ajudar muitas mães que estão entrando nesse mundo colorido do autismo. Não é difícil, mas exige muito amor e dedicação da nossa parte." *(L.G.)*

As organizações não governamentais (ONGs), instituições e os programas de treinamento de pais têm fundamental importância na promoção do apoio e suporte familiar com a equipe multidisciplinar.

Toda essa rede é de extrema importância para a promoção da saúde e do bem-estar dos pais da sala de espera.

Superdica: quem cuida também precisa de cuidado!

Referências

LIMA, J. C. et al. Luto pelo filho idealizado: pais de crianças com TEA. *Revista Eletrônica da Estácio Recife*, *[S. l.]*, v. 7, n. 3, 2022. Disponível em: <https://reer.emnuvens.com.br/reer/article/view/636>. Acesso em: 2 dez. de 2023.

RICCIOPPO, M. R. P. L. et al. Meu filho é autista: percepções e sentimentos maternos. *Revista SPAGESP*, Ribeirão Preto, v. 22, n. 2, p. 132-146, dez. 2021. Disponível em: <http://pepsic.bvsalud.org/scielo.php?script=sci_arttext&pid=S1677-29702021000200011&lng=pt&nrm=iso>. Acesso em: 15 nov. de 2023.

SOLOMON, A. *Longe da árvore: pais, filhos e a busca da identidade*. São Paulo: Companhia das Letras, 2013.

15

CONECTE-SE COM VOCÊ

DESENVOLVIMENTO DE HABILIDADES SOCIOEMOCIONAIS EM CRIANÇAS

Neste capítulo, trago a descrição do programa Conecte-se com Você, criado por mim com o objetivo de desenvolvimento de habilidades socioemocionais por meio da aplicabilidade prática na vida cotidiana de crianças e famílias.

ELAINE CORRÊA

Elaine Corrêa

CRP 107715

Contatos

correaelaine2305@gmail.com

Instagram: @elainecorrea_psicologa

11 99779 8745

Mãe do amado Henrique, de 22 anos. Psicóloga clínica, atua há mais de 12 anos em atendimentos de crianças, adolescentes, adultos e orientação familiar. Especialização em terapia cognitivo-comportamental, formação em *practitioner* programação neurolinguística e especialização em orientação familiar. Coautora do livro *Orientação familiar*: *teoria e prática* (capítulo Autocriticismo), pela editora Literare Books. Coautora do livro *Orientação familiar* vol. 2: *teoria e prática* (capítulo Perfeccionismo), pela editora Literare Books. Palestrante nos Congressos Orientação Familiar I e II, coordenadora do projeto Ser Criança (programa de habilidades socioemocionais) e palestrante do projeto Construindo Identidade - ITK Treinamentos.

Bem-vindos ao programa "Conecte-se com Você – desenvolvendo habilidades socioemocionais em crianças"

Habilidades socioemocionais são formadas por competências, aptidões e maneiras de lidarmos com as nossas emoções. Ao desenvolver características para gerenciá-las e lidar com as emoções dos outros, propicia-se um crescimento pessoal e interpessoal, contribuindo diretamente para o estabelecimento de relacionamentos sociais mais saudáveis.

Pessoas que apresentam baixo grau de habilidades socioemocionais tendem a apresentar dificuldade em seus relacionamentos e em sua comunicação, isolamento social, baixa tolerância a desafios ou frustrações.

É de fundamental importância o desenvolvimento de habilidades socioemocionais nas crianças, fortalecendo sua resiliência emocional e contribuindo diretamente para a estrutura de adultos equilibrados no decorrer da vida.

Vou abordar a parte do programa Conecte-se com Você direcionada às habilidades emocionais, que é a capacidade de reconhecer, compreender e gerenciar suas próprias emoções, assim como as emoções dos outros. O programa visa trazer de maneira lúdica o conhecimento, reconhecimento e expressão das emoções, a capacidade de melhor regulação emocional, além de favorecer trocas entre o grupo e práticas fora do ambiente terapêutico.

O grupo atende crianças de 6 a 12 anos.

Descrição do programa:

1. Encontro com os pais

Tem como objetivo explicar para os pais o conceito de desenvolvimento emocional, de acordo com a idade e a importância das emoções.

Também traz clareza sobre a importância de seu próprio desenvolvimento pessoal.

Os pais participam de uma atividade descontraída que permite a reflexão sobre sua habilidade emocional.

Atividade: contar para o grupo um fato marcante de sua vida expressando as emoções. Pode ser alguma lembrança feliz, triste, engraçada, como quiser.

2. Apresentação e integração das crianças

As crianças se apresentam oralmente. Falar em público é uma habilidade social que precisamos desenvolver.

Atividade: dinâmica de integração do grupo, com brincadeiras bem descontraídas, como danças, corrida e amarelinha das emoções.

3. Você conhece as emoções?

Para que possamos expressar nossas emoções, é necessário ter um bom vocabulário. Verifico como está o vocabulário emocional das crianças, ou seja, se elas sabem reconhecer, nomear e expressar as diversas emoções.

Existem muitas emoções, e algumas delas podem ser difíceis de descrever com uma única palavra.

Seguem alguns exemplos de emoções e suas respectivas categorias:

- **Alegria**: feliz, contente, radiante, eufórico.
- **Tristeza**: triste, melancólico, desanimado, abatido.
- **Raiva**: irritado, zangado, furioso, indignado.
- **Medo**: assustado, apavorado, temeroso, ansioso.
- **Surpresa**: surpreso, admirado, atônito, boquiaberto.
- **Nojo**: enjoado, repugnado, averso, desgostoso.
- **Desprezo**: desdenhoso, arrogante, insolente.
- **Vergonha**: envergonhado, constrangido.

Atividade: a brincadeira de Stop é bem interessante pois, além do vocabulário, traz a possibilidade de classificar as emoções de acordo com as categorias: alegria, tristeza, medo, raiva, nojo, amor. (veja no QR code, na última página deste livro).

O jogo de torre Prumo das Emoções também possibilita diversas dinâmicas. Utilizo também mímicas, livros e jogos.

4. Emoções no meu corpo

Quantas vezes deixamos de lado nossas sensações, ou não conseguimos verbalizar o que sentimos no nosso corpo? Conhecer seu próprio corpo e reconhecer as sensações faz parte do processo de autoconhecimento e autopercepção, além de favorecer a regulação emocional.

Mesmo quando estamos tranquilos, devemos dar atenção ao nosso corpo, pois a tensão pode se manifestar fisicamente.

Atividade: no papel kraft, uma criança faz o contorno do corpo da outra criança e, a seguir, cada qual preencherá o contorno do próprio corpo com as emoções e sensações, identificando assim o reconhecimento corporal. A criança poderá pintar ou até mesmo colar algo que represente sua emoção e, para ampliar ainda mais a criança, poderá contar situações em que se sentiu dessa maneira.

5. Empatia e atitudes

É a capacidade de compreender e compartilhar os sentimentos de outra pessoa. Ela desempenha um papel fundamental nas interações sociais e no desenvolvimento de relacionamentos saudáveis; além disso, é importante trabalhar atitudes referentes às situações. As perguntas "Como ele(a) está se sentindo?" e "Como você ajudaria um amigo?" trazem possibilidades de compreensão e de pensarmos formas de auxiliar os outros.

Atividade: cartões com diferentes situações são distribuídos para as crianças; cada qual dramatizará uma situação e os colegas comentarão sobre os sentimentos de quem a vivenciou.

Também faço a dinâmica do bambolê, que é bem divertida. As crianças ficam em roda de mãos dadas, colocando um bambolê entre as mãos delas. Ao meu sinal, eles devem passar o bambolê entre si sem soltar as mãos, o que nem sempre é uma tarefa fácil, sendo necessário colaboração.

6. Meu equilíbrio – autorregulação

A autorregulação em crianças refere-se à capacidade de gerenciar e controlar seus próprios sentimentos, comportamentos e reações em diferentes situações. É um aspecto fundamental do desenvolvimento socioemocional e cognitivo. As crianças que desenvolvem habilidades de autorregulação são capazes de lidar melhor com o estresse, controlar impulsos, concentrar-se em tarefas e interagir de maneira mais eficaz com os outros.

Os pais e educadores desempenham um papel crucial no desenvolvimento da autorregulação em crianças, proporcionando ambientes consistentes, estruturados e de apoio. Modelar comportamentos de autorregulação e oferecer estratégias práticas e respeito são maneiras eficazes de promover essa importante habilidade. Trazer a situação de maneira honesta e consciente abre possibilidades de estratégias para nos sentirmos melhor.

Atividade: vamos brincar com a balança do equilíbrio representando o que não te faz bem e o que te ajuda a se sentir melhor.

A criança deve trazer situações com emoções desagradáveis que viveram ou situações que o fazem desequilibrar.

O objetivo é pensar em diversas formas de enfrentar a situação e formas de voltar ao equilíbrio. Além disso, uma criança também pode sugerir a outra o que fazer para se sentir melhor.

7. Fechamento com as crianças

Conversamos sobre o que aprenderam e eles fazem um desenho bem bonito sobre o que estão levando dos nossos encontros. O desenho será guardado na caixa do tesouro que será aberta no encontro com os pais. Além disso, eles dizem para os amigos palavras positivas e encorajadoras.

8. Fechamento com os pais e os filhos

Nesse momento, deve-se estabelecer uma conexão e reforço da aprendizagem entre pais e filhos por meio da vivência.

Atividade: em dupla, pais e filhos, andam pela sala com uma perna amarrada e em sintonia, seguindo um caminho demarcado por fita, para pegar seu "tesouro". Na caixinha do tesouro encontrarão o desenho do filho e palavras positivas e acolhedoras que fortalecem a relação e reforçam o bem-estar.

Orientações aos pais e cuidadores

- Fale com seus filhos sobre suas emoções.
- Perceba se você tem bom vocabulário emocional.
- Leia livros infantis com o seu filho, enfatizando as emoções.
- Conte sobre seu dia, situações vividas e emoções sentidas.
- Ajude seu filho desde cedo a nomear as suas próprias emoções.
- Permita que ele sinta e expresse **todas** as emoções, mesmo as desagradáveis.
- Forneça práticas e estratégias de autorregulação, por exemplo: respiração, mudar o foco.
- Crie oportunidades e brincadeiras que favoreçam o desenvolvimento das habilidades socioemocionais.
- Enfim, vivam suas emoções de modo saudável.

Superdica: conecte-se bem com você para conectar-se bem com os outros.

Referências

CAMINHA, R.; GUSMÃO, M. *Emocionário: dicionário das emoções*. Novo Hamburgo: Sinopsys, 2022.

CANAL FUTURA. *O que são habilidades socioemocionais?* Disponível em: <https://www.youtube.com/watch?v=muHFMUrkDu4&ab_channel=CanalFutura>. Acesso em: 14 mar. de 2024.

RAYES, C. (org.) *Orientação familiar: teoria e prática vol. 2*. São Paulo: Literare Books, 2023.

SANTOS, D.; PRIMI, R. *Desenvolvimento socioemocional e aprendizado escolar: uma proposta de mensuração para apoiar políticas públicas*. São Paulo: Instituto Ayrton Senna, 2014.

16

POR QUE BRINCAR COM AS CRIANÇAS

ENTENDA A IMPORTÂNCIA DO BRINCAR PARA O DESENVOLVIMENTO

O brincar é uma ferramenta maravilhosa para que a criança desenvolva importantíssimas habilidades. É uma atividade que auxiliará a criança em toda sua formação e socialização, desenvolvendo habilidades psicomotoras, físicas, sociais, afetivas e cognitivas. Neste lindo capítulo, buscamos escrever um breve texto sobre a importância deste ato tão presente e fundamental na vida de nossos pequenos e que parece para nós, adultos, um ato tão inocente. Boa leitura.

FERNANDA LIMA LUGGERI E ANDRÉA DE CERQUEIRA LIMA RIBEIRO

Fernanda Lima Luggeri

Contatos
flimaluggeri@gmail.com
Instagram: @psi_limaluggeri
11 99258 2909

Neuropsicopedagoga. Na clínica analítica, atua baseada em Melanie Klein. Graduada em Pedagogia pela Universidade Anhembi Morumbi, atuando na área desde 1990. Atuou como professora e hoje é consultora escolar. Pós-graduada em Gestão de Pessoas pela Universidade Santo Amaro (Unisa) e em Neuropsicopedagogia pelo Centro Universitário Max Planck (Uni MAX). Psicanálise pela Escola Paulista. Aperfeiçoamento em *teen coaching*, DISC para jovens e avaliações neuropsicopedagógicas. Membro da comunidade Livro Terapia.

Andréa de Cerqueira Lima Ribeiro

CRFa 2-7425

Contatos
andreaclrpontes@gmail.com
Instagram: @climaribeiro. andreafono
11 99191 0164

Na clínica, atua na reabilitação de fala e linguagem. Na área escolar, presta assessoria de inclusão de pessoas com deficiência e é fonoaudióloga em uma organização não governamental na comunidade Paraisópolis, em São Paulo. Graduada em Fonoaudiologia pela Universidade Federal de São Paulo/Escola Paulista de Medicina (Unifesp/EPM), 1994. Aperfeiçoamento em Audiologia Educacional pela Santa Casa de Misericórdia de São Paulo, 1996. Especialista em Adolescência pela Unifesp, 2000. Pós-graduanda em Análise do Comportamento Aplicada pelo Centro Universitário Max Planck (Uni MAX).

O livre brincar é a expressão da criança pelo caminho do desenvolvimento infantil; somente por meio dessa forma de expressão que a criança se desenvolve e aprende a lidar com a vida. É pelo livre brincar que a criança explora, em um processo de investigação, interpretação e imaginação, utilizando os seis sentidos (tato, audição, visão, paladar, vestibular e proprioceptivo); dessa forma, ela consegue testar suposições sobre inúmeras vivências das brincadeiras.

Pela visão do construtivista Jean Piaget, biólogo, epistemólogo e psicólogo, a criança constrói seu próprio conhecimento e modelos de representações, citadas em seus estudos como imagens mentais. A criança fantasia e interage com o livre brincar, partindo de uma exploração sensorial e motora com seus materiais e objetos.

O psicólogo Lev Vygotsky (2010) descreveu que o brincar se configura como uma atividade humana e criadora, na qual imaginação, fantasia e realidade interagem na produção de novas possibilidades de interpretação, de expressão e de ação pelas crianças, assim como novas formas de construir relações sociais com outros sujeitos, crianças e/ou adultos. Para Vygotsky, na primeira infância (os bebês), a linguagem e o pensamento trabalham separadamente e depois se fundem, pois a linguagem no seu início expressa necessidades básicas; apenas quando a criança começa a falar, dá significados, expressando na linguagem o pensamento e, assim, eles se unem e fortalecem a imaginação (jogo simbólico).

A brincadeira é uma ótima maneira de trabalhar habilidades de abstração e imaginação. No brincar, a criança entra em um mundo cheio de símbolos e novos significados, aprende a inventar, interpretar e imaginar coisas totalmente novas. Também aprende a criar representações mentais. A criança tem a sabedoria de transformar qualquer coisa – bola, panela, pedaço de pano, boneca, carrinho, uma simples chave – no ato de brincar. Qualquer objeto pode ser um recurso potencial no brincar. A brincadeira ajuda a criança a desenvolver processos mentais superiores, como planejar ações, conceber as consequências de uma ação, imaginar objetos, novas soluções de problemas e assim por diante.

No campo neurocientífico, quando a criança brinca, o cérebro libera dois neurotransmissores: a dopamina e a serotonina. A dopamina é um neurotransmissor que proporciona sensação de prazer, recompensa e satisfação. É produzida a partir da tirosina, aminoácido não essencial produzido naturalmente pelo corpo saudável. Já o neurotransmissor serotonina é resumido pelo aminoácido essencial chamado triptofano. Ambos os neurotransmissores são chamados de hormônios da felicidade. Pois bem, sabemos que ambos os neurotransmissores proporcionam à criança momentos de prazer e estímulo para a continuação do aprendizado, motivando-as à continuidade, e atuam diretamente no sistema de recompensa do cérebro. No momento do brincar, o neurônio libera serotonina na fenda sináptica, onde fica alojada em partes internas do cérebro, bem como em partes no trato gastrintestinal. O neurotransmissor dopamina também participa desse ciclo do brincar como o grande recompensador dos esforços feitos pela criança no ato do brincar, promovendo uma satisfação. Quanto mais a criança brinca, se movimenta e participa de diversas brincadeiras, mais ficará bem-humorada, sociável, feliz, entrosada em seu meio e, consequentemente, mentalmente saudável.

Assim, concluímos que a brincadeira é uma atividade essencial ao crescimento e desenvolvimento infantil. Ela pode e deve ser compreendida como uma atividade que, além de promover o desenvolvimento global, é uma incentivadora e estimuladora do processo de interação entre os indivíduos, resolução de problemas e conflitos e formação de seres pensantes críticos e reflexivos. Nesse brincar, a criança faz construções de sua realidade e seu potencial de criação transformando a funcionalidade dos objetos, brinquedos ou não, para atender ao que almeja no ato de brincar, por exemplo, o canudinho pode representar uma caneta no seu brincar.

É importante relembrar que a brincadeira se estrutura de acordo com o que se é capaz para cada momento do desenvolvimento neurológico. Um bebê tem possibilidades muito diferentes de uma criança com três anos, por exemplo. Nesse desenvolver, as crianças vão elaborando novas competências dentro dessa prática/brincar que proporcionarão a compreensão e um modo de atuação bem mais amplo na sociedade.

É certo que muitos autores colocam que o período de maior desenvolvimento desse brincar ocorre nos primeiros anos de vida. A criança constrói sua vivência de relação com o mundo nesse brincar. Segundo Vygotsky (2010), o indivíduo se constitui nas relações com outros indivíduos por meio de atividades caracteristicamente humanas. Assim, por esse ponto de vista, a brincadeira infantil assume uma posição importante no processo de constituição de uma pessoa, rompendo dessa forma com o olhar que esse brincar é uma atividade na busca de satisfação de instintos infantis; aqui, ele assume a posição de uma construção de um pensamento surgido nessa atividade e novos pensares vão surgindo dessa prática. O brincar e o faz de conta ("jogo simbólico") são os espaços para a construção do conhecimento, pois o significado utilizado nesse brincar é apropriado pela criança e posteriormente utilizado.

Os objetos com os quais essa criança se relaciona têm significados em sua cultura e a relação que ela estabelece com o objeto se modificará à medida que ela se desenvolver. Em uma etapa inicial, esse movimento é marcado pela predominância de aspectos convencionais de sua cultura e, com o passar do tempo, gradativamente as relações do objeto com o significado se modificam, tendo o brincar como o maior influenciador dessa mudança.

Por muitas vezes a criança age com esse objeto de maneiras diferenciadas, atribuindo significados ao objeto, nem sempre de acordo com sua funcionalidade propriamente dita; às vezes, um estojo pode se tornar um celular. Então, temos uma questão importante quanto ao uso dos aparelhos eletrônicos como os celulares, que não proporcionam às crianças o leque que há em outros objetos, como um simples estojo escolar.

Aqui a criança reproduz sua atividade demonstrando uma característica de atuação do seu desenvolver, uma atividade própria desse processo, o de significação, elaborado por meio de atividades sociais.

Nesse processo, o brincar como um todo, a criança se apropria de um signo em sua função de significação, formado a partir de um sistema social/cultural, e se apropria também do que ela vivenciou em seu brincar por meio de sua atuação. Sabemos que desde o nascimento a criança se integra em um mundo que já está construído, repleto de significados que foram construídos por uma sociedade à qual ela está integrada. Ao observarmos o brincar de uma criança, é muito importante levar em consideração o meio em que ela está inserida. Assim, tendo em mente a importância do brincar em todas as áreas do desenvolvimento infantil para a aquisição de novas habilidades, podemos observar sua importância na aquisição da linguagem.

A linguagem influi de modo considerável no processo de desenvolvimento cognitivo do ser humano. Ela exerce um importante papel na maneira como a criança aprenderá a pensar, uma vez que formas avançadas de pensamento são transmitidas à criança por meio de palavras. A linguagem inclui todo sistema de comunicação do ser humano, seja verbal (fala), seja não verbal. É com ela que conseguimos nos comunicar através de nosso corpo, de expressões faciais, do olhar, da leitura e da escrita. A fala é a comunicação produzida de forma muito simples verbalmente.

O principal componente da comunicação humana é a linguagem e, como propriedade do ser humano, é externalizada pelo falar, escutar, ler e escrever. A linguagem como um processo tipicamente humano permite o compartilhamento de conhecimento, experiência e pensamentos entre as pessoas. A fala tem caraterísticas singulares e universais e é considerada a mais nobre capacidade humana, embora seja confundida com a linguagem como sinônimo e é, na verdade, uma de suas manifestações.

O brincar é uma parte muito importante do desenvolvimento humano, principalmente no desenvolvimento da linguagem, pois ele facilita o processo de aprendizagem e promove a construção do pensamento.

O pedagogo Friedrich Froebel afirma que o ato de brincar: "[...] dá alegria, liberdade, contentamento, descanso interno e externo, paz com o mundo [...] as brincadeiras das crianças são as folhas germinais de toda a vida futura: pois o ser humano todo é desenvolvido e mostrado nela em suas disposições mais carinhosas, em suas tendências mais interiores [...]".

É no brincar dos nossos filhos, alunos e pacientes que observamos suas capacidades e analisamos os contextos já assimilados pela criança. Observando uma criança no ato do brincar, compreendemos como ela está caminhando com seu desenvolvimento, bem como suas habilidades e dificuldades no campo da expressão emocional, praxias finas e grossa, linguagens e fantasias, tão essenciais em nossas avaliações.

É brincando com as crianças que as ensinamos sobre processo familiar, grupo e socialização, além das memórias familiares. Construímos nossos valores familiares.

Como mãe ou pai, quais são suas memórias brincando com seus filhos?

Como fazer? Tempo do brincar e incentivos...

Pais

Quando nasce um bebê, são geradas expectativas a respeito da criança. Quando meu filho vai andar? Quando vai falar? Entre essas, muitas outras dúvidas surgirão. O nascimento de uma criança, atípica ou não, gera muita insegurança no núcleo familiar. A família receberá inúmeras informações e muitas delas chegarão até eles de maneira inadequada, com conselhos equivocados e às vezes distorcidos ou enganosos, mas há algo que pode e deve ser feito por essas crianças: precisamos brincar com elas, interagir sem desistir, focando no processo do brincar e não no tempo que a criança leva em seu desenvolvimento. Seu bebê necessitará de estímulos e eles inicialmente vêm de vocês, família!

Entendemos que vocês precisarão de informações sobre a saúde de seus filhos e sobre o desenvolver. Pais de crianças atípicas não devem ficar pensando fixamente nas possibilidades negativas dentro do desenvolver do seu filho, pois isso poderá ter impactos negativos no futuro do desenvolvimento dessa criança. Portanto, ame sua criança do jeito que ela é, não se concentre na dificuldade dela ou na defasagem que possa vir.

Brinque, olhem-se nos olhos, abrace sua criança e sorria com ela. Pais aprendem a fazer isso muito melhor que os profissionais. Sabemos que o processo livre do brincar não é fácil, mas é possível.

Profissionais

Sabemos, como profissionais, o quanto o brincar é necessário e importante, principalmente na primeira infância. Portanto, com base em nosso conhecimento, podemos demonstrar aos pais quais as brincadeiras a criança que acompanhamos é capaz de realizar, mesmo sendo uma criança com deficiência ou pouca idade. Tragam os pais para dentro da clínica ou para sua sala de terapia; mostrem como fazer com a criança. Deixem que eles participem das propostas terapêuticas de vocês. Sabemos que visualizar e participar facilita a compreensão e fixação.

Como fazemos? No término de nossas sessões, convidamos os pais para adentrar a sala e mostramos o que realizamos. Dentro do possível, por vezes, eles participam de algumas atividades, o que ensina a esses pais sobre a importância do brincar, oferecendo ferramentas para continuarem em casa com os filhos.

Sabemos que a participação dos pais é imprescindível para o bom andamento do processo terapêutico e do efetivo desenvolvimento global da criança.

Conclusão

Quando iniciamos a escrita deste capítulo, muitas memórias vieram à tona em todos os nossos encontros... nossa infância foi recheada de muitas experiências no brincar! Em muitas dessas experiências nossos pais estavam muito presentes, construindo de maneira amorosa o nosso desenvolver!

Dessa forma, em nossa vida e em nossa vivência clínica, observamos que a presença familiar é imprescindível; então, pais, estejam presentes em alguns momentos dessa construção de seus filhos. Aos profissionais como nós, pedimos que tenham a delicadeza de colaborar de maneira cuidadosa e baseada na ciência com o adequado desenvolvimento de seus pacientes; por vezes o futuro depende de nossas atitudes.

Superdica: o brincar nos possibilita a entrada no mundo do pensamento e da socialização, nos tornando autônomos e livres. Brinquem com as crianças para que elas se desenvolvam de modo feliz e saudável!

Referências

FERREIRA, V. J. A. *Neurologia e fonoaudiologia: conhecimentos essenciais para entender a inter-relação*. São José dos Campos: Pulso Editorial, 2003.

IVIC, I.; COELHO, E. P. (orgs.). *Lev Semionovich Vygotsky*. Coleção Educadores. Tradução: José Eustáquio Romão. Recife: Massangana, 2010.

PANTANO, T.; JORZI, J. L. (orgs.). *Neurociência aplicada à aprendizagem*. São José dos Campos: Pulso Editorial, 2009.

PINKER, S. *Como a mente funciona*. Tradução: Laura Teixeira Motta. São Paulo: Companhia das Letras, 1998.

17

MATERNIDADE ATÍPICA

Minha história já é bem conhecida pelos leitores que acompanharam os volumes 1 e 2 desta coleção. Contei como foi viver os desafios da prematuridade extrema do meu filho e criá-lo superando, diariamente, a ansiedade e a superproteção. Neste registro, trago para enfrentar este tema comigo a Janaína, amiga querida que também compartilha as dores e os amores de uma maternidade atípica.

FLÁVIA CUNHA MORAES RIBEIRO
E JANAINA PACHECO

Flávia Cunha Moraes Ribeiro

Contatos
flaviacmoraes@hotmail.com
Instagram: @_mãesdepequenos

Casada, mãe do João Pedro. Advogada e sócia do Escritório Moraes Riccelli Advogados. Cofundadora do perfil Mães de Pequenos, rede de ajuda para pais e familiares de bebês prematuros.

Janaina Pacheco

Contatos
nainapacheco@gmail.com
Instragram: @gabriel_menino_sorriso

Casada, mãe do Gabriel e da estrelinha Bia. Farmacêutica, apaixonada pela maternidade e pela educação, certificada em Educação Positiva pela Positive Discipline Association (PDA - EUA), criadora de conteúdo no Instagram @gabriel_menino_sorriso, rede de apoio para pais e familiares de crianças atípicas.

Gabriel, menino sorriso

Meu nome é Janaína. Sou mãe do Gabriel, de cinco anos. Para mim, a gestação e a maternidade sempre foram muito idealizadas, porém as coisas não aconteceram como planejei.

Tentei engravidar por anos: foram nove tentativas de fertilização *in vitro*, durante seis anos, até que engravidei de um casal de gêmeos.

A gravidez caminhava normalmente, mas, na 26ª semana, a bolsa da minha filha rompeu e, de repente, virei mãe de UTI: meus filhos nascerem prematuros extremos. A sensação que eu tive foi de que arrancaram brutalmente o meu sonho tão idealizado do gestar e ter o bebê "perfeito e gordinho".

Meu sonho de ser mãe de menina aconteceu: me apaixonei, lutei, mas depois de 35 dias de UTI neonatal, a Bia infelizmente nos deixou. Mesmo com aquele vazio, eu tive que me levantar e seguir, pois o Gabriel estava na incubadora ao lado precisando de mim.

Na UTI, disseram: "Seu filho teve leucomalácia periventricular bilateral leve". Eu perguntei: "O que é isso?" Responderam: "Não é nada de mais, fica tranquila, isso é esperado da prematuridade extrema. É só um cistinho, um buraquinho no cérebro que, no máximo, fará ele andar com a perna mais durinha".

Aquilo pra mim doeu, mas pensei: "Meu filho vai andar, falar, atrasado, mas vai". Não imaginava que hoje, com cinco anos, ele ainda não andaria sozinho.

Após 77 dias intensos de UTI, o Gabriel teve alta e logo iniciamos as terapias. No início, por ele ser um bebê, meu coração estava tranquilo; no entanto, com a pandemia, me vi sozinha, fazendo as terapias em casa, e aí começaram as comparações com outras mães de UTI e as dúvidas sobre o desenvolvimento do Gabriel.

Nos grupos de WhatsApp, as mães postavam que os filhos já pegavam objetos, batiam palmas, rolavam, e o Gabriel não fazia nada disso. Isso tudo foi me consumindo de uma maneira que me perdi, pois eu o comparava com as outras crianças, o analisava o tempo todo e só enxergava o que ele não fazia. Isso me deixava com ansiedade e medo.

A rotina de médicos sempre foi muito intensa e, à medida que ele foi crescendo, passou a ser mais intensa ainda.

O diagnóstico de paralisia cerebral do Gabriel foi definido pela neuro quando ele tinha por volta de um ano e seis meses. Quando ouvi essa definição, surtei, entrei em negação; paralisia para mim significava alguém imóvel, sabe? A ficha do diagnóstico foi caindo aos poucos. Fui digerindo de uma maneira diferente: eu só o analisava o tempo todo e nossas brincadeiras eram todas direcionadas. Nunca brincava com ele despretensiosamente. Achava que ele poderia ter mil coisas; era como se eu procurasse algum outro diagnóstico nele.

Hoje me pergunto: por que eu fazia isso? Eu não sei. Sofri muito fazendo isso. Sempre dependia de algo que ele fizesse para eu ser feliz e sempre faltava algo: ele rolava, mas não se sentava, ele mandava beijo, mas ainda não dava tchau. Era uma agonia sem fim.

Considero a mim mesma ansiosa e insegura. A maternidade do Gabriel tem sido um aprendizado diário. Com tudo isso, resolvi começar a terapia (não acreditava que fazia efeito), saí do grupo de mães de UTI e fui cuidar de mim e do meu filho.

Finalmente, com dois anos e meio, o Gabriel começou a falar. Relaxei um pouco, mas ainda assim a limitação motora dele para mim era sinônimo de que ele estaria "perdendo" sua infância.

Teve um dia marcante, em que ele me disse que estava triste porque tinha dificuldade de andar. Aquilo doeu muito; eu ainda não sei até onde ele se sente diferente, até onde ele sofre ou não com essa diferença, pois ele sabe que precisa de fisioterapia e andador. Houve um tempo também que ele perguntava para as crianças típicas qual era a terapeuta delas.

Nós sempre conversamos muito com ele; assim, acredito que a tristeza e a preocupação sejam só minhas.

Em festas infantis, fico bem apreensiva. Não socializamos, pois Gabriel precisa de suporte para brincar, ir ao banheiro e comer, e a maioria dos *buffets* infantis não tem acessibilidade. Ele mal passa com o andador no corredor, assim, é complicado ir a restaurantes e outros lugares. Infelizmente o mundo não é acessível e temos uma caminhada longa para isso, pois não temos acesso livre a brinquedos ou parquinhos.

Foram quatro anos de terapia até chegar aqui, escrevendo este capítulo para vocês, o que é uma grande evolução, pois sempre foi muito difícil para mim dizer em voz alta: "Meu filho tem paralisia cerebral", ou "Sou uma mãe atípica".

Com a maternidade atípica, aprendi que a felicidade não é plena; nós temos momentos de felicidade e precisamos saber aproveitá-los. Aprendi a viver o presente, afinal, ele é uma dadiva, e meu filho está aqui comigo, vivo, me dando a oportunidade de ser mãe de uma pessoa tão incrível.

Não adianta passar a vida reclamando e viver no **se**. Por muito tempo eu me culpei pelo nascimento prematuro deles: **se** eu não tivesse feito as fotos de gestante, eles poderiam não ter nascido prematuros? A Bia estaria aqui comigo? E quando eu não estiver mais aqui? Será que estou fazendo o certo para ele? Será que pego muito pesado com ele nas terapias? São tantos **se** sem resposta.

Luto hoje para ele ser o mais independente possível amanhã. Sempre me policio para focar no que ele já conquistou, no que fazemos juntos e em tudo o que ele ainda vai evoluir.

Hoje eu o enxergo além do diagnóstico. Não o vejo mais como um menino que ainda não anda. Por muito tempo, as pessoas me diziam: "Nossa, que menino lindo!" e eu respondia: "É, mas ainda não anda". Sempre tinha um mas; meu filho é muito mais que um mas: ele é único!

Eu sabia que a UTI estava me preparando para a guerra, mas achei que, ao sair de lá, isso tudo ficaria para trás, mas não: nossa luta estava só começando.

Educar uma pessoa com deficiência é um desafio enorme. A superproteção, por exemplo, é um grande desafio, pois muitas vezes faço por ele o que ele já sabe fazer sozinho, seja para preservá-lo, seja pelo receio de que ele sofra com algo que tem dificuldade.

Ao longo da minha maternidade, comecei a estudar a disciplina positiva e fiquei encantada. Dentre tantas coisas, ela nos ensina a não fazer pelo filho o que ele já é capaz de fazer sozinho; podemos ajudar, mas com a intenção de ir diminuindo gradativamente a ajuda. Essa autonomia é importante para ele na formação de sua autoestima e para que no longo prazo se torne independente, seguro e capaz.

Hoje vejo quanto aprendizado eu adquiri com o Gabriel. Aprendi, sobretudo, a esperar: tudo tem seu tempo e a ansiedade faz parte do processo, mas o tempo deve ser respeitado. Cada criança é única e tem seu tempo diferente de aprender. Hoje eu entendo que precisamos respeitar o tempo de cada uma delas.

Gabriel é o meu menino sorriso, um sorriso fácil, dócil. Ele me ensina todos os dias, cheio de coragem, carinhoso, esperto, gentil, amoroso, que ama brincar e se supera a cada dia com sua determinação. Que sorte a minha em ser sua mãe!

Janaína Pacheco

* * *

Maternidade atípica e autismo: transformando desafios em oportunidades

A maternidade atípica se revelou aos poucos, tecendo um novo universo na minha vida. Gradualmente, vou desvendando seus significados e nuances, tentando compreender a profunda transformação que ela opera em mim e no meu maternar, respectivamente.

Ao recebermos o diagnóstico de autismo (TEA) do João Pedro, não fui consumida pela negação ou pelo luto, mas sim, novamente (como no nascimento prematuro do João), por um sentimento avassalador de medo. Medo do desconhecido que se estendia diante de nós, medo das possíveis limitações intelectuais, motoras e de comunicação que ele poderá enfrentar (ele só começou a falar aos três anos), medo de como será sua jornada na escola, se conseguirá frequentar a faculdade, se encontrará amigos verdadeiros, quem estará para segurar sua mão quando nós, pais, não estivermos mais por perto.

Minha expectativa com relação ao João Pedro nunca foi frustrada, no sentido de idealizar alguém, alguma situação que não se concretizasse. Claro que nenhuma mãe idealiza um filho com desafios que comprometam sua saúde e vida social, mas meu filho não se resume às suas dificuldades. Ele é a personificação do amor transformador, um ser que me concedeu um propósito inigualável e me ensinou o que significa amar sem limites.

No meu sentir a maternidade é única na experiência de criar e educar um filho, porque cada pessoa tem seu próprio jeito de cuidar, ensinar e amar, independentemente de ser uma maternidade típica ou atípica. Sob esse aspecto nunca tive questões ou frustrações: eu foquei em viver a minha experiência de mãe. No entanto, isso não invalida nem me afasta da condição de mãe atípica, aquela que enfrenta desafios diários para ver seu filho se desenvolver com saúde, autonomia, independência, incluído e com direitos reconhecidos pela sociedade.

Viver a maternidade atípica traz consigo muitos elementos, situações que justificam a dicotomia típica e atípica. É uma construção e um reinventar de conceitos e situações a todo momento.

No meu dia a dia, enfrento questões diversas relacionadas a maternidade atípica, a começar pela rotina do João Pedro. A rotina do Joao Pedro é intensa, com terapias diárias de psicologia, terapia ocupacional, fonoaudiologia e esporte. A escola, que também tem função terapêutica completa a agenda. Conciliar tudo isso com minha vida profissional ativa foi um desafio que me obrigou a me reorganizar completamente. Entre uma terapia e outra, faço reuniões, cumpro prazos, participo de audiência, me cuido e cuido da nossa família. Levá-lo à terapia não se resume a acompanhá-lo: é observar, conversar com o terapeuta, verificar o que pode ser aplicado em casa e compartilhar isso com as pessoas que também cuidam do João. Uma tarefa nada simples!

Mas não é só isso que enfrentamos no dia a dia. Há tantas outras coisas! Por exemplo, passamos boa parte dos dias em conflito com o plano de saúde, isso porque, muito embora haja uma gama de direitos relacionados à saúde para as pessoas com deficiência, os planos de saúde se esforçam diariamente para dificultar cada vez mais o acesso a esses direitos.

Aliás, ao entrarmos neste universo dos direitos para as pessoas com deficiência, a luta é diária. As questões de acessibilidade e inclusão, ainda estão bem distantes da realidade da sociedade. Todos os dias nos deparamos com alguma situação capacitista, com um desrespeito às pessoas com deficiência. Isso acontece em todos os ambientes da sociedade. Eu poderia elencar diversas situações para exemplificar isso, como falta de rampa de acesso, falta de fila preferencial e de preparo da população para lidar com a pessoa com deficiência ou com seu familiar, entre outras milhares de situações cotidianas que nos desafiam diariamente.

Outro desafio que nos apresenta também é o de educar uma criança atípica. Ensinar a criança a lidar com o preconceito e com as limitações por falta de adaptação, sem ser superprotetora, é algo ainda mais desafiador e, para nós, mães atípicas, pode ser desesperador.

Contudo, apesar de ser uma jornada exaustiva, com muitos medos e incertezas, a maternidade atípica me mostrou outro lado, aliás mais profundo. Ela me tirou a venda dos olhos. Sem romantizar essa questão, a maternidade atípica me fez mais resiliente, mais corajosa, com mais fé, fez que eu me admirasse mais e, ainda, me apresentou à DIVERSIDADE. Um mundo que eu desconhecia e que me ensinou a enxergar o outro com mais sensibilidade, empatia, com uma lente mais limpa, com uma amplitude maior. E foi pela fé em Jesus Cristo, que faz nova todas as coisas, que eu acalmei meu coração, aceitei, mudei minhas perspectivas e entendi que este era o meu propósito de vida. Foi através do sofrimento, dos momentos reflexivos que acompanharam o nascimento do João até a confirmação do diagnóstico do autismo, que encontrei forças para recriar a minha vida. Foi no auto do flagelo que se revelou um novo mundo pra mim.

A maternidade atípica me deu essa oportunidade. E no fundo é isto: na vida recomeçamos a todo instante com novos propósitos. Hoje o meu propósito é viver essa jornada: a de sugerir a você que retire a venda dos olhos e encurte as distâncias que ainda persistem. Luto incansavelmente para que os direitos das pessoas com deficiência sejam reconhecidos, que as questões de acessibilidade e inclusão deixem de ser um desafio para a sociedade e se tornem uma responsabilidade compartilhada por todos.

Flávia C. Moraes Ribeiro.

Orientação para a família

1. Procure uma orientação parental para aprenderem lidar com as situações e da melhor forma orientar seus filhos.

2. Conversem com outras mães que também vivenciam a maternidade atípica.

3. Olhe sempre para as potencialidades do seu filho, ele não se resume à sua deficiência.

4. Procure entender, absorver as orientações médicas e dos terapeutas com relação aos tratamentos e prognóstico, mas não a enxergue como uma verdade absoluta e imutável – invista nos estímulos, no amor, na paciência e siga em frente, nossos filhos são resilientes, superam limites e transformam o mundo.

5. Ofereça amor e carinho sem limites, isso não vai deixá-lo frágil, só mais seguro para enfrentar esse mundão.

6. Compartilhe informações sobre a sua maternidade, você pode ajudar outras mães que estão passando pela mesma situação.

7. Cuidem-se, divirtam-se também, o autocuidado também é essencial para essa simbiose que existe entre mãe e filho na maternidade atípica.

Superdica: ser mãe atípica é um desafio enorme, que exige força, resiliência e amor incondicional. Dedique-se ao seu filho, invista no seu desenvolvimento, lute para naturalizar as diferenças, contribuindo para um mundo mais justo, inclusivo e acolhedor. E não se esqueça de você. Lembre-se de você também! Cuide-se, admire-se e valorize-se. Voce foi escolhida para essa missão por um motivo especial!

18

A IMPORTÂNCIA DE PRATICAR E ENSINAR O AUTOCUIDADO

Neste capítulo, vou discorrer sobre a importância de ensinar práticas de autocuidado às crianças e o quanto isso tem impactos na vida adulta.

GISELE DOMENICI

Gisele Domenici

CRP 06/131662

Contatos

www.giseledomenici.com/
www.turmadanola.com.br
YouTube: giseledomenici
Instagram: @giseledomenici/@turmadanola
Consultório: 11 4022 6946
WhatsApp: 11 94579 4399

Apaixonada pelo desenvolvimento humano. Casada há 32 anos, dois filhos (Ananda e Leonardo), três netas de quatro patas (Luly, Pandora e Luna). Psicóloga e neuropsicóloga, trabalha com atendimento clínico infantojuvenil e adulto, além de orientação familiar. Especialista em Neuropsicologia pelo Instituto de Ensino Albert Einstein, Orientação Familiar e Educação Parental pelo Instituto de Terapia Cognitivo-Comportamental (InTCC Rio), Terapia Corporal Reichiana pela Escola Contemporânea de Orgonomia e Somatopsicodinâmica (ECOS), *self coach* pelo Instituto Brasileiro de Coaching (IBC/SP) e arteterapia. Capacitação em Fundamentos em *Mindfulness* pelo Instituto de Psiquiatria do Hospital das Clínicas da Faculdade de Medicina da Universidade de São Paulo (IPq-HCFMUSP). Autora do *best-seller Diário de uma garota que não gostava de legumes* 1ª e 2ª edições e da coleção *A fadinha Gigi e suas emoções*. Coautora dos livros *Mapeamento comportamental II* (capítulo 11, Mais qualidade ou mais quantidade), *Orientação familiar* (capítulo Alimento físico e alimento emocional) e *Orientação familiar vol. 2* (capítulo Seu filho tem fome de quê?). Fundadora e criadora do projeto Turma da Nola.

Antes de começar, gostaria de trazer uma reflexão a você, leitor: já parou para pensar se você ensina o autocuidado para seu filho? Ou se pratica o autocuidado?

Primeiro, vamos entender o que é autocuidado

O autocuidado é um conceito estabelecido pela Organização Mundial da Saúde (OMS), referente à forma como a população estabelece e mantém a própria saúde, e como previne e lida com as doenças. O conceito é amplo e envolve questões fundamentais, como higiene (geral e pessoal), nutrição (variedade e qualidade dos alimentos ingeridos), estilo de vida (atividades esportivas, lazer), fatores ambientais (condições de moradia, hábitos sociais) e socioeconômicos (nível de renda, crenças culturais).

O autocuidado promove o desenvolvimento de habilidades essenciais, como a capacidade de identificar e expressar emoções, estabelecer limites saudáveis e tomar decisões conscientes, ensinando as crianças a se valorizarem e se tratarem com gentileza, o que contribui para a construção de uma autoestima saudável.

O Dia Mundial do Autocuidado é celebrado em 24 de julho. A OMS tem como objetivo conscientizar sobre a importância de se adotar uma postura ativa e responsável com a própria saúde, propondo um estilo de vida que abranja os pilares do autocuidado.

- Conhecimento e informação em saúde.
- Bem-estar mental e autoconsciência.
- Alimentação saudável.
- Consciência de atitudes de risco (cigarro, álcool e má alimentação).
- Boa higiene.
- Uso racional de produtos e serviços de saúde.

Importância de ensinar autocuidado

O cuidado infantil deve estar incluído nos ensinamentos que abordam questões relacionadas ao desenvolvimento físico, emocional, social, mental e espiritual. É um tema que necessita de compreensão dos pais, professores e cuidadores, para que estejam atentos a ensinar às crianças sobre a importância de se cuidar para que no futuro possam assegurar sua própria qualidade de vida. Ensinar o autocuidado engloba diversas áreas, desde a vida familiar, a rotina, a vida escolar e as relações interpessoais, até a forma de lidar com as próprias preocupações.

O autocuidado tem uma força significativa no bem-estar geral das crianças. Quando as crianças aprendem a cuidar de si mesmas, elas desenvolvem habilidades de autorregulação emocional, o que as ajuda a lidar com o estresse e a ansiedade de maneira mais saudável, gerando a resiliência e a autoconfiança, tornando-as mais aptas para enfrentar os desafios da vida.

Cuidar de nós mesmos leva a criança a compreender que precisamos de cuidado, uma vez que somos exemplo para elas. Muitos adultos têm dificuldade de praticar o autocuidado pela rotina exagerada, o estresse e até mesmo por determinadas crenças. Vale observar como você cuida de si e como transmite esse ensinamento.

Criar uma rotina consistente e estruturada auxilia as crianças a se sentirem mais seguras e confiantes, promovendo e desenvolvendo hábitos saudáveis: exercícios físicos, alimentação adequada, momentos de relaxamento, tempo para brincar e se divertir, socialização, rotina do sono e atividades em família, entre outros.

Em relação à alimentação, o ato de se alimentar bem e conhecer os alimentos, experimentando-os por exemplo, pode trazer uma consciência às crianças da importância do autocuidado alimentar e o que isso pode afetar sua saúde física e mental, em relação ao seu crescimento e seu aprendizado escolar, ensinando-a, assim, a fazer escolhas saudáveis. Portanto, desenvolva uma rotina equilibrada, enfatizando para as crianças a importância dos cuidados, e incentive as práticas e a autonomia.

É importante explicar, de maneira que a criança entenda dentro de sua faixa etária, a importância de uma boa alimentação, não somente para a saúde física (quando ela precisa fazer algum exercício físico jogando bola ou praticando educação física na escola), mas também para a saúde mental (quando ela precisa estudar para as provas escolares e pode consumir alimentos que ajudam no processo de memória, cognição, concentração). Esse método de aprendizagem e autocuidado desde cedo pode virar um hábito que ela levará para sua vida.

Hábitos de higiene pessoal ensinam as crianças a cuidarem e protegerem sua saúde. A primeira infância é o melhor momento para o início desse aprendizado.

Pais e cuidadores devem estar atentos às necessidades da criança. Cada criança é única e pode manifestar suas necessidades de maneiras diferentes. As crianças, quando se sentem cuidadas e valorizadas, são mais predispostas a ter relacionamentos saudáveis. Quando as crianças não estão bem, podem manifestar mudanças repentinas de comportamento, como irritabilidade, dificuldade de concentração, dificuldade para dormir, isolamento social, perda ou excesso de apetite, e os sinais psicossomáticos devem ser observados.

Tipos de autocuidado

O autocuidado pode ser físico, alimentar, mental, social e espiritual. A seguir, veja exemplos de ações que contribuem para cada dimensão. Pratique e incentive seu filho.

Cuidar de si

Além de ensinar pelo exemplo, ao praticar o autocuidado, você estará mais apto a cuidar de seu filho e lidar com os desafios do seu crescimento.

Ensinar com carinho

Ensine seu filho a ter hábitos de higiene, como tomar banho e escovar os dentes corretamente. Explique a importância desses hábitos, mas sempre procure trazer de um jeito lúdico, assim você terá mais sucesso e aceitação.

Brincar

Brinque com seu filho! Insira as atividades de autocuidado com seus próprios brinquedos, como jogos, bonecas, carrinhos ou animais de estimação.

Rotina

Construa rotinas de autocuidado para ajudá-lo a desenvolver o hábito de se cuidar e fortalecer a autoestima. Essa tarefa pode ser feita junto com a criança. Procure manter uma rotina de horários para as refeições e tente, o máximo possível, realizá-las em família.

Cuidar da saúde

Mantenha a saúde da família em dia com consultas ao pediatra, odontológicas e psicológicas regulares.

Higiene

Ter hábitos de higiene (tomar banho, escovar os dentes, usar fio dental), tomar sol e ar fresco, manter a saúde em dia com consultas médicas e odontológicas regulares, procurar ajuda imediata quando perceber que a criança não está bem, descansar quando estiver doente, cuidar da segurança e não se colocar em risco, cuidar da aparência física (manter cabelos limpos e penteados, cuidar da pele), fazer pausas durante o dia e respirar profundamente, ter momentos para lazer e descanso, inclusive viajar com a família, conectar-se com a natureza (fazer trilhas, nadar, plantar). Todas essas formas de autocuidado são indispensáveis para as crianças e é possível ensiná-las desde cedo, sempre de maneira lúdica e com muito carinho, para que essa memória traga bem-estar à criança.

Alimentação

Incentive o consumo de verduras, legumes e frutas variadas. Quanto mais cedo a criança experimentar, menos resistência terá. Aproveite para explicar por que é importante ter uma alimentação equilibrada e quais as consequências de maus hábitos alimentares. Além disso, você pode trazer a criança para ajudar na cozinha: invente receitas, façam receitas de seus avós ou mães, como um bolo que deixou uma memória afetiva para você; isso vai incentivá-la a consumir algo do qual ela participou e ajudará a criar suas próprias memórias afetivas com você. No livro *Diário de uma garota que não gosta de legumes*, a leitura e o conhecimento da personagem Nola também podem ser úteis para ajudar crianças que têm resistência a comer verduras e legumes.

Em momentos de refeição, quando as crianças costumam ter medo de experimentar, converse e explique a necessidade do consumo desses alimentos. Não minta dizendo que tudo é gostoso, mas explique que alguns alimentos podem não ser gostosos ao paladar e que ela não precisa gostar de tudo, mas que os alimentos saudáveis podem prevenir o adoecimento. Faça paralelos com os super-heróis, por exemplo, explicando que o alimento é um herói, como o Super Nhamnhan, do livro da Nola, que dá muita energia e disposição, protegendo as crianças dos vilões, ou seja, das doenças. Após a criança experimentar, dê os parabéns pela coragem de provar, como forma de incentivo. Vamos cuidar da questão alimentar saudável, cuidando para não forçar a criança, mas oferecer a quantia necessária para cada um, não se obrigando a comer aquilo que achamos que ela precisa.

Praticar atividades para aliviar o estresse

Hoje em dia, as crianças têm muitos compromissos, como escola, treinos e aulas extras, e todas essas atividades podem trazer estresse. É importante que entre todas essas tarefas haja um tempo de descanso, de brincar, se divertir.

É importante praticar exercícios físicos regulares, e eles não se restringem apenas a praticar esportes: podemos dançar, pedalar, caminhar, brincar de pega-pega, mãe de rua e tantas outras brincadeiras que movimentam o corpo. Outro evento importante no autocuidado físico e mental é a qualidade do sono; ele pode interferir no seu dia, pois é durante o sono que acontecem algumas autorregulações do nosso organismo e no nosso cérebro, como a atenção e cognição. Os hormônios do estresse e do apetite são regulados enquanto dormimos; uma noite maldormida pode prejudicar a produtividade do dia, traz irritabilidade, cansaço e tantos outros sintomas prejudiciais à nossa saúde. Caso sinta resistência do seu filho em praticar exercícios ou esportes, fale sobre a importância de manter-se ativo e ajude-o a encontrar uma atividade de que ele goste.

Fazer exercícios mais compatíveis com o gosto da criança acaba sendo mais prazeroso. Experimente atividades variadas e que trabalhem e desenvolvam habilidades corporais distintas, como força, velocidade, flexibilidade. Sempre haverá algum exercício com o qual a criança se identificará.

Emoções

Acompanhe o desenvolvimento emocional do seu filho, tente perceber sua habilidade de reconhecer e expressar emoções e estabelecer amizades. Estimule seu filho a ter um tempo sozinho. A socialização é importante para criar um senso de pertencimento e tem um impacto enorme no bem-estar emocional, porém muitas crianças estão sobrecarregadas de atividades e isso pode levar a um desconforto emocional e físico; por esse motivo, reserve algumas horas por semana para a criança se envolver em atividades mais privadas e de baixo estresse para equilibrar o excesso de estímulos. Ele pode fazer exercícios respiratórios como *mindfulness*, ouvir música, brincar sozinho ou qualquer outra coisa que o faça se conectar com seus pensamentos e sentimentos.

Ajudar a criança no processo de autocuidado, ensinando a ela a importância de se cuidar, se arrumar para algum evento, cuidar dos cabelos, dos dentes, tomar banho e ficar cheirosinha, é um processo que ajuda não só na autoestima, fazendo que a criança se sinta bem perante outras pessoas, mas também na sua própria saúde física e emocional, quando, por exemplo, algum amiguinho a elogia por estar bem vestida. Lidar com nossos sentimentos às vezes não é uma tarefa fácil, mas é necessária. Assim, deve-se validar as emoções das crianças quando elas sentem raiva ou medo, dizendo que elas podem chorar, se for preciso, e pedir ajuda quando se sentirem em perigo, mas também podem sorrir, brincar, serem positivas e otimistas com suas coisas, acreditar que podem conseguir alcançar seus objetivos. Se, ainda assim, em um primeiro momento, não der certo, tudo bem; podemos tentar novamente e aprender com nossos erros.

Ter consciência dos sentimentos e emoções e refletir sobre eles é importante para validar as emoções das crianças quando elas falam sobre o que sentem, seja a raiva, seja o medo ou qualquer outra emoção que aflore em alguma situação em que elas se encontrem, pois assim poderão compreender o que está se passando com elas.

Ambiente familiar

Procure trazer um ambiente familiar que proporcione afetividade e suporte emocional para seu filho, no qual ele possa se sentir seguro durante seu crescimento e contar com os pais em seus momentos de dificuldade.

Autocuidado social

Como é importante a criança passar um tempo com a família, frequentar a casa dos amigos ou convidá-los para brincar na sua, visitar e dar atenção à vovó e ao vovô, brincar com animais de estimação, participar de atividades em grupo! Outras opções são ensinar a criança a fazer trabalho voluntário, praticando compaixão e gentileza, participar das tarefas da casa, como ajudar a pôr a mesa na hora das refeições, cuidar de suas coisas, arrumando seu quarto e guardando seus brinquedos e material escolar, e participar de eventos, como festas de amigos, torneios e eventos da escola.

Espiritual

Ser grato

Quando a criança perceber que cometeu algum erro, ajudar a criança a compreender o erro e se desculpar. Da mesma forma que, quando algo dá certo, é importante que a criança agradeça quem a ajudou, com esse gesto elas aprendem valores como respeito, admiração, atenção e fortalecimento de vínculos. O sentimento de gratidão ativa no cérebro a sensação de bem-estar, afeto e tranquilidade.

Superdica: a ajuda profissional também é cuidado, afinal, nem tudo se resolve em casa. Se notar alguma mudança de comportamento ou dificuldade fora do normal no seu filho, busque ajuda.

Referências

BRASIL. MINISTÉRIO DA SAÚDE. *Segurança do paciente: valorização do autocuidado é tema de campanha do Ministério da Saúde em 2022*. Disponível em: <https://www.gov.br/saude/pt-br/assuntos/noticias/2022/abril/seguranca-do-paciente-valorizacao-do-autocuidado-e-tema-de-campanha-do-ministerio-da-saude-em-2022>. Acesso em: 14 mar. de 2023.

DOMENICI, G. *Diário de uma garota que não gostava de legumes*. 2. ed. São Paulo: Literare Books International, 2021.

FÓRUM CCNTS. *OMS divulga diretriz sobre intervenções de autocuidado para saúde e bem-estar*. 15 de nov. de 2022. Disponível em: <https://www.forumdcnts.org/post/oms-diretriz-autocuidado>. Acesso em: 14 mar. de 2023.

KOLLACK, I. The concept of self care. In: KIM, H. S.; KOLLAK, I. (eds.). *Nursing theories: conceptual and philosophical foundations*. New York: Springer Publishing Company, 2006.

19

DOENÇA PSICOSSOMÁTICA
DORES DA ALMA, DORES DO CORPO

Este capítulo discorre sobre a doença psicossomática como uma entidade holística na qual corpo e mente são indivisíveis. Apesar de presente em todas as fases da vida, damos um destaque especial à doença psicossomática na adolescência, por ser uma fase importante de transformações físicas e psíquicas e na qual a doença, de uma forma global, é pouco valorizada. Ressaltamos a importância do profissional de saúde e dos familiares para terem um olhar especial para os mecanismos emocionais envolvidos na gênese do adoecer, visando promover atendimento e tratamento mais eficazes ao paciente.

HELENA DIAS MEZIARA NOGUEIRA

Helena Dias Meziara Nogueira

Contatos
helenameziaranogueira@hotmail.com
Instagram: @pediatriadodiaadia
11 2597 2331 / 11 96440 5597

Mãe da Mariana e da Ana Laura, esposa do Marcos, também médico, e, como muitas outras mulheres, atuo em várias frentes de trabalho, como o consultório - em que exerço as especialidades de pediatria geral; nefrologia pediátrica e homeopatia. Além disso, faço parte da equipe de neonatologia do Hospital Estadual do Ipiranga, o que me habilita a atender recém-nascidos em sala de parto em várias maternidades particulares. Trabalhei, por vários anos, em administração hospitalar, quando enriqueci meus conhecimentos sobre gestão de negócios, gestão da qualidade e gestão de pessoas, mas o prazer de estar em contato com o paciente na prática clínica do dia a dia, bem como o amor pelo exercício da medicina integrativa e humanizada, soaram mais alto e, hoje, dedico 80% do meu tempo ao consultório, onde conto com uma equipe multidisciplinar para prover atendimento humanizado para as crianças e seus familiares. Tive o prazer de ser coautora do livro *Orientação familiar* volume 1 (Editora Literare Books), contribuindo com o capítulo "O sono na infância - aspectos práticos" e do livro *Orientação familiar* vol. 2, com o capítulo "Depressão pós-parto: como conduzir". Fui também palestrante no Congresso Orientação Familiar 1, com o tema "O sono na infância", e Orientação Familiar 2, com o tema "Depressão pós-parto: como conduzir".

O que é psicossomática?

A palavra psicossomática tem origem grega (*psyché*, mente, alma; *somatikós*, corpo) e representa a área da saúde que atua no relacionamento entre os aspectos emocionais e psicológicos que influenciam o funcionamento do corpo de modo inconsciente.

Adoecer faz parte da vida. A complexidade desse processo engloba fatores genéticos, biológicos e fisiológicos, tanto quanto os ambientais e psicológicos.

Isso se faz evidente nas palavras proferidas há mais de um século pelo médico William Motsloy, quando se referiu à temática do sofrimento com a frase: "Quando o sofrimento não pode expressar-se pelo pranto, ele faz chorar os outros órgãos".

Fisiopatologia

As duas principais teorias para explicar a gênese das doenças psicossomáticas são:

- **Psicofisiologia**: com início no sistema límbico, as emoções sofridas levam a alterações nos níveis de hormônios, de neurotransmissores e de substâncias inflamatórias, que, por sua vez, afetam diferentes sistemas do organismo. Há uma transformação do estímulo externo em ação física ou sensorial. Trata-se de um processo neuroendócrino e imunológico.
- **Teoria psicanalítica**: a somatização é um mecanismo de defesa fixado na fase oral do desenvolvimento e ligado à relação mãe/filho. Distúrbios na formação das primeiras relações objetais do bebê (relações emocionais entre sujeito e objeto amado, que forma o ego), deixam marcas que repercutirão desde a infância até a vida adulta. Cada pessoa reage de modo individual aos traumas, dependendo de sua história de vida e da sua bagagem genética.

Em suma, um sofrimento psicológico pode, de diferentes maneiras, acabar causando ou agravando uma doença física.

Psicossomática e dinâmica familiar

As dinâmicas familiares desempenham um papel relevante na gênese da doença psicossomática de cada membro da família. Em um ambiente familiar saudável, em que as emoções são expressas abertamente e há comunicação efetiva e afetiva, apoio mútuo e suporte emocional, os indivíduos tendem a ter uma melhor saúde emocional e física. Já famílias com demasiado envolvimento emocional e críticas constantes produzem estimulações fisiológicas (neuroendócrinas) que induzem doenças físicas e/ou transtornos mentais. Do ponto de vista psíquico, a família é um lugar possível de adoecimento. Considera-se que o adoecimento pode ser fruto de uma ligação inconsciente com um ancestral adoecido, estando ou não o sujeito sob a influência das predisposições biológicas e genéticas (SOARES, 2010).

Olhar a família é uma maneira de pensar a relação existente entre transmissão psíquica e adoecimento somático, seja por ocorrência de uma repetição de acontecimentos, gerando um retorno a fantasias e mitos de histórias anteriores em torno dos adoecimentos dos membros dessa família, seja reatualizando sofrimentos não simbolizados e perdidos na história a partir dos adoecimentos familiares pregressos. As histórias do passado podem ser a chave da procedência da doença.

Psicossomática e os adolescentes

"Toda enfermidade é intencional", de acordo com o psicanalista Sigmund Freud. Ou seja, de alguma forma, as pessoas adquirem ganhos secundários quando manifestam alguma doença, principalmente quando a usam para chamar a atenção ou quando para exteriorizar dificuldades emocionais. Esta última situação é vista principalmente na adolescência.

A adolescência é o período de transição entre infância e idade adulta, constituindo uma fase evolutiva com características e problemáticas específicas. Apesar de cursar com baixa incidência de doenças físicas, o adolescente apresenta muita instabilidade emocional e psicossocial, além de mudanças de valores sociais e mudanças acentuadas na apresentação corporal, que podem comprometer todo processo de desenvolvimento saudável se não houver suporte da família e da rede de saúde.

Os principais desencadeantes das doenças psicossomáticas nessa faixa etária são problemas com a família, na escola ou mesmo com amigos.

A violência física e psicológica, os abusos sexuais, a exclusão social, a desvantagem educacional, a presença de transtorno psíquico e o abuso de drogas no ambiente em que vivem são alguns dos fatores que podem afetar a saúde mental do adolescente.

Esses sintomas psicossomáticos frequentemente têm relação com o estágio de desenvolvimento dos jovens. De acordo com a Organização Mundial da Saúde (OMS), cerca de 10 a 20% das crianças e adolescentes de todo o mundo sofrem de transtornos psíquicos. A metade desses transtornos começa a surgir em torno dos 14 anos, e três quartos deles até meados dos 20 anos. Isso se dá pela dificuldade que essa faixa etária tem de externar seus problemas, o que gera sobrecarga ao organismo, e isso se manifesta, de modo inconsciente, em uma doença.

A fase dos 11 aos 14 anos é um período de transição em que as mudanças do corpo e a definição de sexualidade são os principais fatores estressantes. Segundo Winnicott, "na adolescência, a perda das representações de si e dos objetos, construídas ao longo da infância, provoca profundas ansiedades, quando não, um sentimento de terror".

Na fase tardia (17 a 20 anos), os principais problemas são relativos às incertezas quanto ao início profissional, preocupações com o futuro, questões espirituais e filosóficas.

Toda essa instabilidade pode causar sintomas psicossomáticos. Dentre os mais comuns na adolescência, podemos citar:

- **Cefaleia**: dor de cabeça sem causa orgânica, geralmente de intensidade leve a moderada. Frequentemente é difusa, intermitente e acontece no decorrer ou final do dia, não impedindo o adolescente de continuar exercendo as atividades normais do seu dia a dia. É comum o adolescente relacionar dor a cansaço, estresse ou preocupação. Quanto à cefaleia tipo enxaqueca, suas principais causas emocionais são: estresse; orgulho; resistência a mudanças ou situações; conflitos internos entre razão e emoção; e inflexibilidade. A consulta clínica com abordagem psicossomática favorece a compreensão, pelo paciente, da origem dos sintomas, sendo um momento em que ele tem a oportunidade de expor seus temores. Isso provoca o alívio de sua ansiedade. O tratamento também pode ser feito com o controle do estresse e com a administração de medicamentos analgésicos, vasoconstritores e antidepressivos.
- **Dor no peito**: comum em pacientes ansiosos e deprimidos, geralmente, não tem relação com esforço físico nem é associada com outros sintomas

cardíacos ou respiratórios. Às vezes a dor é similar à de problemas cardíacos ocorridos em familiares próximos.

- **Dor abdominal**: dor geralmente mal definida, de localização imprecisa, sem relação com a ingestão de alimentos ou com o funcionamento intestinal. É crônica, de pequena a moderada intensidade, e às vezes acompanha palidez e dor de cabeça. Costuma melhorar com repouso adequado, alimentação saudável, abolição do fumo e controle do consumo de chicletes, refrigerantes e bebidas alcoólicas.
- **Fadiga crônica**: cansaço e sonolência excessiva dos adolescentes. Deve ser investigada a associação com problemas infecciosos, imunológicos, distúrbio do sono e alérgicos crônicos. A etiologia, porém, permanece mal definida e alguns pesquisadores atribuem tal cansaço crônico a quadros depressivos latentes.
- **Fibromialgia e dores crônicas**: dor crônica é conhecida como uma experiência sensorial e emocional incômoda, podendo estar associada a uma inflamação ou lesão tecidual. Historicamente, a dor é conhecida como indício de possível acometimento do corpo. As mais comuns são: cervicobraquialgia, lombalgia, cefaleia, mialgias, lesões por esforço repetitivo e fibromialgia. Especificamente a fibromialgia é entendida como um processo inflamatório que promove síndrome dolorosa. A fibromialgia apresenta-se como fadiga, distúrbio do sono, disfunção cognitiva e episódios depressivos, com maior prevalência em mulheres. A dor crônica, na psicanálise, pode estar relacionada à soma de afetos e desafetos desenvolvendo e potencializando quadros dolorosos.
- **Distúrbio alimentar**: é importante perceber como o corpo se relaciona com as questões emocionais. Uma delas é a obesidade, que está relacionada a fatores psicológicos como capacidade de controle, ansiedade, percepção de si, desenvolvimento emocional e social. Pessoas que não possuem facilidade de se expressar não conseguem lidar com a frustração e não têm uma boa relação com a comida, sentindo-se culpadas por comer. Essas pessoas transferem o fardo de toda carga emocional e afetiva na comida. Isso faz que comam não por fome, mas por estarem ansiosas, preocupadas ou frustradas, utilizando a hiperfagia como um meio de lidar com seus problemas psicológicos. Outro distúrbio de alta incidência na adolescência é a anorexia, que expressa a indissociabilidade entre corpo e mente, merecendo destaque clínico-social. A anorexia nervosa é uma doença grave, associada à alta mortalidade; sua incidência é maior no sexo feminino. Quando ocorre no início da adolescência, pode ser controlada, mas muitas vezes se prolonga de maneira crônica e, mesmo após a recuperação do transtorno alimentar, mantém-se a vulnerabilidade para futuros problemas psicossociais.
- **Asma**: na asma há um aumento da inflamação e estreitamento das vias aéreas. Pode ser desencadeada por estresse ou processo alérgico. Do ponto de vista psicológico, os conflitos presentes na relação mãe-criança são fator etiológico: um deles é o bloqueio no processo de separação-individuação da

criança, quando ocorre a dificuldade no processo de individuação. Outra provável causa aparece quando não há fronteiras claras entre os integrantes do núcleo familiar, sem limites nem papéis definidos entre seus membros.

- **Distúrbios dermatológicos**: as psicodermatoses podem ser classificadas como transtornos psicológicos primários com manifestações dermatológicas ou transtornos psiquiátricos causados por desfiguração da pele. São exemplos: dermatite, psoríase, vitiligo, dermatite seborreica, acne vulgar, rosácea, hiperidrose e urticária. O estresse psicológico é o principal precipitante e exacerbador dessas alterações cutâneas. Além das consequências de ordem psíquica manifestadas por meio de doenças cutâneas, outros desdobramentos podem ser gerados, como diminuição da autoestima, inibição do interesse sexual, reclusão social e irritabilidade, fatores que estão interligados com a percepção da autoimagem não satisfatória do indivíduo acometido por alguma alteração dermatológica.
- **Ansiedade, irritabilidade, estresse e depressão**: a depressão é uma situação que tem maior somatização. Consequentemente, há os ataques de pânico, caracterizados por sudorese, palpitações e náuseas, entre outros. O estresse pode ser causador e/ou agravador de uma série de doenças, que vão de gastrite a doenças dermatológicas, podendo estar relacionado a doenças mentais. O estresse pode ocasionar doenças de pele, de estômago, de coração e psicológicas, como pânico, ansiedade, depressão e *burnout*.
- **Distúrbios gastrintestinais**: a síndrome do intestino irritável faz parte dos distúrbios funcionais gastrintestinais, algumas evidências sugerem que fatores psicológicos possuem papel importante em sua patogênese. Podem-se observar dor abdominal de intensidade variável e alterações do hábito intestinal, que podem se manifestar com predomínio de constipação ou de diarreia. Podem estar associados a baixa qualidade de vida e função social prejudicada e a sintomas depressivos. Quanto à gastrite, a psicossomática mostra que, quando o sujeito não coloca para fora seus sentimentos ou não se sente preparado para lidar com os obstáculos da vida, o estresse pode causar problemas estomacais, que não são relacionados ao seu estado fisiológico, e sim desencadeado por causas psicológicas.
- **Câncer**: insegurança, medo, tristeza. O câncer traz consigo, além de inúmeros desafios ao corpo, impactos emocionais que devem ser administrados pelo paciente. A fragilidade é absolutamente normal e tende a ser minimizada conforme o paciente tem consciência de todas as etapas que vêm pela frente. É importante estar alerta, para que a dor e a tristeza não se tornem uma constante em sua vida e, possivelmente, ocasionem depressão.

O papel da família ao entender e respeitar o tempo do adolescente, seus conflitos e suas tendências de grupo, ajudam de maneira positiva para o não adoecimento. Aceitar, ouvir e apoiar os adolescentes é fundamental.

Como é feito o diagnóstico?

O diagnóstico das doenças psicossomáticas envolve uma avaliação complexa dos fatores psicológicos e físicos durante a consulta do paciente.

Deve-se analisar o histórico do paciente e da família, dando destaque aos fatores desencadeantes. Os exames complementares servem para descartar outras condições de saúde subjacentes. Além disso, é necessário realizar uma avaliação psicológica, buscando identificar traumas, fatores estressores e transtornos psiquiátricos que podem contribuir para os sintomas físicos. Essa avaliação pode ser feita com o auxílio de ferramentas, como o uso de escalas e questionários conjugados com técnicas projetivas capazes de revelar os aspectos reprimidos ou desconhecidos pelos próprios sujeitos.

O trabalho do pré-consciente da família pode ser depurado pelos caminhos realizados entre o pensamento e a fala, diante da escuta do terapeuta de família (Carneiro, 2011).

Como é feito o tratamento?

O tratamento das doenças psicossomáticas deve ser holístico e multidisciplinar. Para a doença de base, podem ser empregados medicamentos buscando o controle dos sintomas físicos. Além disso, devem-se privilegiar a alimentação saudável e a prática regular de atividade física.

Em relação à saúde mental, buscam-se as diferentes vertentes psicoterápicas, sempre com a proposta de compreender, acolher e escutar o que essa dor representa na vida do paciente, quais perdas estão envolvidas nessa dor, como é ser incompreendido nessa dor, e quais ganhos e perdas que os processos dolorosos ocasionam na vida do sujeito.

É preciso ampliar o olhar para além do diagnóstico, oferecer escuta, apoio e validação dessa experiência, seja ela de origem psicossomática, seja orgânica e/ou o somatório de ambas.

Orientações

O corpo é um livro que deve ser lido com detalhes para chegar ao diagnóstico e tratamento adequados, pois o que levou à doença pode ser a resposta para a cura do indivíduo.

Terapeuta e família devem privilegiar o doente e não a doença, indo ao encontro de seu significado para aquele que a sofre. Em substituição ao paradigma de uma biologia estática, partimos para a concepção de uma biologia viva e dinâmica, que alcança, mobiliza e transforma células e sistemas orgânicos (epigenética), de maneira absolutamente única e individualizada, principalmente na adolescência, com suas imensas particularidades.

Superdica: Não olhe para o sintoma que aparece em uma doença, mas sim para o doente. O sintoma é a exteriorização de algo muito mais complexo, que representa a história de vida do paciente, entenda e ressignifique.

Referências

CAMPOS, E. M. P.; RODRIGUES, A. L. Mecanismo de formação dos sintomas em psicossomática. *Mudanças – Psicologia da Saúde*, v. 13, n. 2, p. 271-471, jul-dez. 2005.

CARNEIRO, T. F. et al. Transmissão psíquica geracional familiar no adoecimento somático. *Arquivos Brasileiros de Psicologia*, v. 63, n. 2, p. 102-113, 2011.

ERQUETANI, S. *Doenças psicossomáticas: quais são as mais comuns e como tratá-las*. 18 jul. 2023. Disponível em: <https://nav.dasa.com.br/blog/doencas-psicossomaticas>. Acesso em: 14 mar. 2023.

DE JESUS DE MARIA, S. C. Doenças psicossomáticas e as manifestações na pele. *Brazilian Journal of Health Review*, v. 5, n. 6, p. 24782-24784, nov./dez. 2022.

DUQUE, G. M. et al. A influência psicossomática em portadores da síndrome do intestino irritável. *Revista Científica da FMC*, v. 16, n. 2, 2021.

LEVY, R. Adolescência, psicossomática e psicanálise. *Revista de Psicanálise da SPPA*, v. 22, n. 3, p. 605-612, dez. 2015.

LUZ, R. T. et al. Mental health as a dimension for the care of teenagers. *Revista Brasileira de Enfermagem*, v. 71, Supl 5, p. 2087-2093, 2018.

OKUMURA, I. M. et al. Adoecimento psicossomático na abordagem analítica: uma revisão integrativa da literatura. *Psicologia: teoria e prática*, v. 22, n. 2, p. 487-515, 2020.

PEÇANHA, D. L. N. Introdução: em busca da compreensão humana. In: *A criança com asma e sua família: avaliação psicossomática e sistêmica*. São Carlos: EdUFSCar, 2015, p. 11-18.

SOARES, M. H. Famílias e casais: do sintoma ao sistema. *Revista de Psiquiatria do Rio Grande do Sul*, v. 32, n. 2, p. 65-66, 2010.

TAQUETTE, S. R. Doenças psicossomáticas na adolescência. *Adolescência & Saúde*, v. 3, n. 1, jan. 2006.

TRAJANO, M. M. C. Fibromialgia: aspectos dolorosos e psicossomáticos fibromyalgia: pain and psychosomatic aspects. *Revista Ibero-Americana de Humanidades, Ciências e Educação*, v. 8, n. 4, abr. 2022.

20

PARA NORBERTO TÁ TUDO CERTO

A IMPORTÂNCIA DO OTIMISMO NAS RELAÇÕES FAMILIARES

Abordar o tema otimismo é fundamental quando pensamos em fortalecimento das relações familiares. Um capítulo baseado em evidências científicas e nas contribuições da neurociência que revelam que o otimismo não apenas influencia o bem-estar, mas também atua na promoção do desenvolvimento infantil, com impactos na construção de repertórios socioemocionais nas famílias.

IARA LUISA MASTINE

Iara Luisa Mastine
CRP 06/79032

Contatos
contato@iaramastine.com.br
Instagram: @iaramastine
11 98342 8585

Formada em Psicologia pela Universidade Estadual Paulista (Unesp), neuropsicologia pelo Albert Einstein. Possui diversos cursos nas áreas de desenvolvimento infantil e parentalidade. Tornou-se a primeira facilitadora em parentalidade consciente no Brasil, pela Academia de Parentalidade de Portugal. Trabalha com atendimento psicológico clínico e gerencia sua equipe de psicólogos. Possui especialização em terapia cognitivo-comportamental. Também possui certificação internacional em Mindfulness Para Crianças com a doutora Amy Saltzman (médica e pioneira da técnica nos Estados Unidos), entre outras especializações no tema em instituições no Brasil. É educadora parental certificada pela Positive Discipline Association (EUA) e pela Escola de Parentalidade e Educação Positiva (Portugal). Seu diferencial é ser apaixonada pelo desenvolvimento infantil e pelo desafio de proporcionar harmonia e conexão entre as famílias.

O otimismo desempenha um papel crucial no fortalecimento das relações familiares, oferecendo benefícios tanto para o bem-estar emocional de cada membro familiar quanto para a coesão e harmonia da família. Diversos estudos científicos têm explorado os efeitos positivos do otimismo nas dinâmicas familiares, destacando sua influência na promoção da resiliência e na construção de relações saudáveis entre pais e filhos.

Um estudo conduzido por Seligman et al. (2009) examinou a relação entre o otimismo familiar e a adaptação emocional de crianças ao longo do tempo. Os resultados indicaram que famílias que cultivavam uma perspectiva otimista, que se expressa por meio de comunicação positiva e apoio mútuo, tinham filhos mais resilientes emocionalmente, capazes de lidar com estressores externos de maneira eficaz.

Outra pesquisa relevante, conduzida por Peterson (2006), explorou como o otimismo compartilhado entre os membros da família contribui para uma atmosfera positiva e promoção da harmonia familiar. As famílias que enfatizavam aspectos positivos, mesmo em situações desafiadoras, foram associadas a níveis mais altos de satisfação familiar e a uma maior capacidade de enfrentar adversidades juntas. Nessas famílias, são muito comuns situações de colaboração entre os membros familiares.

A neurociência também reconhece o otimismo como capaz de influenciar a liberação de hormônios relacionados ao vínculo emocional. Em um estudo realizado por Coan et al. (2006), foi observado que o suporte emocional e a positividade compartilhada entre membros da família desencadeiam a liberação de ocitocina, conhecida como o "hormônio do amor", fortalecendo os laços afetivos e a união familiar.

Contribuições da neurociência revelam que o otimismo não apenas influencia o bem-estar familiar, mas também atua na promoção do desenvolvimento infantil, com impactos na construção de repertórios socioemocionais das crianças, o que tem efeitos diretos no desenvolvimento do cérebro infantil.

Desde pequenininhas, as crianças estão expostas a uma série de estímulos e desafios que moldam suas perspectivas e atitudes em relação ao mundo. O otimismo, definido como a crença na possibilidade de resultados positivos, emerge como uma força motriz poderosa e a evidência pode ser encontrada em estudos neurocientíficos que indicam que experiências otimistas contribuem para a liberação de neurotransmissores como a dopamina, associada a motivação e recompensa e ao aprendizado.

Um ambiente otimista na infância não só promove a resiliência emocional, mas também exerce um impacto tangível na arquitetura cerebral. As interações positivas entre pais e filhos, caracterizadas por apoio, encorajamento e celebração de conquistas, desencadeiam processos neurobiológicos que fortalecem as redes neurais associadas à regulação emocional e à autoestima.

Com todas essas evidências, fica claro que a educação parental desempenha um papel vital na promoção do otimismo infantil. Pais otimistas servem como modelos inspiradores, demonstrando uma abordagem positiva diante dos desafios. Quando os pais cultivam uma mentalidade otimista, eles estão, na verdade, contribuindo para o desenvolvimento saudável do cérebro infantil. A comunicação positiva, o estabelecimento de metas realistas e o estímulo ao pensamento positivo formam a base de uma educação parental otimista e eficaz.

Além disso, a neurociência assinala a plasticidade cerebral infantil, destacando a capacidade do cérebro em desenvolvimento de se adaptar às experiências. Ambientes enriquecidos com otimismo oferecem estímulos cognitivos que contribuem para o florescimento das habilidades cognitivas e emocionais das crianças. O otimismo não só prepara as crianças para lidar com desafios, mas também as capacita a ver oportunidades de crescimento em meio à adversidade.

Ser otimista ajuda a ver o mundo melhor, a ter uma vida mais leve e a estabelecer melhores relações interpessoais. Ser otimista e preservar ações de otimismo é um verdadeiro potencializador do desenvolvimento integral biopsicossocial.

Orientações aos familiares e profissionais

Como podemos promover o otimismo na prática?

Durante este capítulo, iremos nos basear no livro infantil *Para Norberto, tá tudo certo*, publicado por mim, em 2022, pela editora Ciranda na Escola.

Norberto é um tatu que consegue ver o lado bom da vida, mesmo diante da adversidade. Ele consegue ver o mundo com otimismo e positividade...

Norberto é um personagem de livro que promove o exemplo por meio de suas atitudes e auxilia na construção do repertório otimista da criança e da família. Com seus exemplos, diante de diversas situações (lidar com o medo, com o não, com a falta de atenção e a dificuldade em promover a civilidade, por exemplo), Norberto consegue exercer a empatia e compreender a situação.

Usar um livro infantil com um propósito é, por si só, um recurso terapêutico poderoso para promover reflexão e aprendizagem, além de ampliar exemplos de ações.

Quando um membro familiar lê uma história para sua família, é possível passar ensinamentos, fortalecer valores por meio de reflexões e debates sobre o tema, passar exemplos e promover uma aprendizagem sem julgamentos.

No livro, Norberto presencia situações adversas: alguns amigos possuem questões particulares, como não querer abraçar ou sentir vergonha, e Norberto consegue compreender a situação e acolher com otimismo. Até os exemplos vivenciados por ele, como receber um não, querer ficar sozinho, sentir tristeza ou até cometer erros, são acolhidos de maneira otimista.

Quando a criança tem acesso a esse conteúdo, consegue associá-lo a seus comportamentos e ampliar seu repertório de atuação.

Os exemplos trazidos pelo livro evidenciam que a importância do otimismo nas relações interpessoais auxilia não apenas nos aspectos emocionais, mas também na promoção de um ambiente propício ao desenvolvimento saudável das crianças.

A perspectiva otimista do Norberto contribui como exemplo para a construção de uma base sólida para a autoestima e o bem-estar emocional.

Portanto, ao promover uma cultura de otimismo, as famílias não só fortalecem seus laços afetivos, mas também oferecem um ambiente que nutre o desenvolvimento emocional e psicológico de cada membro. Adotar uma abordagem otimista nas relações familiares não só cria um ambiente positivo, mas também prepara os membros da família para enfrentar desafios com resiliência e fortalece os alicerces de relacionamentos duradouros e significativos.

Podemos compreender os efeitos do otimismo em diversas situações:

- **Saúde mental e bem-estar**: pesquisas indicam que famílias que cultivam uma abordagem otimista tendem a apresentar níveis mais elevados de bem-estar emocional. Um estudo longitudinal conduzido por Seligman et al. (2009) demonstrou que crianças criadas em ambientes otimistas têm menor probabilidade de desenvolver transtornos de ansiedade e depressão. A promoção de uma visão positiva da vida dentro do núcleo familiar cria um suporte emocional que contribui para a saúde mental a longo prazo.

- **Resiliência familiar**: a resiliência, capacidade de enfrentar e superar adversidades, é uma característica fundamental para o bom funcionamento familiar. Pesquisadores, como Masten (2001), destacam que famílias que encaram desafios com uma mentalidade otimista são mais propensas a se recuperar de crises e a manter relações saudáveis. O otimismo atua como um amortecedor psicológico, fortalecendo a resiliência familiar diante de eventos estressantes.
- **Comunicação positiva**: estudos sobre comunicação familiar, como o trabalho de Gottman e Notarius (2000), evidenciam que a comunicação positiva é um pilar essencial para relacionamentos saudáveis. O otimismo influencia diretamente a forma como os membros da família se comunicam, promovendo a expressão de emoções positivas e a resolução construtiva de conflitos. O encorajamento mútuo e o reconhecimento das conquistas fortalecem os laços familiares.
- **Impacto nas crianças**: a pesquisa de Luthar et al. (2015) enfatiza a importância do otimismo parental na formação da autoestima das crianças. Crianças que crescem em ambientes onde os pais demonstram uma perspectiva positiva da vida têm maior probabilidade de desenvolver uma autoimagem saudável e uma atitude otimista em relação ao futuro.
- **Vínculos afetivos duradouros**: o estudo de Roberts et al. (2012) indica que a presença de otimismo nas relações familiares está correlacionada com vínculos afetivos duradouros. Famílias que compartilham uma visão otimista do futuro tendem a enfrentar desafios com solidariedade, fortalecendo os laços emocionais entre os membros.

Em resumo, o otimismo desempenha um papel transcendental no desenvolvimento infantil, moldando não só a perspectiva das crianças em relação à vida, mas também influenciando a estrutura do cérebro em formação. Ao cultivar ambientes otimistas e promover práticas educacionais que incorporem princípios positivos, os pais podem proporcionar às crianças uma base sólida para uma vida emocional e cognitiva saudável. A compreensão da neurociência nos lembra que o otimismo não é apenas uma atitude; é um investimento valioso no futuro brilhante das gerações vindouras.

Atividades do capítulo

A literatura científica reforça a importância do otimismo nas relações familiares, proporcionando evidências sólidas dos benefícios para a saúde mental, resiliência, comunicação e o desenvolvimento individual. Cultivar uma mentalidade otimista não só contribui para o equilíbrio emocional da família, mas também estabelece as bases para relações familiares mais saudáveis e sustentáveis ao longo do tempo.

O otimismo desempenha um papel significativo nas relações familiares, não só influenciando o ambiente emocional, mas também moldando o desenvolvimento individual de cada membro da família. Ser otimista tem impactos na dinâmica familiar, fortalece os laços afetivos e promove o bem-estar geral da família. Seja otimista!

Escaneie o QR code ao final do livro para ter acesso a diversos recursos que promovem pensamentos e ações com otimismo.

Superdica: seja otimista e aprenda com o tatu Norberto, afinal, tá tudo certo!

Referências

COAN, J. A. et al. Lending a hand: social regulation of the neural response to threat. *Psychological Science*, v. 17, n. 12, p. 1032-1039, 2006.

PETERSON, C. *A primer in positive psychology*. New York: Oxford University Press; 2006.

SELIGMAN, M. E. et al Positive education: positive psychology and classroom interventions. *Oxford Review of Education*, v. 35, n. 3, p. 293-311, 2009.

21

DE QUEM É O SEU TEMPO? ROTINA E ATENÇÃO SUSTENTADA

CAPACIDADE DE CONCENTRAÇÃO

Você sabia que, após duas semanas, você se lembra de apenas 10% do que lê? Em contrapartida, você consegue se recordar de 80% daquilo que pratica e de até 95% do que ensina. (William Glasser)

Já sabemos que as formas ativas de aprendizagem são mais eficazes, ainda assim, como se livrar das distrações e exercitar a concentração e a memória no dia a dia? Com estratégias simples, como dividir melhor o tempo, organizar a rotina e treinar a atenção sustentada, que é uma habilidade de extrema importância e quase um desafio na atualidade.

JULIANA CRISTINA FADEL

Juliana Cristina Fadel

Contatos
LinkedIn: juliana-fadel
Instagram: @julifadel

Advogada e pedagoga, especialista em Gestão Escolar com MBA pela Universidade de São Paulo – USP. Pós-graduanda em Neurociências, Educação e Desenvolvimento pela PUC-RS; profissional com formação em metodologias ativas, educação positiva, brincar heurístico, contação de histórias, alfabetização e EJA, inclusão e musicalização na educação infantil. Escritora, palestrante, especialista em implantação de escolas, desenvolvimento de processos e formação de equipes. Autora do Sistema Fadel de Ensino. Proprietária da maior rede de educação infantil do Brasil – lugar onde recebe com muito carinho, todos os dias, as famílias, as crianças e as equipes desde 1999.

"Você poderia me dizer, por favor, qual o caminho para sair daqui?
Depende muito de onde você quer chegar, disse o Gato.
Não me importa muito onde... foi dizendo Alice
Nesse caso, não faz diferença por qual caminho você vá, disse o Gato."

Alice no país das maravilhas (Carroll, 2000)

O que é rotina?

A palavra rotina tem sua origem no termo francês *routine* que significa trilha batida, curso costumeiro de ação. O mesmo entendimento de caminho já conhecido, trilhado, hábito é o que atribui à palavra o *Michaelis Dicionário Brasileiro da Língua Portuguesa* (2023).

Na escola ou na vida, estabelecer uma rotina significa organizar o tempo de modo a conseguir, com eficiência, realizar tudo aquilo que planejamos.

A rotina, naturalmente, só existe se lhe precede um objetivo. Um caminho só tem razão para ser seguido quando se quer chegar a algum lugar. Então, antes de organizar a rotina, determine bem o que você espera conseguir com ela: quais são suas metas, seus objetivos, seus sonhos? Sim, porque a rotina não precisa trazer resultados de curto prazo; ela pode ser um plano para grandes conquistas, basta se planejar com disciplina, vontade e organização.

Para as crianças, a rotina deve ser flexível, já que é preciso priorizar cuidados com segurança e saúde e, em sua construção, ter um olhar importante para o lúdico como ferramenta fundamental de aprendizagem, prevendo situações que oportunizem momentos de prazer, alegria e ricas descobertas.

Como a criança entende o tempo?

O entendimento do tempo para a criança muda conforme a idade e está diretamente relacionado às rotinas que se estabelecem com ela em casa e na escola.

Os bebês vivem o tempo de maneira instintiva, uma vez que os marcos estão associados às necessidades fundamentais de sobrevivência: fome, sono, estar limpo. Até os nove meses, geralmente, a criança ainda não faz distinção entre dia e noite, por isso a importância, por exemplo, de se manter as janelas abertas, trazendo um pouco de luminosidade durante as sonecas da manhã e da tarde, ajudando a organizar o que os cientistas chamam de ciclo circadiano.

Entre 1 e 2 anos, a criança já começa a perceber que as atividades diárias se repetem em uma certa ordem: acordar, mamar, ir para a escola, comer, tomar banho, dormir. Porém, ainda não há noção de tempo, há apenas uma ordem cronológica dentro da rotina que a criança percebe que muda aos finais de semana.

Com 2 e 3 anos, a criança já começa a perceber que algumas dessas atividades têm uma duração diferente: tomar banho dura menos tempo do que ir à escola; tomar mamadeira é mais rápido do que dormir Ainda não há cronologia, porém, a criança já é capaz de distinguir o que se passou ontem do que está por vir amanhã, e assim começa a compreender uma rotina familiar associada a mais de um dia (semana).

Geralmente, aos quatro anos, os pequenos já dominam melhor a ideia da rotina semanal e, reconhecendo os numerais, são inclusive capazes de planejar uma semana, como: "Daqui a 2 dias será o fim de semana". Apropriando-se da ideia de dias e meses, logo são capazes de realizar pequenas contagens (sempre associadas a elementos concretos) para a chegada do aniversário, por exemplo.

O conceito matemático de tempo formal, que contabilizamos pelo relógio com horas e minutos, geralmente só é dominado pela criança aos 7 ou 8 anos. Até essa idade, a rotina é o recurso essencial para se trabalhar a cronologia com os pequenos, por isso que a ideia de concentração é aqui trazida juntamente com o estudo dela, como elementos interdependentes e fundamentais para o desenvolvimento das crianças.

Tipos de atenção

A teoria histórico-cultural estabelece que há dois tipos de atenção: a involuntária, que corresponde à atenção natural, inata, imediata ou inferior, que depende de maturação orgânica; e a voluntária, assim denominada a que corresponde à atenção arbitrária, mediada ou superior, relacionada à linha de desenvolvimento cultural (Vygotsky, 2007).

A forma mais elementar de manifestação da atenção é a involuntária, espontânea, associada aos estímulos que captam a atenção do sujeito. Seu caráter não é intencional, volitivo; são reações aos acontecimentos inesperados ou a estímulos orgânicos (como acender uma luz no escuro ou ouvir um som alto). Os mecanismos da atenção involuntária são comuns entre os homens e os animais (Luria, 1979).

Já a atenção voluntária é o resultado do desenvolvimento social, histórico e cultural do homem. Ela foi se desenvolvendo por ocasião da necessidade que tivemos de nos concentrar no trabalho, nos estudos, fixar o olhar para entender os movimentos e nas diversas situações do dia a dia de nossas vidas em sociedade. A atenção voluntária é conscientemente regulada e é exclusiva do homem (Luria, 1979).

Esses dois tipos de atenção convivem de maneira articulada e simultânea, porém o grande questionamento é: em qual momento nos libertamos unicamente do padrão responsivo e começamos a ter liberdade para escolher, de modo intencional, em que tipo de estímulo desejamos investir nossa atenção? E, na atualidade, como conseguimos manter nossa atenção voluntária por mais tempo naquilo que, intencionalmente, desejamos nos focar? Certo é que a quantidade de estímulos do mundo moderno tem interferido diretamente em nossa capacidade de concentração. Hoje, segundo um estudo realizado pelos psicólogos Matthew A. Killingsworth e Daniel T. Gilbert, da Universidade de Harvard (2010), gastamos quase metade do tempo que passamos acordados, 47% dele, com dispersão.

Por quanto tempo as crianças conseguem se concentrar em uma mesma atividade?

Concentração é a atenção sustentada, intencional, para uma determinada atividade, objetivo, tarefa, processo.

Essa capacidade, que também podemos chamar de habilidade, porque ela pode ser aprimorada com treino e atividades específicas (falaremos sobre isso mais adiante), aumenta de acordo com a idade:

Idade	Tempo de concentração
1 ano de idade	2 a 5 minutos
2 anos de idade	4 a 10 minutos
3 anos de idade	6 a 15 minutos

Idade	Tempo de concentração
4 anos de idade	8 a 20 minutos
5 anos de idade	10 a 25 minutos
6 anos de idade	12 a 30 minutos
7 anos de idade	14 a 35 minutos
8 anos de idade	16 a 40 minutos
9 anos de idade	18 a 45 minutos

Fonte: Instituto NeuroSaber e Unimed.coop.br (2023).

Uma vez que a capacidade de concentração é essencial para a realização das tarefas do dia a dia com eficiência (qualidade de resultado, com otimização do tempo) e para o desenvolvimento da aprendizagem, é fundamental trabalharmos com estratégias diferentes, para que sejamos capazes de sustentar essa atenção por mais tempo.

Orientações para pais e profissionais

Quais atividades devem estar previstas na rotina das crianças?

São muitos os benefícios de uma rotina na vida dos pequenos. Além dos impactos diretos na aprendizagem (no caso das escolas), a rotina ainda proporciona segurança e estabilidade, diminui a ansiedade e promove a sensação de autonomia e controle do tempo, o que auxilia de modo fundamental na autorregulação das emoções.

Pensando em todos esses benefícios, a rotina das crianças, tanto em casa quanto na escola, precisa prever momentos de:

- Desenvolvimento e fortalecimento físico e motor.
- Atividades dirigidas ao desenvolvimento cognitivo.
- Brincadeiras livres.
- Jogos com regras.
- Alimentação.
- Higiene.
- Descanso.

Como organizar a rotina? Espaços, tempos,propostas e materiais

De acordo com Barbosa (2006), as rotinas detêm quatro elementos constitutivos fundamentais a se observar: a organização do ambiente; os usos do tempo; a seleção e as propostas de atividades; e a seleção e oferta de materiais.

Espaços

Toda criança tem direito a um ambiente aconchegante, seguro e estimulante. O espaço deve proporcionar liberdade, vivências individuais e interações, permitindo que se explorem a criatividade, a iniciativa, o pertencimento e as relações entre elas. O espaço deve ser colorido, mas não demasiadamente para não prejudicar a atenção e criar agitação. De acordo com Machado (1986), trazendo as importantes contribuições de Maria Montessori, as mesinhas e cadeiras devem ter dimensões confortáveis, além de serem construídas com material leve, para que as crianças possam carregá-las e movê-las. Os elementos visuais devem estar ao alcance dos olhos dos pequenos e os materiais, bem organizados e distribuídos em uma arrumação disciplinada. O espaço representa o conjunto entre a estrutura de paredes, janelas e objetos que o compõem, mas traz, especialmente, odores, sons, movimentos e as pessoas que nele habitam. Tenha qualquer tamanho, ou constitua-se de área rica ou limitada de móveis e equipamentos, o ambiente incorpora o espaço físico e toda a atmosfera de relações que nele se estabelecem, por isso ele nunca nos deixa indiferentes, nos proporcionando segurança, acolhimento, agitação, alegria e diversas outras sensações e emoções (Forneiro, 1998).

Tempos

Tanto quanto o espaço, é fundamental que também seja discutida e refletida na elaboração das rotinas a questão do tempo e sua relação com a idade das crianças. Assim, especialmente nas escolas, dentro de cada tema ou objetivo trazido, deve-se estabelecer um planejamento versátil, com metodologias e estratégias que se alternem, observando os interesses e a capacidade de concentração das crianças em cada idade.

Propostas

A palavra aqui é intencionalidade, ela é o ponto de partida e também o de chegada.

Seja uma atividade de cuidado, seja de lazer ou aprendizagem, antes de planejar a otina, é preciso ter bem claro quais os objetivos daquele tempo organizado para a criança. Lembre-se: há muitos caminhos diferentes para se alcançar um objetivo, mas, para se trilhar qualquer um deles, como bem disse o Gato à Alice, é preciso saber onde se quer chegar!

Materiais

Há ainda um último elemento imprescindível para a organização da rotina: a oferta e seleção dos materiais. E, para falar sobre os materiais, trazemos novamente os ensinamentos de Maria Montessori, citada por Lobato (2013), grande defensora de que a vontade de aprender é inerente a todos os seres humanos, então o papel dos materiais seria o de facilitadores do desenvolvimento intelectual das crianças. Um ambiente preparado e equipado é aquele que conta com material diversificado, com pequeno número de unidades de cada tipo, sempre ao alcance das crianças. Do ponto de vista montessoriano, a criança precisa de atividades sensoriais, atividades de vida prática e atividades que a ajudem a adquirir informações de sua cultura. Em suas propostas e interações com os brinquedos (estruturados ou não), devem-se intercalar momentos de silêncio interior e exterior, para que se possa refletir e aprender (Machado, 1986). A funcionalidade do brinquedo pode ser demonstrada pelo educador ou descoberta pela criança, por meio da exploração. Um mesmo brinquedo pode ser usado como recurso para diversas aprendizagens; assim, um conjunto de peças de montar pode auxiliar no aprendizado de cores, quantidades, seriação e contagem, e ainda melhorar a motricidade fina. Cabe aos pais e educadores planejar e significar os usos dos materiais, sempre convidando as crianças, ao final da utilização dos mesmos, a guardá-los nos lugares combinados.

A concentração como uma habilidade

Há algumas estratégias importantes para aprimorar e auxiliar no desenvolvimento da concentração das crianças e também dos adultos:

- **Ter uma rotina**: a rotina traz segurança, melhora a ansiedade e promove a sensação de controle dos tempos (protagonismo), o que auxilia na autorregulação frente a situações de excitação (alegria, agitação extrema) ou frustração.

- **Diminuir o número de estímulos simultâneos**: manter o foco sempre em uma única atividade (comer sem telas, estudar sem ouvir música); ou utilizar apenas um tipo de recurso/brinquedo por vez.
- **Manter os ambientes organizados**: a previsibilidade traz tranquilidade (segurança da localização e permanência do objeto).
- **Intercalar momentos de descanso.**
- **Manter a saúde em dia**: praticar atividades físicas e se alimentar bem.

Brinquedos e brincadeiras que favorecem a concentração

E já que a concentração é uma habilidade, como podemos melhorá-la?

Falamos tanto da importância de socializar, mas, para auxiliar na concentração, é importante preservarmos momentos solitários, de autoconhecimento, em atividades/brincadeiras simples como:

- Desenho e pintura.
- Quebra-cabeça.
- Desafios de atenção focada (jogos dos 7 erros ou de encontrar o objeto escondido na imagem).
- Leitura.
- Ouvir música.
- Ter contato com a natureza.
- Brincar de esconde-esconde: por quanto tempo você consegue se manter alerta, sozinho e em silêncio?
- Jogos de tabuleiro.

Meu tempo (e espaço) por aqui estão se acabando, mas quero agradecer pela companhia e dizer que foi um prazer enorme e uma honra contar com a sua concentração durante toda esta leitura!

Espero ter lhe provocado a ideia de que, embora pareça contraditório, a rotina é, em verdade, um recurso libertador: se você sabe onde quer chegar, basta escolher com sabedoria os caminhos!

Sejamos donos do nosso tempo e, por assim ser, também dos nossos sonhos!

Superdica: Organize a rotina de maneira dinâmica: divida a aula, o passeio ou a programação em intervalos com estratégias diferentes. Por exemplo, se for a um parque, preveja alguns momentos para o livre brincar e outros para um brincar dirigido (circuito, jogos com regras). Para que a aula ou a atividade atinja os objetivos que você planejou, é preciso trabalhar respeitando os tempos e a capacidade de concentração das crianças.

Referências

BARBOSA, M. C. S. *Por amor e por força: rotinas na educação infantil.* Porto Alegre: Artmed, 2006.

BRASIL. Conselho Nacional de Educação (CNE). *Base Nacional Comum Curricular para a Educação Infantil.* Brasília: CNE, 2017.

CARROLL, L. *Alice no país das maravilhas.* 2. edição revista. São Paulo: Melhoramentos, 2000.

FORNEIRO, L. I. A organização dos espaços na educação infantil. In: ZABALZA, M. A. *Qualidade em educação infantil.* Porto Alegre: Artmed, 1998.

INSTITUTO NEUROSABER. *Como ajudar a criança a se concentrar?* 23 jan. 2023. Disponível em: <https://institutoneurosaber.com.br/como-ajudar-a-crianca-a-se-concentrar/>. Acesso em: 15 mar. de 2023.

KILLINGSWORTH, M. A.; GILBERT, D. T. Wandering mind not a happy mind. *The Harvard Gazette*, nov. 2010.

LOBATO, M. J. S. *Aspectos gerais da rotina escolar na pré-escola.* Natal: Saberes, 2013.

LURIA, A. R. *Curso de psicologia geral* (volumes I e III). 2. ed. Rio de Janeiro: Civilização Brasileira, 1979.

MACHADO, T. L. *Educação Montessori: de um homem novo para um mundo novo.* 3. ed. São Paulo: Pioneira, 1986.

MICHAELIS Dicionário Brasileiro da Língua Portuguesa. São Paulo: Melhoramentos, 2023. Disponível em: <https://michaelis.uol.com.br/moderno-portugues/busca/portugues-brasileiro/rotina>. Acesso em: 7 jan. de 2023.

VYGOTSKY, L. S. *A formação social da mente: o desenvolvimento dos processos psicológicos superiores.* 7. ed. São Paulo: Martins Fontes, 2007.

22

CRIANÇAS SOBRECARREGADAS
RESGATANDO A INFÂNCIA EM MEIO A TANTAS DEMANDAS

O atual estilo de vida das crianças está acelerado e isso afeta o presente e o futuro delas. Nas escolas, é preciso atenção para as necessidades das crianças de conexão com a natureza, a família e a própria essência delas. O contato genuíno, por vezes, foi substituído por um tempo excessivo de exposição a telas ou a múltiplas atividades. A ideia é deixar uma reflexão sobre os efeitos nocivos disso.

LÍLIA CALDAS

Lília Caldas

Contatos
liliacaldas.education@gmail.com
Instagram: @liliacaldasoficial
+61 447 689 362

Educadora infantil certificada em Early Childhood Education na Austrália. Educadora parental na abordagem parentalidade consciente, com certificação pela Positive Discipline Association (PDA). Certificada no curso *First Nations' Perspectives for Teaching and Learning* pela Queensland University of Technology. Apaixonada por desenvolvimento humano. Pesquisadora em sexualidade infantil e prevenção ao abuso. Vive há mais de 11 anos em Brisbane, Austrália, onde atua em creches e escolas, vivenciando a educação local.

Olhe em qualquer direção e constate: as crianças estão imersas em um estilo de vida acelerado, muitas vezes distantes de experiências essenciais para uma infância plena, sobretudo aquelas além das telas de celulares e *tablets*. Albert Einstein expressou com sabedoria: "O verdadeiro sinal de inteligência não é o conhecimento, mas a imaginação".

Assim, é urgente repensar a imersão excessiva no mundo digital e promover oportunidades que permitam às crianças explorar, criar e se conectar com um mundo mais amplo. A discussão gira em torno da importância de afastar as crianças das telas para que possam redescobrir sua essência infantil.

A sociedade de hoje demanda uma abordagem que equilibre o avanço tecnológico com a preservação de experiências fundamentais para o desenvolvimento saudável das crianças. É imperativo criar oportunidades que estimulem as crianças a explorar o mundo físico, promovendo o desenvolvimento cognitivo e emocional.

Mas é preciso ir além e resgatar a alegria da descoberta, tão intrínseca à infância. Além de oferecer acesso a ambientes naturais, é fundamental incentivar uma compreensão profunda das experiências além das telas, cultivando um senso de curiosidade e responsabilidade desde a mais tenra idade.

A reflexão sobre a interação entre as crianças e o mundo analógico deve ser incorporada como parte integral da educação infantil, cultivando não apenas conhecimento, mas também uma profunda apreciação pelas experiências off-line. Estabelecer momentos que promovam atividades sem uso de tecnologia é essencial.

Isso pode oferecer experiências práticas que conectem as crianças a um mundo além das telas, inspirando a imaginação, a criatividade e a autenticidade. A atenção deve se voltar para a preservação da inocência e da espontaneidade infantil, aspectos que por vezes são perdidos na imersão digital.

Reféns da agenda adulta

Entretanto, além da ostensividade das telas, existem outros aspectos a se considerar. Vemos que as crianças muitas vezes são vítimas da agenda adulta, comprometendo seu tempo livre para brincar e explorar, o que afeta sua saúde física e mental. A pesquisa da psicóloga norte-americana Alison Gopnik (2009) destaca as consequências negativas disso.

Por isso, repensar a estrutura da agenda adulta é um componente vital para garantir o desenvolvimento integral das crianças. Mas não só isso. Também devemos mudar nosso modo de agir para promover um equilíbrio saudável entre as responsabilidades impostas e os momentos necessários de lazer e descoberta.

Expandir essa reflexão implica não apenas criar espaços para atividades lúdicas, mas também reavaliar a qualidade desses momentos, incentivando a criatividade e a autonomia. Além disso, é vital considerar a importância de um ambiente escolar mais flexível, onde seja possível adaptar-se às necessidades individuais das crianças.

Uma abordagem mais personalizada ao aprendizado precisa ser considerada, por exemplo. Além disso, introduzir programas de educação física e mental nas escolas, com ênfase no equilíbrio entre o acadêmico e o recreativo, pode contribuir para uma abordagem mais holística da educação infantil.

Em paralelo, o excesso de atividades acadêmicas e a escassez de tempo para o ócio e a natureza podem se refletir em transtornos. Nunca se falou tanto em transtorno do déficit de atenção e hiperatividade (TDAH), por exemplo. Muitos especialistas, no entanto, não apenas questionam diagnósticos excessivos, mas também destacam a importância de equilibrar as demandas acadêmicas com o tempo livre.

Essa abordagem visa criar um ambiente propício não apenas para um desenvolvimento cognitivo sólido, mas também para uma base robusta que sustente a saúde física e emocional ao longo da vida. Expandir essa discussão implica explorar métodos educacionais alternativos que valorizem a individualidade da criança.

É preciso reconhecer a importância de diferentes formas de aprendizado e estimular o desenvolvimento completo. É fundamental integrar práticas que incentivem a mentalidade de crescimento, celebrando o processo de aprendizagem tanto quanto os resultados, promovendo uma abordagem mais positiva e inclusiva.

Além disso, implementar programas de educação emocional nas escolas é algo de enorme relevância, para capacitar as crianças a compreenderem e gerenciarem suas emoções desde cedo. No entanto, a escola é apenas parte desse processo. Você já parou para pensar em quanto tempo tem se dedicado a escutar seu filho de maneira genuína?

O papel da família na infância e o ócio criativo

Famílias ocupadas muitas vezes delegam a responsabilidade da educação às escolas, negligenciando a importância da participação ativa dos pais. Devemos ressaltar a necessidade de os pais assumirem um papel mais proeminente. A missão é oferecer não só tempo de qualidade, mas também atenção e presença ativa.

Isso contribui para o desenvolvimento socioemocional, construindo uma base sólida para a saúde emocional e o bem-estar duradouro das crianças no seio familiar. Ampliar essa abordagem implica envolver os pais nas atividades escolares e promover uma compreensão mais profunda das necessidades de cada criança.

Com isso, favorecemos um ambiente familiar mais consciente e enriquecedor. Além disso, é essencial incentivar programas que promovam a colaboração entre escolas e famílias, criando uma rede de apoio mais integrada e eficaz. Compartilhar experiências e estratégias pode fortalecer os laços familiares e a eficácia do suporte às crianças.

Paralelamente, devemos enfatizar a necessidade de desconexão das telas para permitir que as crianças desenvolvam a criatividade e a concentração, assim como outras habilidades essenciais. Inúmeros estudos alertam sobre os efeitos negativos do tempo excessivo diante das telas, associando-o a problemas de sono e desenvolvimento cognitivo.

Resgatar o ócio criativo torna-se, assim, vital para um desenvolvimento saudável na era digital, equilibrando o uso da tecnologia com a promoção de experiências significativas e exploratórias. Expandir essa discussão implica limitar o tempo de tela e fomentar ambientes que incentivem atividades criativas, estimulando a imaginação e a inovação.

É crucial integrar a alfabetização emocional e digital, preparando as crianças para uma participação consciente e responsável no mundo digital. Mas isso deve ser feito ao mesmo tempo que preservamos a importância do tempo dedicado a atividades analógicas e criativas. Além disso, devemos ficar atentos ao conteúdo infantil online, garantindo que seja seguro e sob a supervisão dos pais.

A pressão cotidiana sobre as crianças

Vemos todos os dias como as crianças enfrentam uma agenda intensa e excesso de estímulos na nossa sociedade. A ansiedade resultante desse estilo de vida destaca a importância de respeitar o ritmo biológico infantil. O psicólogo norte-americano David Elkind analisa essa questão no livro *The hurried child* (A criança apressada, em uma tradução livre).

O autor aprofunda a compreensão dos impactos psicológicos e emocionais dessa pressão. A sociedade precisa refletir, de maneira urgente, sobre a necessidade de criar um ambiente que permita às crianças uma infância verdadeiramente vivida, incorporando pausas para reflexão e momentos de calma em meio à agitação diária.

Ampliar essa reflexão implica reconhecer a necessidade de um ritmo mais compassado e implementar práticas que promovam uma abordagem mais completa e integral na educação, valorizando não apenas o sucesso acadêmico, mas também o bem-estar emocional e social.

Além disso, é essencial fomentar programas que incentivem a conscientização sobre a saúde mental desde a infância, proporcionando ferramentas para lidar com o estresse e promovendo uma cultura de apoio mútuo. Por exemplo, introduzir práticas regulares de *mindfulness* nas escolas pode ser uma estratégia eficaz.

A técnica é capaz de ajudar as crianças a desenvolverem habilidades de autogerenciamento e reduzir os efeitos negativos do estresse. Além disso, devemos considerar que a pandemia, a partir de 2020, trouxe mudanças significativas, forçando as crianças a ficarem mais tempo em casa.

Muitos tiveram que conviver com o extremo isolamento, mas devemos reforçar a necessidade de equilíbrio entre o tempo em casa e as interações sociais. Diversos estudos destacam como as mudanças sociais, incluindo o aumento do tempo *online*, afetam a geração atual, reforçando a importância de um equilíbrio saudável.

Nesse contexto, é essencial reconhecer os desafios, buscando estratégias equilibradas que permitam o desenvolvimento pleno, mesmo em tempos desafiadores. Ampliar essa discussão implica lidar com os desafios imediatos e criar ambientes flexíveis que permitam a adaptação contínua.

Como pais e educadores, temos que preparar as crianças para enfrentar futuros desafios com resiliência e criatividade. Também é imperativo fomentar a resiliência emocional desde cedo, integrando práticas que promovam habilidades de enfrentamento e a capacidade de se adaptar a situações adversas.

Estabelecer programas de apoio psicossocial nas escolas pode ser uma iniciativa eficaz para oferecer suporte emocional às crianças durante situações de crise. Devemos garantir que os pequenos tenham as ferramentas necessárias para lidar, por exemplo, com desafios inesperados.

A criança como sintoma dos pais

Refletir sobre o comportamento das crianças como um reflexo dos pais destaca a importância de uma abordagem consciente na educação. No cotidiano da escola, percebo como o investimento emocional e relacional dos pais é um aspecto fundamental para a formação de crianças emocionalmente equilibradas e resilientes.

Em *Parentalidade consciente*, Siegel e Hartzell (2020) enfatizam a interconexão entre o estado emocional dos pais e o desenvolvimento emocional das crianças. Os autores sublinham ainda a necessidade de uma abordagem consciente e integral na criação de futuras gerações. Ampliar essa compreensão implica reconhecer a influência parental, mas diz respeito também a oferecer recursos e apoio aos pais, promovendo uma parentalidade mais consciente e informada, que contribua para o florescimento das crianças. É vital ainda criar comunidades de apoio que possibilitem a troca de experiências entre pais, promovendo um ambiente de aprendizado contínuo e suporte mútuo.

Estabelecer grupos de discussão e *workshops* em comunidades pode oferecer um espaço seguro para os pais compartilharem desafios e estratégias, fortalecendo os laços familiares e proporcionando um ambiente de apoio contínuo.

Mudanças, reflexões e ações

Para finalizar, destaco a importância de reflexões e ações aprofundadas para resgatar a infância. Penso que devemos ter uma abordagem consciente e coletiva na construção de ambientes que promovam o florescimento humano, especialmente na infância. Escrevo este capítulo como um chamado à sociedade.

É preciso reavaliar padrões de comportamento, reconhecendo a necessidade urgente de resgatar a infância em um mundo acelerado. Essa reflexão coletiva e as ações subsequentes são valiosas para garantir que as futuras gerações cresçam em ambientes que nutram sua singularidade e promovam um desenvolvimento integral.

Ampliar essa chamada à ação implica não apenas conscientizar, mas também criar iniciativas práticas e políticas que apoiem a implementação efetiva de mudanças, garantindo que cada criança tenha a oportunidade de viver uma infância plena e enriquecedora, independentemente de sua origem ou circunstância.

Assim, é fundamental envolver a comunidade na criação e implementação de iniciativas, promovendo a construção de ambientes favoráveis à infância. A colaboração entre todos é essencial para criar práticas que revertam o padrão atual e promovam um ambiente propício ao desenvolvimento saudável das crianças.

Incentivar escolas a adotarem currículos que valorizem tanto a educação acadêmica quanto o desenvolvimento social e emocional contribuirá para a formação de crianças mais equilibradas e resilientes. Além disso, a promoção de práticas como a educação ao ar livre pode enriquecer a experiência educacional, conectando as crianças com o mundo natural.

A conscientização pública é fundamental nesse processo de transformação. Devemos disseminar informações sobre a importância de uma infância saudável e equilibrada. Envolver pais e educadores em diálogos construtivos sobre práticas educacionais e estilos de vida das crianças é determinante para criar uma compreensão compartilhada sobre os desafios enfrentados e as soluções possíveis.

A promoção de mudanças significativas exige o esforço conjunto de diversos setores da sociedade. A reflexão sobre as práticas atuais, a implementação de estratégias inovadoras e a conscientização contínua são os alicerces para garantir que as crianças possam crescer em ambientes que respeitem sua singularidade.

Promover a alegria da descoberta e preparar o caminho para adultos mais equilibrados e conscientes é uma tarefa tão importante quanto urgente. O resgate da infância não é apenas uma aspiração. Deve ser encarado como uma responsabilidade compartilhada para construir um futuro mais sustentável e compassivo.

A complexidade do mundo atual é um fato. Mas, a fim de tornar a relação entre pais, educadores e crianças mais positiva e de crescimento, deixo algumas sugestões:

- **Busque se estabilizar**: devemos saber quem somos e a nossa história. Buscar terapia, entender sobre a nossa infância e procurar ter uma autorregulação a fim de voltar ao estado de homeostase, de tranquilidade. Quando trabalhamos com crianças, como profissionais da educação, ou mesmo como pais, temos gatilhos. Por isso é importante nos conhecermos para entender quais são e como não deixar que eles afetem nossa relação com os pequenos.
- **Procure capacitação**: é importante entender sobre o desenvolvimento humano e infantil. O que contempla cada fase. O que é natural da criança, a essência dela. Precisamos entender tudo isso para saber o que é "ser criança", para não seja colocada uma sobrecarga nela ou que ela seja rotulada. Essas coisas minam a autoestima da criança e a desconectam de sua própria essência.
- **Trabalhe com os pais**: ao conversar com os pais da criança na escola, primeiro os educadores devem citar os pontos positivos da criança, para depois abordar os desafios. Isso deve ser feito sempre buscando entender o ambiente familiar em que o aluno vive, o que está acontecendo com ele e apoiando a criança.
- **Crie vínculos**: tanto os pais como os educadores devem criar vínculos com a criança. Isso pode ser feito escutando genuinamente, tendo paciência e fazendo o aluno participar sem autoritarismo, mas com respeito. Muitas vezes, as crianças dizem que não estão sendo respeitadas. Por isso, devemos criar meios de conexão com elas.
- **Valorize os momentos juntos**: os pais devem refletir se não estão passando muito tempo no trabalho e deixando de estar presentes com os filhos. Será que precisam passar tantas horas no trabalho? Pais, voltem para casa. Muitas vezes, a criança passa tanto tempo na escola, em inúmeras atividades extracurriculares, que não há tempo para pais e filhos se conhecerem de verdade. Portanto, quando estiverem com seus filhos, estejam presentes. Sem celular, sem distrações e olhando no olho dos filhos. O sucesso dessa relação depende de vocês.

Reflexão final

Ao pensarmos sobre a imersão acelerada das crianças no mundo digital e a consequente perda de experiências essenciais para uma infância plena, é imperativo repensar nossas práticas e prioridades. A frase de Albert Einstein, que destaca a imaginação como verdadeiro sinal de inteligência, ressoa profundamente nesse contexto.

Precisamos questionar o impacto da agenda adulta sobre o tempo livre e o desenvolvimento das crianças, bem como reconhecer a importância da participação ativa dos pais na formação de futuras gerações emocionalmente equilibradas e resilientes. Além disso, é essencial buscar um equilíbrio entre o avanço tecnológico e a preservação das experiências off-line, proporcionando oportunidades para a descoberta, a criatividade e a conexão com o mundo físico.

Essa constatação nos convoca a agir de maneira coletiva e consciente, promovendo mudanças significativas em diversos setores da sociedade. Ao resgatarmos a infância, não apenas aspiramos a um ideal, mas também assumimos uma responsabilidade compartilhada na construção de um futuro mais sustentável e compassivo para todos.

Superdica: pais, ao voltarem para casa, aproveitem esse tempo com as crianças, com seus filhos. Façam atividades juntos, sempre com olho no olho. O contato ocular é a maior ferramenta do desenvolvimento humano. Utilizem esse tempo para desenvolver intimidade emocional.

Referências

ELKIND, D. *The hurried child.* Boston: Da Capo Lifelong Books, 2009.

GOPNIK, A. *The philosophical baby: what children's minds tell us about truth, love, and the meaning of life.* Nova York: Farrar, Straus and Giroux, 2009.

MAPP, K. et al. *Beyond the bake sale: the essential guide to family-school partnerships.* Nova York: New Press, 2007.

POSTMAN, N. *O desaparecimento da infância.* Rio de Janeiro: Graphia Editorial, 2012.

SIEGEL, D.; HARTZELL, M. *Parentalidade consciente: como o autoconhecimento nos ajuda a criar nossos filhos.* São Paulo: nVersos, 2020.

23

O BEBÊ NASCEU! E A MAMÃE?

UM OLHAR PARA AS MÃES

Este é um capítulo que ressalta a potência da mulher, porém, traz a necessidade do olhar para si. Afinal, o bebê nasceu; mas e a mamãe? É um convite a olhar para essa jornada intensa, encantadora e transformadora que é a maternidade. Refletir sobre como a mãe se reorganiza após a chegada do bebê é fundamental se quisermos mamães saudáveis emocionalmente. Tornar-se mãe é um eterno vir a ser.

LARISSA SANTOS AMARAL RODRIGUES
MARCELA SANTOS DA SILVA

Larissa Santos Amaral Rodrigues

CRP: 04/38211

Contatos
larissa.amaralpsi@hotmail.com
Instagram: @psicologalarissaamaral
37 98828 5420

Casada, mamãe da Lívia e do Arthur. Psicóloga clínica. Atuação em grupos de crianças, pais e pré-natal psicológico. Especialista em terapia cognitivo-comportamental, educadora parental, pela Positive Discipline Association (PDA, EUA), em Disciplina Positiva e atuação em parentalidade consciente. Pós-graduada em orientação familiar e educação parental. Coautora dos livros: *Orientação Familiar,* vols. 1 e 2, e do *Box intenção de mãe* pela Literare Books. Palestrante no 1º Congresso de Orientação Familiar, pela Literare Books, em 2022.

Marcela Santos da Silva

CRP: 06/123244

Contatos
marcelasantos.psicoinfantil@gmail.com
Instagram: @psicologainfantil.marcela
16 99749 4453
16 99708 7610

Casada, mamãe do Heitor. Psicóloga clínica, atua com crianças e mães, orientação parental e pré-natal psicológico. Especialista em Análise do Comportamento pela Universidade Federal de São Carlos (UFSCar), atuação em grupos de pais e crianças. Formações complementares: parentalidade consciente e orientação familiar. Supervisão de casos para psicólogos infantis que atuam com a TCC. Coautora dos livros *Orientação familiar*, volume 2, e *Box intenção de mãe*, pela Literare Books. Palestrante no 2º Congresso de Orientação Familiar, pela Literare Books International, em 2023.

Dedicatória

Dedico este capítulo a meu marido Sidney, pelo amor e companheirismo, aos nossos filhos, que são nosso maior tesouro, e a meus pais e irmã, por serem minha base.

Larissa Santos Amaral Rodrigues

Agradeço a meu amado esposo, Alerson, e meu filho Heitor, minha fonte de inspiração diária. Também agradeço a meus pais, minhas irmãs e meus sobrinhos, que tanto me ensinaram sobre a vida.

Marcela Santos da Silva

O Ser que gera... o tempo se chama presente
Aí dentro, em teu ventre, a Vida cresce
A maternagem se constrói
Dia após dia
O mundo vai ganhando outro tom
Já não importa mais o "instinto" que lhe foi atribuído, a realidade lhe diz
que "Ser mãe" é uma construção diária
Sem receita
Sem manual
Sem métodos
Entre neblinas e raios de luz
A vida evolui
Aos poucos teu corpo anuncia um novo tempo
Floresce
Não é possível prever
Mas é possível sentir
Para isso o silêncio é bem-vindo
Ele pronuncia os medos e as angústias

Chore, se o momento trouxer as lágrimas
Derrame-as, desague, transborde
Ao passar os soluços
Respire
Atravesse o silêncio
Olhe para dentro
Cante
Dance
Vibre as emoções que lhe alcançam
Não tenhas medo de ti
Seja sua própria voz
Acolha
Em harmonia ao ritmo que te move.

Juliana Di Lorenzo Morais

No suave brilho da madrugada, uma nova vida entrou no mundo com um choro manso, marcando o início de uma jornada extraordinária. O bebê, envolto em cuidados ternos, era a própria imagem da inocência e da esperança. Entre os sons de carinho e as felicitações gentis, permanecia uma questão não expressa – "E a mamãe?". Este capítulo mergulha na jornada muitas vezes negligenciada, mas profunda, da maternidade, especialmente nos primeiros momentos e dias após o parto. É uma homenagem à resiliência, ao amor e à transformação que englobam a experiência materna.

Ao percorrer esta narrativa, somos convidados a ver o mundo pelos olhos de uma mãe recém-formada. As noites sem dormir, os sacrifícios silenciosos e a força inabalável da sua nova realidade. Testemunhamos o delicado equilíbrio entre alegria imensa e a responsabilidade avassaladora, entre a identidade pessoal e o papel todo abrangente de ser mãe.

Por meio de histórias íntimas e reflexões, exploramos a metamorfose física e emocional que acompanha a maternidade. O capítulo não evita as complexidades – as ansiedades, as dúvidas e os desafios muitas vezes não expressos que acompanham essa transição, ele oferece um olhar compassivo para experiências pós-parto, quebrando o silêncio sobre temas como depressão pós-parto e a luta para se reconectar consigo mesma. Mas, acima de tudo, este capítulo celebra o espírito indomável das mães. É um lembrete de que, embora o nascimento de um bebê seja um início, também é a continuação da história sempre em evolução de uma mulher. Uma história de abraçar novas identidades, redescobrir forças e o vínculo inquebrável que se forma entre mãe e filho. Ao fechar o capítulo, ficamos com uma nova apreciação pelas mães. Elas não são apenas cuidadoras, mas o próprio coração de nossos inícios e crescimento. Ao reconhecer sua jornada, prestamos homenagem ao impacto profundo que têm em nossas vidas e no mundo.

O período da gestação provoca na mãe grandes mudanças, fisiológicas, hormonais e psicológicas. Apesar de todas essas mudanças acontecerem com todas as mulheres, a forma como cada uma vivenciará esse momento é subjetiva; expectativas, idealizações e realidades das mulheres são diferentes.

Gestar um ser é sublime, mas a gestação não é somente do bebê, mas também da mãe. Nesse processo, a mulher antecede um papel que é totalmente desconhecido por ela.

Porém, a mãe não nasce quando nasce um bebê; o papel materno precisa ser construído, é um eterno vir a ser.

De acordo com Maldonado (1976), a gravidez é uma transição que faz parte do processo normal do desenvolvimento. Envolve a necessidade de reestruturação e reajustamento em várias dimensões: em primeiro lugar, verifica-se a mudança de identidade e uma nova definição de papéis – a mulher passa a se olhar e a ser olhada de maneira diferente.

O desejo de ter um filho é um processo que se inicia antes mesmo da gestação. É inserido desde a infância, nas vivências e identificações da mulher, e se concretiza com a gestação na vida adulta.

Muitas vezes essa construção perpassa a maternidade ideal e vale refletir que é um momento romantizado e que o lado difícil não é citado. Por esse motivo, abordamos o olhar para a mãe recém-parida. Como estão seus sentimentos? Como estão lidando com as mudanças advindas dessa nova fase?

Na experiência do tornar-se mãe, há uma avalanche de mudanças acontecendo, com a rotina, a mente, o corpo, hormônios, sentimentos.

A experiência do maternar desencadeia mudanças que afetam a visão de si e a visão de mundo que ela tem. E muitas mulheres passam a ter dificuldades de "se encontrar" após a maternidade, em razão do olhar exclusivo para o bebê. O que importa é o bebê estar bem, mesmo que isso implique ela não estar. Mas esse olhar para si, ter um tempo para si, faz que ela se sinta bem e então tenha mais disposição para cuidar dos filhos.

Ser mãe é intenso, mas também pode ser leve, desde que os papéis sejam equilibrados. Sim, é possível ser uma boa mãe e olhar para si e se reestruturar em meio aos outros papéis.

Por falar em papéis, vivemos um tempo no qual o papel da mulher sofreu modificações. Ela concilia o maternar, o papel profissional, o de mulher e tantos outros escolhidos por ela. No entanto, alguns comportamentos não acompanham as mudanças. Além dos papéis que já eram atribuídos a ela, outros vieram somar e a sobrecarga se faz presente. Existem muitas atribuições ligadas ao papel da maternidade: "A mãe precisa conseguir", "Nasce um bebê, nasce uma mãe", "O amor nasce junto com o bebê", e assim por diante.

Contudo, diante de todos esses padrões estabelecidos, cresce o sentimento de culpa por não atingir essas expectativas. É preciso olhar e acolher as mães, fazendo-as perceber que a maternidade é uma eterna construção e que cada uma tem sua forma de maternar; não existe uma receita.

Se o papel da mãe não viesse coberto de cobranças, poderia ser vivenciado com mais leveza por elas. Por isso, se faz muito necessário olhar e falar sobre esse papel, proporcionando bem-estar para mães.

Bem-estar, de acordo com o dicionário, é uma sensação de segurança, conforto e tranquilidade. Nesse estado, a pessoa estará pronta para lidar com o estresse.

Saúde mental, de acordo com a Organização Mundial da Saúde (OMS), é considerada um estado de bem-estar vivido pelo indivíduo, que possibilita o desenvolvimento de suas habilidades pessoais para responder aos desafios da vida e contribuir com a comunidade.

Percebe-se que esses dois termos caminham lado a lado, porém não caminham junto quando se fala na idealização social da maternidade.

O envolvimento de todos da família no processo gravídico-puerperal é de extrema importância.

> É importante sobretudo enfatizar que o nascimento de um filho é uma experiência familiar. Portanto, para se atingir o objetivo de oferecer uma assistência pré-natal mais global, é necessário pensar não apenas em termos de "mulher grávida", mas sim de "família grávida" (MALDONADO, 1976).

Pesquisas recentes no campo da saúde mental focadas no período do parto resultaram em uma revisão na compreensão da depressão pós-parto (DPP). Atualmente, ela é vista como um espectro de distúrbios depressivos e ansiosos que ocorrem durante o período perinatal. Essa mudança reflete um aumento na conscientização sobre a importância da prevenção e intervenção precoce nessa fase (AUSTIN, 2004).

Os sintomas da DPP abrangem irritabilidade, choro frequente, sentimentos de desamparo e desesperança, falta de energia e motivação, desinteresse sexual, alterações no apetite e no sono, sensação de incapacidade para lidar com novas situações e queixas psicossomáticas. Uma mãe com DPP também pode apresentar sintomas como dor de cabeça, dores nas costas, erupções cutâneas e dor abdominal sem causa orgânica aparente (Luca, 2005, p. 9).

De modo geral, os sintomas depressivos da DPP são semelhantes aos de episódios depressivos não relacionados ao parto, incluindo instabilidade de humor e preocupações com o bem-estar do bebê.

Os estudos revisados sugerem que a DPP tem causas múltiplas e afeta um número significativo de mulheres após o parto. A intensidade da DPP pode variar e isso pode prejudicar a formação de um vínculo afetivo saudável entre mãe e filho, influenciando negativamente os laços emocionais futuros da criança. Existem evidências que ligam a DPP a problemas no desenvolvimento emocional, social e cognitivo do bebê.

É crucial investigar as experiências da mulher durante a gravidez e, mais especificamente, seus sentimentos no período pós-parto. Também é importante considerar se ela tem uma rede de apoio social para enfrentar as mudanças psicológicas que ocorrem com o nascimento de um filho. Reconhecer a depressão materna é essencial, mas pode ser desafiador pelas queixas psicossomáticas que muitas vezes são confundidas com problemas físicos. É vital identificar essa experiência subjetiva para oferecer o suporte necessário no processo de recuperação da mãe.

A detecção precoce dos fatores de risco associados à DPP durante o acompanhamento pré-natal pode ser um elemento-chave na prevenção da DPP e seus impactos na relação mãe-filho. Isso cria a oportunidade de oferecer apoio à mulher e sua família, especialmente durante a gravidez e o puerpério.

Entretanto devem-se buscar estratégias para que as mães busquem olhar para si e lidem com leveza.

A seguir, disponibilizamos algumas dicas para as mamães e para as famílias.

Orientações para as famílias

1. **Ouça sem julgar**: ofereça um ouvido atento e compreensivo. Permita que a mãe compartilhe seus sentimentos e experiências sem medo de julgamento. Às vezes, apenas falar sobre suas emoções pode ser incrivelmente terapêutico.
2. **Validação dos sentimentos**: reconheça que é normal sentir uma gama de emoções, incluindo alegria, exaustão, ansiedade e até tristeza. Validar

seus sentimentos ajuda a mãe a entender que ela não está sozinha em sua experiência.

3. **Encorajamento e afirmação**: ofereça palavras de encorajamento e afirme suas habilidades como mãe. Reforçar sua confiança pode ajudá-la a enfrentar os desafios da maternidade.
4. **Ofereça ajuda prática**: diminuir as cargas diárias pode reduzir o estresse. Oferecer-se para cuidar de tarefas domésticas ou cuidar do bebê para que ela possa ter um tempo para si mesma pode ser de grande ajuda.
5. **Criação de um espaço seguro**: assegure-se que ela tenha um espaço tranquilo e confortável em casa, onde possa relaxar e se recuperar.
6. **Construa uma rede de apoio**: incentive-a a se conectar com outros pais ou grupos de apoio. Compartilhar experiências com aqueles que passam por situações semelhantes pode ser reconfortante e informativo.
7. **Promova o autocuidado**: encoraje-a a cuidar de si mesma, tanto física quanto emocionalmente. Isso pode incluir atividades relaxantes, exercícios leves, uma alimentação saudável ou simplesmente tempo para ler um livro ou tomar um banho longo.
8. **Esteja presente**: às vezes, a melhor forma de apoio é simplesmente estar lá. Sua presença física pode oferecer conforto e segurança.
9. **Esteja atento a sinais de alerta**: fique atento a sinais de depressão pós-parto ou ansiedade. Se você suspeitar que ela está lutando mais do que o esperado, encoraje-a gentilmente a procurar ajuda profissional.
10. **Ofereça reconhecimento a longo prazo**: reconheça que a adaptação à maternidade é um processo contínuo. Ofereça seu apoio não apenas nas primeiras semanas, mas também nos meses seguintes.

Orientações para as mamães

- Reserve um tempo para você e priorize o autocuidado. Crie estratégias para que esse tempo aconteça, como um dia de beleza em domicílio.
- Reconecte-se com o que faz sentido para você, por exemplo, ler, observar a natureza (quem sabe o bebê vai junto em um passeio pelo parque?).
- Conheça e estabeleça seus limites e, sempre que necessário, peça ajuda.
- Prepare um dia para sair com uma amiga e colocar o papo em dia.
- Sair com o marido também será importante para manterem a conexão de vocês. É só organizar a rede de apoio com pessoas de confiança e se divertir.
- Deixar o bebê com o pai para fazer coisas simples, em casa mesmo, será importante para você e para fortalecer a conexão do papai com o bebê.

Lembre-se: é necessário cuidar de si. Além de você, seu bebê merece uma mamãe feliz, confiante e tranquila.

Finalizamos com um trecho do livro *Mãe*, de Cris Guerra, para lembrar o quão potente uma mulher é não somente sendo mãe, mas em todos os seus papéis:

> Não pense você que ao se tornar mãe uma mulher abandona todas as mulheres que já foi um dia. Bobagem. Ganha mais mulheres em si mesma. Com seus desejos aumentam sua audácia, sua garra, seus poderes.
>
> Se já era impossível, cuidado: ela vira muitas.
>
> Também não me venha imaginar mães como seres delicados e frágeis. Mães são fogo, ninguém segura. Se antes eram incapazes de matar um mosquito, adquirem uma fúria inédita. Montam guarda ao lado de suas crias, dispostas a enfrentar tudo que zumbir perto delas: pernilongos, lagartas, leões, gente.
>
> Mães não têm tempo para o ensaio: estreiam a peça no susto.

A vocês, mamães, sigam a caminhada olhando e cuidando de vocês. "É cuidando das raízes que as árvores darão bons frutos. A base precisa estar fortalecida para florescer" (Amaral, 2022, p. 155).

Superdica: Tornar-se mãe é um processo em construção. Olhar para si se faz necessário para reconhecimento de suas vulnerabilidades e potencialidades.

Referências

AMARAL, L. In: RAYES, Cristiane (org.). As mudanças promovidas no lar após a chegada de uma criança. *Orientação familiar* volume 1. São Paulo: Literare Books International, 2022. p. 155.

AUSTIN, M. P. Antenatal screening and early intervention for perinatal distress, depression and anxiety: where to from here? *Archives of Women's Mental Health*, v. 7, n. 1, p. 1-6, 2004.

COELHO, S. (org.). *Maternar: gestação, parto e criação de uma nova consciência materna*. Curitiba: Appris, 2022.

LUCA, B. L de. *Os efeitos da depressão pós-parto na interação mãe – bebê*. Monografia (Graduação em Psicologia). Centro Universitário de Brasília. Brasília, p. 36, 2005.

MALDONADO, M. T. P. *Psicologia da gravidez, parto e puerpério*. 12. ed. Petrópolis: Vozes, 1976.

24

COMO CRIAR FILHOS FELIZES

Antigamente, almejávamos que nossos filhos se tornassem advogados, médicos ou engenheiros. Hoje, é compreensível que ainda nos preocupemos com o que eles vão ser quando crescer, mas, sobretudo, desejamos que alcancem a felicidade e uma vida plena. Neste capítulo, descubra o segredo para um futuro brilhante.

MARCELA FERREIRA DE NORONHA

Marcela Ferreira de Noronha

Contatos
dra.marcelanoronha@gmail.com
Instagram: @dramarcelanoronha
WhatsApp 11 95000 4128

Pediatra, educadora parental e especialista em nefrologia infantil. Formada em Medicina pela Universidade São Francisco (2006), concluiu sua Residência em Pediatria no Hospital Menino Jesus de São Paulo (2010). Obteve sua especialização em Nefrologia Infantil pela Santa Casa de Misericórdia de São Paulo (2012) e a certificação em Educação Parental pela Positive Discipline Association (PDA, EUA). Desde criança, já havia decidido o caminho profissional que iria trilhar e é muito feliz por ser médica. Fez pediatria por vocação e tem como missão de vida auxiliar as crianças a se tornarem adultos felizes, respeitosos, com inteligência emocional, senso comunitário e aptos a serem física e emocionalmente saudáveis. Também é mãe do Lucas (12 anos) e da Isabela (6 anos), seus maiores tesouros, e esposa do Carlos, seu companheiro de vida.

Quando falamos de crianças, estamos sempre focados no que podemos fazer por elas: como educá-las da melhor maneira possível, qual alimento será mais nutritivo, que vacinas são importantes, como preparar uma noite de sono restauradora, como mantê-las seguras, como estimular o desenvolvimento para que atinjam suas potencialidades. Além de todo esse cuidado diário, desejamos filhos que cresçam e se transformem em adultos felizes e saudáveis, tanto física quanto emocionalmente.

Com o nascimento de um bebê, nossos planos precisam ser revisados e reorganizados. No entanto, não podemos deixar de lado nossos propósitos pessoais, pois eles são essenciais para nossa própria felicidade. E é a nossa própria felicidade que serve como a base mais essencial para a felicidade dos nossos filhos.

Felicidade não se compra no mercado, não se encomenda pela internet e não brota sozinha na horta. A felicidade é aprendida, assim como todas as habilidades que queremos que nossos filhos desenvolvam. Para isso, a primeira coisa a fazer é estarmos plenos com a nossa própria vida. Não podemos dar aos nossos filhos algo que não temos; portanto, questione-se por um momento: "Eu sou o adulto que desejo que os meus filhos se tornem um dia?". Afinal, como podemos criar uma criança feliz se nós mesmos não nos consideramos felizes? É como tentar explicar matemática sem compreender os números. Simplesmente não é possível! Por isso, neste capítulo, vamos falar sobre a nossa felicidade, que transbordará e inundará os corações dos nossos mais preciosos tesouros: nossos filhos.

Nosso exemplo desempenha o papel mais importante e impactante na criação de nossos filhos. Por isso, nosso humor, atitude e tom de voz têm um impacto significativo em todos ao nosso redor, incluindo as crianças. Vamos refletir por um momento sobre isso voltando ao passado: como seus pais apresentaram o mundo a você? Foi através de uma lente otimista ou pessimista? Com alegria ou melancolia? Em que medida, sua forma de ver o mundo é semelhante à deles? Pense um pouco sobre como o exemplo que você teve afetou e continua afetando diretamente quem você é hoje.

Quando estamos internamente em paz, agimos de maneira mais positiva: com maior paciência, flexibilidade, criatividade e energia para enfrentar as tarefas diárias, como lavar louça, vestir uniformes, dar banho, lidar com birras e preparar refeições. A vida está repleta de tarefas que tendem a esgotar nossa energia por serem monótonas, invisíveis aos olhos dos outros, rotineiras e tediosas. Justamente por todas essas razões, quando estamos emocionalmente bem, conseguimos enfrentá-las com o equilíbrio necessário para superá-las.

Somos os únicos responsáveis pela nossa própria felicidade. Pesquisas evidenciam que 90% da felicidade a longo prazo está ligada à maneira como nosso cérebro interpreta o mundo, enquanto apenas 10% depende de eventos externos. Em outras palavras, não é culpa do nosso chefe mal-humorado ou do nosso filho que não colabora. A verdadeira responsabilidade reside em como enfrentamos esses desafios. Ser responsável e consciente da nossa história não implica carregá-la como um fardo pesado, mas sim aceitar sua existência. Afinal, o mundo não é como o vemos; nós é que o enxergamos como somos.

É natural passarmos por momentos de tristeza, angústia e desesperança. Todos nós enfrentamos momentos difíceis, pois a vida não é um cenário perfeito. No entanto, o importante é que o somatório seja positivo. Afinal, quando nosso cérebro opera em uma perspectiva positiva, sua produtividade aumenta em até 31% em comparação ao estado neutro ou negativo.

Sabia que, de acordo com um estudo da Universidade de Harvard, a felicidade é um dos maiores indicadores de sucesso? Isso mesmo, a felicidade precede o sucesso! Muitas vezes, nos concentramos em alcançar objetivos e sonhos que presumimos trazer felicidade, mas o que essa pesquisa demonstra é que a felicidade reside no processo de alcançar nossos objetivos, não apenas na realização final.

Quando estamos em busca do sucesso, frequentemente estabelecemos vários objetivos. No entanto, ao conquistar um deles, o sentimento de realização costuma durar pouco tempo, e logo estamos traçando uma nova meta para sermos mais felizes. Assim, entramos em um ciclo vicioso, sentindo sempre que nos falta algo.

A felicidade não é um destino; é o caminho, o dia a dia, a rotina. Quando nos sentimos felizes, somos mais produtivos e eficazes, o que, por sua vez, nos impulsiona em direção ao sucesso.

Você sabe quais são as quatro características mais importantes para uma vida feliz? É isto que vou te contar agora.

Autoconhecimento

Uma parte crucial para a felicidade é o autoconhecimento. Se não identificarmos as angústias, os medos e as feridas, nossa capacidade de prosperar fica comprometida. Se não soubermos para onde queremos ir e do que precisamos para conquistar nossos sonhos, não podemos fornecer ao nosso corpo, muito menos à nossa alma, os elementos necessários para trilhar o caminho certo.

Mais importante que nossa história é como refletimos sobre ela e interpretamos nossas experiências da infância. Ao obtermos uma percepção clara sobre nossas memórias e sua influência em nós, conquistamos a liberdade para construir nosso próprio caminho e educar nossos filhos da maneira que escolhermos. Estudos revelam que, ao darmos sentido à nossa vida e definirmos objetivos claros, nos libertamos de crenças do passado e obtemos uma percepção que nos ajuda a criar o presente e o futuro que desejamos.

O autoconhecimento nos fornece uma compreensão clara dos nossos limites, dos gatilhos que nos provocam raiva e culpa, pontos fortes e fracos, leva-nos aos nossos porquês e evidencia nossos propósitos de vida, abrindo espaço para trilharmos os caminhos corretos para onde queremos ir. Esse conhecimento contribui para compreendermos nossas emoções e, ao mesmo tempo, exercermos maior domínio sobre elas. O autoconhecimento é uma das coisas mais importantes que podemos fazer por nós mesmos, nossos relacionamentos e, principalmente, pelos nossos bens mais preciosos: nossos filhos.

Treine seu cérebro para ser otimista

Em primeiro lugar, é fundamental compreender que otimismo não é sinônimo de felicidade. A perspectiva otimista engloba uma série de habilidades que melhoram a qualidade de vida e geram uma sensação benéfica.

Indivíduos otimistas têm a capacidade de lidar com os elementos estressantes do cotidiano, uma vez que aceitam as dificuldades e buscam extrair o melhor delas para seu próprio benefício. Em outras palavras, não ignoram as dificuldades; pelo contrário, as encaram diretamente, buscando soluções.

Essa postura positiva resulta em melhores resultados no futuro, levando a um círculo virtuoso.

Manter sempre uma atitude otimista ajuda a gerenciar melhor as emoções e a prevenir doenças, como depressão e ansiedade. Além disso, contribui para manter níveis adequados de pressão arterial e de açúcar no sangue, além de auxiliar no controle do peso corporal. Mesmo diante de uma doença grave ou incurável, os otimistas tendem a desfrutar de uma melhor qualidade de vida. Estudos sugerem que pessoas com atitudes mais otimistas vivem, em média, sete anos e meio a mais do que aquelas com tendências pessimistas.

Nossa atitude perante o mundo, seja positiva, seja negativa, é 25% herdada dos nossos pais e 75% moldada pelas experiências que vivenciamos. Isso significa que temos a capacidade de treinar nosso cérebro para adotar uma postura cada vez mais otimista. Para aqueles que estão empenhados em enxergar o mundo de maneira mais positiva, existem algumas atitudes que desempenham um papel fundamental nessa jornada. Vamos conhecê-las?

- **Medite**: a meditação se destaca como uma das intervenções mais poderosas para alcançar a felicidade. A prática frequente leva a um aumento no desenvolvimento do córtex pré-frontal esquerdo, a principal região cerebral responsável pela sensação de felicidade. Para obter seus benefícios, apenas 5 minutos diários de concentração na respiração ou em alguma parte do corpo (com o auxílio de aplicativos ou não) são suficientes. Durante a prática, permita que os pensamentos fluam sem ruminação ou julgamento.
- **Atividade física**: quando praticamos exercícios, nosso cérebro é inundado de hormônios que promovem bem-estar, melhoram o humor, aumentam a concentração, contribuem com o desempenho e fornecem energia para enfrentar as demandas diárias. A atividade física não só auxilia na prevenção de problemas de saúde, mas também tem um papel significativo no controle e até mesmo na cura de estados depressivos, sendo o método mais eficaz e duradouro na prevenção de recaídas.
- **Seja grato**: adicione um sorriso ao seu rosto e reserve um momento para expressar gratidão, pelo menos por três coisas positivas que aconteceram ao longo do seu dia. O começo pode parecer desafiador, mas, conforme você pratica, fica cada vez mais fácil.
- **Agradeça a si mesmo**: é muito importante reservarmos um momento todos os dias para expressarmos gratidão a nós mesmos, pois essa prática tende a fortalecer nossa autocompaixão e autoestima. Fazemos milhares de coisas todos os dias às quais muitas vezes não nos damos o devido valor. O que você fez hoje, seja para si mesmo, seja para alguém, que merece esse agradecimento interno?
- **Faça algo bom para o próximo de modo consciente**: ajudar alguém a atravessar a rua, mandar uma mensagem de agradecimento a um colega,

comprar uma maçã para uma amiga que está precisando daquela força para continuar a dieta, emprestar um livro a um amigo, cumprimentar alguém na rua com um sorriso caloroso, deixar alguém entrar na sua frente no trânsito. Gentileza gera gentileza. Atos de generosidade, por menores que sejam, desde que praticados de maneira consciente e premeditada, melhoram nossa saúde mental e diminuem o nível de estresse.

- **Invista dinheiro em experiências**: quando gastamos dinheiro com objetos, o efeito da felicidade é rápido e pouco duradouro em comparação aos gastos em experiências. Investir em despesas para doações, pequenos presentes para os filhos ou pagar um almoço para alguém também é tão eficaz quanto gastar dinheiro em experiências.
- **Passeio ao ar livre**: passear 20 minutos por dia em contato com a natureza, especialmente em dias de clima favorável, é o suficiente para elevar o estado de espírito, aumentar a criatividade e aprimorar a memória operacional.
- **Durma bem**: dormir bem não é um luxo; é uma necessidade básica do ser humano. Quem dorme bem tem melhor memória, atenção, estado de humor, imunidade, controle de peso e saúde cardiovascular, isso só para iniciar a lista de benefícios.
- **Alimente-se de modo saudável**: alimentar-se de modo saudável é fundamental para nosso bem-estar físico e mental. A escolha por alimentos nutritivos, ricos em vitaminas, minerais e fibras, contribui não só para nossa saúde, mas também para nossa energia e disposição no dia a dia.

Aprenda com seus erros

Todos nós cometemos erros todos os dias. Somos imperfeitos e precisamos de coragem para assumir nossas imperfeições.

Sabendo que errar é humano, que tal começar a encarar o erro como uma oportunidade de experimentar algo novo ou um desafio a ser superado? Quando corrigimos algo, prestamos mais atenção, fortalecemos conexões cerebrais e aprendemos. O foco não está no erro, mas sim no aprendizado que ele proporciona. Então, erga-se e não desista!

O que você fez de errado hoje? O que aprendeu com isso? Exatamente! A cada manhã, você se tornará uma pessoa melhor, pois aprendeu algo novo no dia anterior.

Fortaleça suas conexões sociais

Para um futuro saudável e feliz, o melhor investimento que você pode fazer é focar em relacionamentos saudáveis com familiares (incluindo os filhos, evidentemente), amigos e a comunidade em que vive.

Os bons relacionamentos são indicadores de longevidade mais poderosos que os níveis de colesterol, pressão arterial, peso ou taxas de açúcar no sangue. Isso não quer dizer que podemos negligenciar nossa saúde física, mas sim que devemos dar uma atenção especial à forma como nos relacionamos e com quem nos relacionamos.

Não se trata da quantidade de amigos ao seu redor; trata-se da qualidade dos vínculos e de como você se sente com essas pessoas. Aqueles que experimentam satisfação em seus relacionamentos vivem mais e melhor – isso é um fato comprovado pela ciência.

Escolha se afastar de pessoas tóxicas, deixe o rancor de lado e invista em pessoas que tragam proximidade, segurança e alegria. Claro, isso é mais fácil de dizer do que fazer. Por isso, lembre-se: não há uma fórmula mágica e rápida, mas sim sementes plantadas, regadas e cuidadas, que aos poucos vão crescendo, para, em um futuro distante, dar bons frutos. Invista nas boas sementes, porque uma boa vida é construída com boas relações.

> **Superdica:** que você se permita ser feliz, sorrir, viver o momento presente e alegrar-se com os pequenos prazeres da vida!

Sugestões de leitura

ACHOR, S. *O jeito Harvard de ser feliz*. São José dos Campos: Benvirá, 2010.

BEEVER, S. *Crianças felizes, você feliz: o uso da PNL na educação de seus filhos*. São Paulo: Madras, 2010.

DIAS, M. G. *Crianças felizes*. Barueri: Manole, 2020.

NELSEN, J. *Disciplina positiva para crianças de 0 a 3 anos*. Barueri: Manole, 2018.

NELSEN, J. *Disciplina positiva para pais ocupados*. Barueri: Manole, 2020.

WALDINGER, R. *Do que é feita uma vida boa? Lições do mais longo estudo sobre felicidade*. Ted X. Nov. 2015. Disponível em: <https://www.ted.com/talks/robert_waldinger_what_makes_a_good_life_lessons_from_the_longest_study_on_happiness?language=pt-br>. Acesso em: 15 mar. de 2024.

25

COMO É O JEITO DE SER DO SEU FILHO? CONHECENDO AS CARACTERÍSTICAS DE TEMPERAMENTO PELA PERSPECTIVA DA TERAPIA DO ESQUEMA

Neste capítulo, abordaremos a importância de conhecer o "jeito de ser" da criança, suas características temperamentais e como elas afetam a satisfação equilibrada de suas necessidades emocionais básicas, dois conceitos fundamentais para a terapia do esquema, que estão na base da formação de uma personalidade saudável ou não.

MARINA DE OLIVEIRA PATRÍCIO

Marina de Oliveira Patrício

CRP 04/31919

Contatos
marinaopatricio@gmail.com
Instagram: @marinapatriciopsicologa
32 99958 0517

Mãe do pequeno Nilo, de 3 anos. Psicóloga clínica atuando há 13 anos com crianças, adolescentes e orientação familiar. Especialista em terapia cognitivo-comportamental (TCC). Formação em terapia do esquema. Facilitadora em educação emocional positiva, educadora parental em disciplina positiva pela Positive Discipline Association (PDA, Brasil). Professora nos cursos Semente: Capacitação e Aperfeiçoamento em Psicologia, ministrando aula de terapia do esquema com crianças e adolescentes e orientação a pais, e na especialização em Orientação Familiar e Educação Parental no Instituto de Terapia Cognitivo-comportamental (InTCC RIO), ministrando aula sobre orientação familiar em terapia do esquema.

Dedicatória

Dedico este capítulo ao meu filho, Nilo. Meu menino, tão diferente de mim e que me fez buscar ser melhor para mim e para ele. Dedico também à minha psicóloga Melissa, que, com sua competência e persistência, me mostrou quem eu posso ser. Muito obrigada!

Como a caçula de quatro filhos, sempre escutei de meus pais definições sobre mim e meus irmãos quando crianças. Rodrigo sempre foi o mais falador da casa. Frederico era o mais levado e bravo. Mariana sempre foi séria e calma. Marina gostava apenas de ficar no colo e de fazer manha. Cada um tinha um jeito de ser único para expressar suas características de personalidade, temperamento e necessidades. Com as poucas informações sobre desenvolvimento socioemocional que possuíam, meus pais nos educaram tentando preencher nossas necessidades emocionais, preparando-nos para uma vida adulta correta e feliz.

Terapia do esquema

A terapia do esquema (TE), desenvolvida por Jeffrey Young, adota uma abordagem integrativa que incorpora elementos de outras escolas, expandindo os princípios da terapia cognitivo-comportamental (TCC) convencional. Essa abordagem se destaca ao enfatizar a origem infantil dos problemas psicológicos, integrar técnicas experienciais, priorizar a relação terapêutica e abordar estilos desadaptativos de enfrentamento (Young et al., 2008; Reis, 2019).

A TE parte do pressuposto de que possuímos necessidades emocionais básicas que devem ser satisfeitas desde tenra idade por nossos cuidadores. Esse preenchimento é a base para a formação de uma personalidade saudável.

A vivência repetitiva de situações traumáticas ou nocivas durante a infância e a adolescência pode ser significativa no não preenchimento dessas necessidades e no desenvolvimento de esquemas iniciais desadaptativos (EIDs), levando à formação de uma personalidade patológica.

Os EIDs referem-se a temas ou padrões psicológicos amplos, difusos e fundamentais, formados por memórias, emoções e sensações corporais relacionados à percepção de si mesmo e dos outros. Têm início precoce na vida da criança, repetem-se ao longo do tempo e configuram padrões autoderrotistas de entender e interpretar as experiências de vida (Young et al., 2008).

Conforme os autores citados, os esquemas têm sua origem nas representações da realidade do ambiente da criança, construídas a partir das experiências vivenciadas com pessoas significativas. Os efeitos adversos dessas experiências acumulam-se, resultando na formação de padrões emocionais e cognitivos autoderrotistas. O indivíduo, ao lidar com tais efeitos, desenvolve estratégias que frequentemente são desadaptativas, contribuindo para a perpetuação de seus esquemas.

As necessidades emocionais básicas são: vínculos seguros com outras pessoas, incluindo segurança, estabilidade e aceitação; autonomia, competência e senso de identidade; liberdade para expressar necessidades e emoções; espontaneidade e lazer; limites realistas e autocontrole (Reis, 2019).

Por meio da interação entre o temperamento emocional da criança e um ambiente familiar prejudicial, em que os estilos parentais não atendem às necessidades emocionais básicas, acontece a formação dos EIDs (Camilo, 2017). O temperamento é o determinante biológico da personalidade e não pode ser totalmente modificado pelas influências ambientais. As tendências genéticas herdadas podem ser ampliadas, reduzidas, encobertas ou expressas em sua natureza, mas nunca eliminadas ou exageradamente aumentadas.

É o temperamento que determina o quanto de cada necessidade emocional básica o indivíduo precisa em cada fase do desenvolvimento. Por exemplo, uma criança pode precisar de mais demonstrações de afeto por parte de seus pais quando bebê comparada a seu irmão, que pode precisar de maior quantidade de limites afetivos em outra fase do seu desenvolvimento (Wainer et al., 2016).

Para Young et al. (2008), o ambiente em que a criança está inserida, seja ele favorável, seja adverso, pode dominar muito o temperamento. Por exemplo, uma criança tímida inserida em um ambiente familiar amoroso e seguro pode ser sociável em alguns momentos; mas, se o ambiente familiar for de rejeição, até mesmo uma criança sociável pode tornar-se retraída.

Young et al. (2008) classificam o temperamento em dimensões, considerando os extremos de um contínuo: lábil *versus* não reativo; distímico *versus* otimista; ansioso *versus* calmo; obsessivo *versus* distraído; passivo *versus* agressivo; tímido *versus* sociável.

Uma classificação utilizada em meus atendimentos e amplamente conhecida no meio científico foi proposta por Thomas e Chess (1977, apud Klein e Martins Linhares, 2010). Esses pesquisadores propuseram um sistema composto por nove categorias: nível de atividade; ritmo; aproximação ou retraimento; adaptabilidade; limiar de responsividade; intensidade de reação; qualidade de humor; distratibilidade; e período de atenção e persistência. Essas categorias deram origem a três classificações principais de tipos de temperamento: **temperamento fácil**, caracterizado por regularidade nas funções biológicas, respostas positivas a estímulos novos, alta adaptabilidade a mudanças, humor predominantemente leve a moderado e geralmente positivo; **temperamento difícil**, marcado por irregularidades nas funções biológicas, reações negativas a estímulos novos, dificuldade ou lentidão na adaptação a mudanças e expressões de humor intensas, frequentemente negativas; e **temperamento lento para reagir**, caracterizado pela combinação de respostas negativas a estímulos novos com adaptação lenta após contatos repetidos (ver QR code).

A entrada na escola é um bom momento para nos mostrar as diferenças de temperamento. Crianças fáceis, mesmo receosas após curto período de adaptação, se sentem seguras em ficar sozinhas na escola. As crianças lentas para reagir não aceitarão facilmente, podem chorar com intensidade ou se recusar a ficar nos primeiros dias, até se sentirem confiantes para ficarem sozinhas. Já as crianças difíceis precisam de mais tempo para a adaptação escolar, choram muito e não aceitam ser deixadas sozinhas. Quem as leva precisa permanecer na escola ou deixá-las aos prantos. Algumas não conseguem ficar quando muito pequenas, pois o processo se torna muito sofrido para todos.

Identificar precocemente as características temperamentais da criança auxilia os cuidadores a ajustarem suas práticas, adaptando-as às necessidades que a criança mais demanda, além de auxiliar os cuidadores a ponderar suas próprias expectativas e seu próprio temperamento. Assim, torna-se possível suprir de maneira mais adequada as necessidades emocionais e evitar a formação dos EIDs (Franzin et al., 2019).

Wainer et al. (2016) reforçam que, durante a infância, o suprimento de afeto, cuidado, responsividade, tranquilidade e empatia dos cuidadores é a base para a saúde mental. As famílias contribuem para a formação da personalidade do indivíduo quando fornecem bons modelos de como lidar com situações estressantes do crescimento.

Pais e cuidadores devem fornecer doses satisfatórias de apego, carinho, segurança, conforto emocional e capacidade de acalmar a criança nos momentos de ansiedade e impulsividade, tornando-se uma presença significativa de estabilidade emocional. Os pais se tornam uma "base segura", um "porto seguro" que os filhos têm para toda a vida.

Orientações aos familiares e profissionais

Um dos princípios da orientação familiar destaca que os cuidadores são transformadores de seus próprios comportamentos. Devem ser conscientes de suas crenças, pensamentos, emoções e atitudes para educar os filhos (Rayes, 2022).

Na TE, o trabalho com a família é tão importante quanto o trabalho com a criança, pois ela tem um papel fundamental no desenvolvimento dos sintomas, que podem ocorrer pelo não suprimento de necessidades emocionais básicas, pela modelação de comportamentos ou modelos inconscientes ou mesmo na própria química esquemática que mantém a perpetuação dos problemas.

É importante conhecer os pais e dar suporte para as mudanças, auxiliando-os no atendimento das necessidades emocionais básicas dos filhos. Para isso, apresento a explicação sobre as necessidades emocionais com a história dos cinco potinhos:

> Vocês sabiam que, quando nasce uma criança, nascem cinco potinhos com ela? Cada pote tem o nome de uma necessidade emocional e cabe a vocês preenchê-los. As cinco necessidades emocionais básicas são: vínculos seguros com outras pessoas, incluindo segurança, estabilidade e aceitação; autonomia, competência e juízo de identidade; liberdade para expressar suas necessidades e emoções; espontaneidade e lazer; limites realistas e autocontrole. Vocês não devem preenchê-los demais, nem de menos; deve ser equilibrado. Os tamanhos dos potes são determinados pelo temperamento e pela fase do desenvolvimento em que seu(sua) filho(a) se encontra. Vamos conhecer esses potes e saber mais sobre como preenchê-los? (Ver QR code ao final do livro).

Após contar essa historinha, apresento os cinco potes, cada um etiquetado com o nome de uma necessidade emocional básica e sua definição. Você pode usar um impresso com imagens de potes. Também são entregues impressos com informações sobre os tipos de famílias que suprem as necessidades emocionais básicas e aquelas que não as suprem (ver QR code ao final do livro).

Partimos então para a psicoeducação sobre as características de temperamento apresentadas pela criança que podem dificultar o preenchimento das necessidades emocionais básicas, enfatizando a herdabilidade dessas características. Algumas perguntas são importantes nesse momento: Como você definiria o comportamento social da sua criança: ela é tímida ou espontânea? Como ela expressa suas emoções na maioria das vezes; de maneira exagerada ou tranquila? Você tem dificuldade de acalmá-la quando frustrada? Como ela se comporta perto de estranhos; demora a se sentir confortável ou não se importa? Como foi o processo de introdução alimentar e desfralde? Qual de vocês dois tinha comportamentos semelhantes na infância? E outras (ver QR code ao final do livro).

Essas perguntas aproximam tanto o terapeuta quanto a família de uma definição do tipo de temperamento apresentado pela criança. Ao explicar sobre o temperamento, torna-se possível explicar que a criança apresenta uma forma de reagir às situações, na maioria das vezes independente de seu controle. Com isso, tentamos acessar a compreensão e alterar as práticas parentais que são disfuncionais para o preenchimento das necessidades emocionais.

Os indivíduos de **temperamento difícil** e os **lentos para reagir** acabam sendo mais presentes no consultório, pois suas características dificultam o preenchimento das necessidades emocionais básicas, principalmente a necessidade de vínculo seguro, pois são crianças que evocam raiva e frustração nos cuidadores. Para evitar isso, os pais devem trabalhar a aceitação e compreensão de como seu(sua) filho(a) é. Devem promover momentos de atenção e carinho em relação à criança, construindo uma relação de segurança. Assim, a criança se sente mais compreendida e aceitará melhor as intervenções quanto ao seu jeito de ser. Elas podem ser resistentes a comandos e regras, prejudicando o preenchimento da necessidade emocional de limites realistas e autocontrole. Neste caso, os pais devem organizar uma rotina na qual as mudanças são previamente avisadas e os combinados e as consequências devem ser apresentados de maneira clara, coerente e gentil.

Já as crianças de **temperamento fácil** acabam não sendo muito presentes nos consultórios, porque com elas as tarefas do desenvolvimento fluem mais facilmente. Contudo, necessitam ser observadas, pois suas necessidades emocionais se fazem presentes e precisam ser preenchidas. Crianças tranquilas podem ter dificuldade em expressar suas vontades, pois para elas é fácil se adaptar às situações e acabam aceitando o que o outro determina. Neste caso, a necessidade emocional de liberdade para expressar suas necessidades e emoções não está sendo preenchida e a criança aprende a colocar sempre a necessidade do outro em primeiro lugar.

No *setting* terapêutico, alguns recursos se fazem úteis para o conhecimento da criança ou adolescente. O jogo Tem, Não Tem (Reis, 2018) esclarece de maneira objetiva e lúdica, por meio de imagens, quais necessidades emocionais não estão sendo preenchidas pela família. Já o livro *No mundo do jeito de ser: explicando personalidade para as crianças* (Alves; Neufeld, 2019) apresenta o conceito de personalidade de maneira mais ampla, valendo-se dos reinos do Gelo, do Fogo, da Terra, da Água e da Luz para ilustrar as distintas personalidades que residem em cada um de nós. O livro contribui para a compreensão de que somos todos únicos, e não há uma única e correta maneira de ser.

Todas as crianças precisam ter suas necessidades emocionais básicas preenchidas de maneira satisfatória. Estar atento ao que seu filho precisa e a quem está se tornando é o caminho correto para a construção de uma relação harmoniosa. É aceitar e comprometer-se com essa bela e difícil jornada de ser pai ou mãe. Não desista!

Superdica: um filho é a mais bela extensão do seu eu, mas também a mais difícil de entender.

Referências

ALVES, M. M.; NEUFELD, C. B. *No mundo do jeito de ser: explicando personalidade para crianças*. Novo Hamburgo: Sinopsys, 2019.

CAMILO, I. C. R. R. *O modelo alemão da terapia cognitiva focada no esquema na psicoterapia infantil para o tratamento de transtornos disruptivos, do controle de impulsos e da conduta: proposta de protocolo de atendimento*. 2017. 126 f. Dissertação (mestrado em Psicologia Aplicada) – Universidade Federal de Uberlândia, Programa de Pós-Graduação em Psicologia, Uberlândia, 2017.

FRANZIN, R. et al. Modelo teórico atualizado da terapia do esquema. In: REIS, A. H. *Terapia do esquema com crianças e adolescentes: do modelo teórico a prática clínica*. Campo Grande: Episteme, 2019. p. 21-52.

KLEIN, V. C.; MARTINS LINHARES, M. B. Temperamento e desenvolvimento da criança: revisão sistemática da literatura. *Psicologia em Estudo*, v. 15, n. 4, 2010.

RAYES, C. *Orientação familiar* volume 2. São Paulo: Literare Books International, 2023.

REIS, A. H. *Tem, não tem: identificando as necessidades centrais*. Campo Grande: Episteme, 2018.

REIS, A. H. *Terapia do esquema com crianças e adolescentes: do modelo teórico a prática clínica*. Campo Grande: Episteme, 2019.

WAINER, R. et al. *Terapia cognitiva focada em esquemas: integração em psicoterapia*. Porto Alegre: Artmed, 2016.

YOUNG, J. E. et al. *Terapia do esquema: guia de técnicas cognitivo-comportamentais inovadoras*. Porto Alegre: Artmed, 2008.

[illegible]

[illegible]

[illegible]

[illegible]

[illegible]

[illegible]

[illegible]

26

FOI SÓ VOCÊ CHEGAR QUE ELE MUDOU! POR QUE OS FILHOS MUDAM O COMPORTAMENTO NA PRESENÇA DA MÃE?

Neste capítulo, vamos abordar o significado e a importância do apego e o funcionamento do cérebro da criança.

"Não é sobre manha, é sobre maturidade, confiança, apego seguro e pertencimento."

MARISTELA CRISTINA BEDINOTTI GUADAGNIN

Maristela Cristina Bedinotti Guadagnin

CRP 06/107985

Contatos

maristelabguadagnin@gmail.com

Instagram: @psicomaristelaguadagnin

11 97082 1559

Psicóloga clínica. Especialista em Psicopedagogia pelo Conselho Regional de Psicologia. Pós-graduada em Avaliação Psicológica e Psicodiagnóstico pelo Centro de Estudos e Pesquisas em Psicologia e Saúde (CEPPS). Cursa pós-graduação em Neuropsicologia - Avaliação e Reabilitação Neuropsicológica - no CBI of Miami. Atua na área clínica desde 2012, realiza atendimentos presenciais e on-line, além de orientação parental e palestras. Coautora dos livros *Gestando mães* e *Desvendando a infância - um guia prático para profissionais, pais e educadores* e dos livros *Falando abertamente sobre a adolescência* e *Filhos: o que precisamos saber?*. Autora do livro infantil *Afoito em busca da paciência*.

Dedicatória

Dedico este capítulo aos meus pais, ao meu esposo, Valmor, e aos meus amados filhos, Arthur e Gabriel.

"Coisa de mãe é ser cura
Pra aliviar qualquer dor.
Coisa de mãe é o abraço
Mais forte e mais protetor.
Coisa de mãe é cuidar,
coisa de mãe é amor."

(Bráulio Bessa)

Imagine esta cena: você precisa sair e pede para a avó ficar com seu filho durante algumas horas. Quando vai buscá-lo, ela elogia o neto e diz que ele se comportou muito bem. Você fica feliz, mas ao mesmo tempo intrigada: por que ele não se comporta dessa forma com você?. Em outro dia, você deixa novamente seu filho na casa dos avós e, ao chegar, a avó diz: "Ele estava ótimo, foi só você chegar que ele mudou".

Pronto: agora você tem certeza de que a culpa é sua e que provavelmente você faz alguma coisa "errada" na criação do seu filho para refletir esse comportamento nele. Calma: você não está sozinha nessa. Eu, você e a maioria das mães já passaram por isso em algum momento.

Antes de explicar por que essa "mudança" de comportamento acontece nos filhos, gostaria de falar um pouco sobre a nossa culpa e a nossa autocobrança. Embora os pais estejam cada dia mais participativos na vida dos filhos, o homem ainda é menos cobrado em relação ao cuidado e à criação dos filhos. Muitas pessoas ainda acreditam que cabem à mulher todos os cuidados do filho; logo, se os filhos fazem algo "inadequado", a sociedade cobra uma "atitude" das mães.

Em minha prática clínica, observo que muitas mães, para evitar o sentimento de culpa, deixam de lado suas necessidades básicas para cumprir as funções maternas e se adequar às exigências sociais. Algumas mulheres se anulam em função da maternidade, muitas vezes não querem a ajuda de outras pessoas para evitar o julgamento e as cobranças, o que muitas vezes gera frustração e tristeza, além de mais estresse.

Você já parou para pensar por que é mais fácil questionar o que achamos que estamos fazendo de errado em nossa jornada como mães do que destacar as coisas positivas que oferecemos aos filhos?

Seu filho se comporta diferente não porque você está errando na criação dele, mas porque você está construindo um vínculo muito forte com ele. Os filhos mudam o comportamento quando veem suas mães porque elas são sua zona de conforto e eles podem se "liberar", podem ser eles mesmos. Os filhos sabem que podem descarregar suas emoções e problemas, bem como suas conquistas, com sua figura de apego – geralmente sua mãe.

Conforme vários textos de estudiosos do assunto, entre eles o psicólogo, psiquiatra e psicanalista John Bowlby e o pediatra e psicanalista Donald Winnicott, é cientificamente comprovado que, na presença da mãe, os filhos encontram a segurança necessária para expor seus sentimentos e frustrações.

Para Winnicott (1979), "É provável que a capacidade de ser feliz na vida dependa de um tempo e de uma pessoa: o primeiro ano de vida e a mãe".

Apego

John Bowlby desenvolveu um trabalho pioneiro, denominado teoria do apego. De acordo com sua teoria, o apego é um processo biológico e todos os bebês nascem com um "gene de apego", que lhes permite descarregar o que é chamado de "libertação social", como chorar ou sorrir para induzir os adultos a cuidarem deles.

Bowlby relatou quatro tipos de comportamento do bebê que ele considera direcionados ao apego. São eles: sugar, chorar, sorrir e seguir; esses comportamentos contribuem para a proximidade com a mãe e, como resultado dessa combinação, para a formação do apego. As relações de apego passam a ocorrer com o propósito de garantir ao ser humano a proteção, o suporte e a segurança necessária para sua saúde mental. O apego é solidamente estabelecido depois dos seis meses de vida da criança.

Durante todo o ciclo vital, o comportamento de apego está presente em variadas intensidades e formas. Pode ter formas ativas, como procurar ou seguir o cuidador; formas aversivas, como chorar; ou pode ainda aparecer sob forma e sinais comportamentais que alertam o cuidador para o interesse de interação da criança.

Bowlby distinguiu dois tipos de fatores que podem interferir na ativação do sistema de comportamento do apego: aqueles relacionados às condições físicas e temperamentais da criança, e os relacionados às condições do ambiente. A interação entre esses dois fatores é complexa e depende, de certa forma, da estimulação do sistema de apego.

Segundo ele, a criança sente a necessidade inata de preferir uma figura principal de apego (monotropia). Embora outras figuras de apego pudessem ocorrer, para ele haveria um vínculo primário muito mais importante que qualquer outro (geralmente com a mãe). Os filhos são mais apegados à mãe por diferentes razões. Dentre essas razões estão a constante presença e a disponibilidade.

Vamos refletir!

Tente reviver alguma situação difícil que você tenha passado e tenha sido forte. Pense, por exemplo, quando seu filho nasceu, no seu puerpério, quando você perdeu o emprego, quando você perdeu alguém querido, em um processo de separação, entre tantas outras situações que a vida nos coloca. Como foi quando chegou perto da sua figura de apego, a pessoa em quem você confia? Como foi o abraço? As palavras? O choro?

Até aqui, você deve ter pensado que essa reação tinha sido o momento em que "a ficha caiu". Mas, depois de estudar mais sobre esses comportamentos, posso afirmar que não se trata de a "ficha cair", e sim de você conseguir se sentir seguro ao lado de uma determinada pessoa para demostrar suas fraquezas.

É isso o que acontece com alguns filhos que mudam seu comportamento na presença da mãe; ela ocupa a posição de figura de apego e, assim, a criança consegue ficar "relaxada" com sua presença.

"Apesar do comportamento de apego ser mais óbvio na primeira infância, ele pode ser observado durante todo o ciclo da vida, especialmente em emergências"

(BOWLBY, 1989).

O cérebro das crianças

Os primeiros três anos de vida são bastante significativos para o desenvolvimento global da criança. É nesse ínterim entre o nascimento e o terceiro ano de vida que o cérebro tem sua maior plasticidade em funcionamento.

Não podemos esquecer que as crianças não são adultos em miniatura; elas estão em desenvolvimento e ainda não possuem maturidade para racionalizar o que sentem. No caso das crianças muito pequenas, elas têm o hemisfério direito do cérebro predominante, ainda não dominam a capacidade de usar a lógica e palavras para expressar sentimentos e vivem sua vida completamente no momento.

O neuropediatra Daniel Siegel e a psicoterapeuta Tina Bryson, no livro *O cérebro da criança*, revelam, com uma linguagem simples, como o cérebro da criança funciona e nos explicam cientificamente o porquê de certos comportamentos. O livro oferece uma compreensão detalhada de como o cérebro evolui e como ele molda o comportamento e a personalidade da criança. Nosso cérebro se desenvolve de baixo para cima e de dentro para fora, passando por estágios de maturação. O cérebro da criança é altamente plástico e que as experiências da infância têm um papel crítico na modelagem das conexões cerebrais.

Uma das lições mais valiosas é a estratégia "conectar e redirecionar". Quando a criança está agitada, o primeiro passo é conectar-se emocionalmente com ela – isso acalma o cérebro e permite que o cérebro superior entre em ação. Só depois de estabelecer essa conexão é que se deve redirecionar o comportamento da criança.

É importante mencionar que o desenvolvimento da criança é determinado pelo meio ambiente em que ela se encontra, especialmente pela forma como os pais a tratam e como ela responde a eles. As crianças cujos pais são sensíveis e oferecem respostas estão capacitadas a se desenvolverem ao longo de um caminho saudável e prosperarão emocional e intelectualmente. Aquelas cujos pais são insensíveis, não oferecem respostas e são negligentes tornam-se vulneráveis a um colapso, caso se deparem com situações adversas.

> Descobertas de diversas áreas da psicologia do desenvolvimento sugerem que tudo que acontece conosco – a música que ouvimos, as pessoas que amamos, o tipo de disciplina que recebemos, as emoções que sentimos – afeta profundamente a forma que o nosso cérebro se desenvolve. Em outras palavras, acima de nossa arquitetura cerebral e de nosso temperamento inato, os pais têm muito a fazer para oferecer os tipos de experiência que ajudarão a desenvolver um cérebro mais resiliente e bem integrado (Siegel; Bryson, 2015).

Ter a informação sobre como as crianças se sentem, como elas descarregam a carga emocional que guardam inconscientemente quando estão longe e como o cérebro funciona nos ajuda a lidar melhor com esses momentos mais desafiadores.

Orientações para pais e cuidadores

- Quando dizem que seu filho estava ótimo até você chegar, não querem atacar ou culpar você por nada. Talvez só estejam buscando um jeito de tranquilizá-la e garantir que a criança ficou bem.
- Se ao chegar for recebida com choro e/ou comportamento "inadequado", tente abraçar, acolher; ainda que esteja exausta, seu filho precisa ser acolhido.
- Se você for quem "devolve" o filho para a mãe, troque o "Ele estava ótimo até você chegar" por, talvez, "Fizemos muitas coisas hoje, brincamos muito. Ele deve querer seu colo para descansar".
- Temos uma tendência a sempre achar que estamos fazendo tudo errado. Se esse sentimento aparecer, faça uma lista de todas as suas qualidades como mãe e de todos os momentos que passa com seu filho.
- Tente redirecionar o comportamento do seu filho, por exemplo, dizendo: "Vamos conversar/desenhar tudo o que você fez hoje? Mamãe adoraria escutar você!".
- Lembre-se de que você não tem culpa de nada! Seu filho está em desenvolvimento e ainda não tem maturidade para lidar com as emoções.
- É preciso coragem e conhecimento para ser mãe em um mundo com tantas cobranças.

Sim, seu filho estava ótimo até você chegar. E, não, agora não piorou. Ele só está seguro para fazer o que ele "quer", contar tudo o que aprendeu, demonstrar algumas frustrações que não demonstrou. Seu filho "relaxou" perto de você, para compartilhar suas emoções.

É muito importante notar que esse comportamento está longe de ser um sinal de que a criança está sendo mal-educada ou que você está fazendo algo errado. Pelo contrário: isso significa que a mãe criou um vínculo tão forte que a criança se sente confortável o suficiente, protegida e segura. Então, se os seus filhos têm esse tipo de comportamento, você tem todas as razões para atestar que está cumprindo seu papel de mãe.

Superdica: acolha, escute e abrace! Para seu filho, você é o porto seguro dele.

Referências

BOWLBY, J. *Uma base segura: aplicações clínicas da teoria do apego*. Porto Alegre: Artes Médicas, 1989. 202p.

DALBEM, J. X.; DELL'AGLIO, D. D. Teoria do apego: bases conceituais e desenvolvimento dos modelos internos de funcionamento. *Arquivos Brasileiros de Psicologia*, v. 57, n. 1, jun. 2005. Disponível em: <http://pepsic.bvsalud.org/scielo.php?script=sci_arttext&pid=S1809-52672005000100003>. Acesso em: 16 mar. de 2023.

SANTOS, G.; PEIXOTO, P. S. A relação mãe-bebê e a teoria do apego de John Bowlby em parceria com Mary Ainsworth frente às implicações na pós-infância e na vida adulta. *Ciências Humanas e Sociais*, v. 6, n. 2, p. 225-238, set. 2020.

SIEGEL, D. J.; BRYSON, T. P. *O cérebro da criança: 12 estratégias revolucionárias para nutrir a mente em desenvolvimento do seu filho e ajudar sua família a prosperar*. Tradução Cassia Zanon. São Paulo: nVersos, 2015.

WINNICOTT, D. W. *A criança e o seu mundo*. 5. ed. Rio de Janeiro: Zahar, 1979.

WINNICOTT, D. W. *Os bebês e suas mães*. São Paulo: Martins Fontes, 1999.

27

TRANSTORNO DISRUPTIVO DE DESREGULAÇÃO DE HUMOR E OS DESAFIOS FAMILIARES

O transtorno disruptivo de desregulação de humor (TDDH) em crianças envolve intensa desregulação emocional, expressa por irritabilidade persistente e comportamento descontrolado. A promoção da regulação emocional demanda orientação aos pais, com foco em estratégias de validação e compreensão das necessidades emocionais da criança, visando ao bem-estar familiar e ao desenvolvimento saudável.

MAURA PASTICK

Maura Pastick

Contatos
maura_pastick@hotmail.com
Instagram: @psi.maurapastick

Mãe dos amados Henrique, Rayssa e Vinícius. Pedagoga, iniciou seu percurso profissional como professora infantil e, em seguida, atuou como psicomotricista relacional na mesma instituição escolar. Sua segunda graduação foi em Psicologia Clínica pela Faculdade de Ciências Humanas de Olinda (FACHO-PE). Experiência nas áreas de educação infantil e orientação de pais na escola. Palestrante em orientação de pais e professores em escolas e universidades em Pernambuco. Treinadora parental pela psicologia positiva (profa. Fernanda Lee) e na abordagem da terapia do esquema (profa. Elaine Chagas). Atende na clínica Grupo AMAR (Recife-PE). Especialista em Terapia Cognitivo-comportamental da Infância e Adolescência pelo Instituto de Terapia Cognitivo-comportamental (InTCC Porto Alegre). Certificada internacionalmente pela plataforma digital do Positive Experience Games. Participou de cursos on-line em intervenções para os diagnósticos de transtorno do espectro autista (TEA), transtorno do déficit de atenção e hiperatividade (TDAH), transtorno opositor desafiador (TOD), ansiedade, adolescência, abuso sexual, luto e suicídio. Professora substituta no curso de Psicologia da Universidade Católica de Pernambuco (Unicap). Professora do curso Imersão TDAH 360. Coautora nos livros *Intervenções on-line e terapias cognitivo-comportamentais*, *Psicologia: como eu faço?* e do baralho *Relacionamentos*.

Dedicatória

Dedico este capítulo ao meu marido, Milton, por nossa relação amorosa e incansável companheirismo nessa missão como pais.

O transtorno disruptivo de desregulação de humor (TDDH) é caracterizado por um intenso descontrole emocional em crianças, manifestado por meio de persistente irritabilidade, agitação e comportamento extremamente descontrolado (hiper-reatividade), resultando em alterações frequentes e explosivas de raiva. É fundamental buscar intervenções adequadas para ajudar essas crianças, levando em consideração seus pais, modelos de solução de problemas e reconhecimento sobre a regulação emocional (ASSOCIATION, 2023).

A quinta edição do *Manual diagnóstico e estatístico de transtornos mentais* (DSM-5 TR, 2023) incluiu o TDDH como uma condição específica, com o objetivo de reduzir o diagnóstico de transtorno bipolar pediátrico e a exposição às medicações psicotrópicas; assim, o diagnóstico deve ser feito com cautela. As causas do TDDH não são totalmente compreendidas, mas fatores como genética, temperamento, condições mentais coexistentes, experiências na infância influenciadas pelos modelos parentais e ambiente e convívio social podem contribuir para a dificuldade na regulação emocional. A literatura indica que crianças de até sete anos não possuem sistema límbico desenvolvido para a autorregulação emocional, o que é esperado para seu desenvolvimento. Assim, o diagnóstico de TDDH abrange aspectos biológicos da desregulação emocional e tem um grande impacto na família (ASSOCIATION, 2023).

Esse transtorno é prevalente na infância, muitas vezes coexistindo com outros como depressão e transtorno opositor desafiador. O temperamento, incluindo mau humor e ansiedade, pode ser um fator de risco, assim como a falta de apoio dos pais, a hostilidade, os conflitos familiares e os problemas disciplinares escolares (ASSOCIATION, 2023).

O TDDH do DSM-5 carece de estudos empíricos. Uma pesquisa com 7.881 observações em 3.258 participantes de 2 a 17 anos estimou prevalência, comorbidade e correlatos. As taxas de TDDH variaram de 0,8 a 3,3%, sendo mais altas em pré-escolares. Co-ocorreu com transtornos psiquiátricos comuns, especialmente depressão e transtorno opositor desafiador. As crianças afetadas mostraram déficits sociais, suspensões escolares e pobreza. Critérios propostos exigem explosões frequentes (≥ 3 semanais), combinadas com humor persistentemente negativo por ≥ 12 meses antes dos 10 anos (ASSOCIATION, 2023).

A psicóloga e professora Elaine Machado Chagas, em seu livro *A supersentidora Nicole* (2023), nomeou essas crianças como "crianças com emocionalidade intensa". Aspectos biológicos, como hipersensibilidade, hiper-reatividade e dificuldade em voltar ao estado normal (basal), podem torná-las mais vulneráveis ao ambiente, enfrentando riscos no seu desenvolvimento. Essas características são diagnósticos primários e não se trata de ansiedade ou depressão, sendo importante a orientação familiar com foco na validação emocional, a fim de auxiliar no desenvolvimento e bem-estar da criança (CHAGAS, 2023a).

Diferentes abordagens na psicologia contribuem para entender e ajudar no processo de regulação emocional das crianças. Na terapia cognitivo-comportamental (TCC), a tríade cognitiva explora como a percepção de si mesmo, dos outros e do mundo/futuro afeta as emoções das crianças ansiosas. A terapia do esquema (TE) investiga as necessidades básicas e os riscos associados à falta de atendimento dessas necessidades. A psicanálise de Safatle (2017) introduz os conceitos de ambiente ideal, real e atual, influenciando a reconstrução de crenças e a busca por ambientes semelhantes no futuro. A terapia comportamental dialética (DBT) destaca-se com a teoria biossocial, a interação entre ambientes inválidos e vulnerabilidades biológicas que resulta em desregulação emocional, oferecendo três estratégias para trabalhar: validação, estratégia dialética e estratégias de mudança. A validação auxilia na regulação das emoções, funcionando como "antídoto" para os efeitos fisiológicos das emoções intensas (BECK, 2022; CHAGAS, 2023b; LINEHAN, 2017).

Após compreendermos os critérios do diagnóstico de TDDH, é fundamental oferecer orientação familiar com foco na validação. A empatia e a validação caminham juntas, sendo importante validar as emoções da criança.

Crianças com TDDH sinalizam altas sensibilidade emocional e reatividade, retorno lento ao estado basal de emoção, dificuldade em manter estabilidade na autoestima e autocorreção, dificuldade em buscar objetivos, compreender perspectivas diferentes e reconhecer os efeitos do seu próprio comportamento nos outros. Essas crianças têm dificuldade em manter vínculos profundos e duradouros com outras pessoas, além de apresentar polarização em suas relações, passando rapidamente da idealização para a desvalorização. A falta de habilidade em realizar a autorregulação nas relações interpessoais é uma característica marcante. Ambientes podem ser "gatilhos" para a desregulação emocional, tanto externos quanto internos; portanto, é necessário validar as emoções para promover a mudança (CALAZANS, 2017).

É primordial ressaltar a importância dos adultos na regulação emocional das crianças. Quando adultos são capazes de se autorregular emocionalmente, podem ensinar as crianças a fazerem o mesmo. O autoconhecimento dos pais ou cuidadores é uma das premissas da orientação familiar, para que se tornem conscientes dos seus pensamentos, comportamentos e atitudes. No entanto, quando uma criança com TDDH entra em crise e não recebe ajuda de um adulto regulado, a família pode entrar em umciclo de confusão e desregulação. Os pais de crianças com o diagnóstico de TDDH podem ter uma desregulação mais fácil do humor porque estão exaustos. Às vezes eles chegam em casa fragilizados após um dia de trabalho cansativo e estressante e, ao encontrar o filho, que pode nem ter feito nada tão inadequado, terminam desregulando em seu humor. Os pais precisam estar atentos a si mesmos, não julgar tanto ou criticar os filhos; eles devem olhar para os próprios comportamentos independentemente dos filhos. Em situações extremas, é fundamental que um adulto capacitado intervenha, regule a situação e encontre estratégias para promover a mudança (WAINER, 2016).

Como pais e cuidadores, é importante evitar invalidar as emoções das crianças, desqualificar suas experiências emocionais e interações que ativem ou reforcem a desregulação emocional. Essas ações contribuem para um ambiente invalidante. A comunicação na família deve ser consistente, entendendo e validando as respostas emocionais da criança. Equilibrar demandas e responsividade, evitar polaridades e lidar com problemas conjugais são desafios adicionais nesse processo. Os pais podem se sentir frustrados por não terem repertório para ajudar na regulação emocional dos filhos. É fundamental identificar e reconhecer que as emoções têm funções e impulsos comportamentais específicos, e que as crianças hipersensíveis podem ter dificuldade em comunicar suas necessidades. A falta de compreensão das próprias falhas pode levar a comportamentos perigosos na tentativa de se fazer entender. Os pais e cuidadores devem dedicar tempo e disposição para lidar com as emoções das crianças, a fim de evitar sobrecarga emocional. É essencial que sejam tolerantes ao desconforto emocional, entendendo que "esse desconforto" é importante para a conquista da autorregulação, embora possa causar angústia nos pais (REIS, 2019).

A estratégia de validação, desenvolvida por Marsha Linehan, é destacada na clínica de orientação parental para buscar mudanças desejadas. Apenas exigir mudanças de comportamento ou pensamento mostrou-se pouco eficaz, resultando na persistência do sofrimento das crianças, que se sentem desvalorizadas. Para equilibrar esse processo, Linehan incorporou estratégias de validação, reconhecendo que até suas tentativas de validação poderiam ser percebidas como desvalorização, dependendo do momento e da forma como são feitas, solicitando aos cuidadores uma sensibilidade empática. A prática da validação contribui para o desenvolvimento de autonomia e de identidade segura, prevenindo problemas emocionais. Na percepção da criança, quanto mais entendo a validação, mais capaz sou de me validar. A criança validada tem confiança para expressar sua verdadeira essência aos pais ou adultos, criando um ambiente de aceitação plena, sem medo de julgamentos (LINEHAN, 2017).

Estudos indicam que as experiências de vida, especialmente as interações com outras pessoas, moldam o desenvolvimento cerebral. Os relacionamentos promovem vínculos e conexões sólidas. A validação, que aprimora as trocas interpessoais, pode impactar o ambiente, embora a biologia permaneça inalterada. A validação atua como defesa contra questões biológicas, melhorando as conexões, os relacionamentos interpessoais e a capacidade de cuidar de si mesmo, contribuindo dessa maneira para melhorar o diagnóstico e prevenir resultados dramáticos no futuro (PAPALIA, 2009).

Os pais e cuidadores precisam se engajar na regulação emocional das crianças. Isso significa prestar atenção à criança, ouvir com empatia e demonstrar respeito pelo que ela está dizendo. Além disso, é importante interpretar as expressões não verbais da criança e descrevê-las, ajudando-a a se conhecer melhor e a expressar seus sentimentos, pensamentos e desejos. É fundamental também comunicar se o comportamento atual da criança faz sentido com suas experiências e com o contexto atual. Ser autêntico com a criança, praticando a autorrevelação genuína, também é essencial. Vale ressaltar que a validação não é sinônimo de amor incondicional, concordância, permissividade ou ceder às emoções das crianças. Assim, não deve ser usada sem motivo (ZAMBERLAN, 1999).

Para promover a regulação emocional e ajudar essas crianças, é fundamental que os pais recebam orientação e aprendam estratégias de validação, compreendendo as necessidades emocionais das crianças, oferecendo o necessário para sua regulação e o bem-estar da família, promovendo um desenvolvimento mais saudável para essas crianças (ASSOCIATION, 2023; CHAGAS, 2023b).

A fisiopatologia exclusiva do TDDH e sua relação com outros transtornos exigem mais pesquisa em uma futura atualização do DSM (ASSOCIATION, 2023).

Orientações para pais, cuidadores e familiares

É fundamental que os pais olhem para seus próprios comportamentos, independentemente dos comportamentos dos filhos. Precisam ter a clareza e a consciência do que estão fazendo (REIS, 2019).

É importante investigar os padrões parentais que cada pai teve na sua infância, para que possam fazer reflexões a fim de mudarem para um funcionamento parental mais adequado (REIS, 2018).

Os pais podem sistematizar momentos curtos, com brincadeiras divertidas entre os familiares. Nesses momentos, serão favorecidos materiais ou outros recursos, para que os membros possam se conectar com prazer (esses momentos podem durar 5 minutos ou mais, dependendo da disponibilidade da família) (CHAGAS, 2023b).

Construam em conjunto (pais e filhos) um quadro com o que cada membro pode participar nos afazeres da casa e/ou na rotina familiar. Devem-se determinar as regras e consequências, com limites realistas e alternativas para o autocontrole, a fim de favorecer a tolerância à frustração, a regulação emocional e, consequentemente, a validação entre a família (precisam favorecer autonomia e mais momentos de assertividade dos filhos, para que se sintam capazes e mais fortalecidos em sua autoestima) (REIS, 2019).

Se seu(sua) filho(a) tende a ter acessos de raiva em certas situações, procure criar um plano com antecedência. Retire a criança do ambiente por alguns momentos (CALAZANS, 2017).

Mantenha sua criança segura. Se ela tende a reagir fisicamente, procure manter quaisquer objetos perigosos fora de alcance (CALAZANS, 2017).

Estabeleça um momento semanal ou diário para a prática lúdica do *mindfulness* em família (desenhar ouvindo música, dançar ou cantar alguma música da preferência familiar). Nesses momentos, devem apenas ficar atentos uns aos outros, percebendo a respiração e expressões faciais e corporais entre si, se possível em local com espelho ou amplo, para que possam relaxar e sorrir, sem críticas, julgamentos ou preocupações de situações-problema. Pensar apenas na diversão daquele momento em família, nos detalhes que estão sentindo e vivenciando (RAYES, 2022).

Em situações em que mais de uma criança convive, elas geralmente passam despercebidas quando se comportam bem, mas ganham atenção especial quando se comportam mal. Isso desencoraja o bom comportamento e encoraja o mau. Interrompa essa tendência ao percebê-la e recompense as boas ações de seus filhos com atenção e elogios (RAYES, 2022; REIS, 2019).

Parabenize a criança pelas conquistas e oriente quando ela não conseguir, assegurando que são nas tentativas que treinamos para conseguirmos atingir nossas metas, superando as dificuldades e potencializando nossas habilidades (RAYES, 2022; REIS, 2019).

Segundo a professora Cristiane Rayes, em seu livro *Orientação familiar* volume 1, os pais de crianças com o diagnóstico de TDDH apresentam maiores riscos para se sentirem menos eficazes, por acharem que não estão dando conta e, com isso, podem desenvolver baixa autoestima. Se os pais estão desregulados por situações no trabalho ou em outras esferas particulares, eles se desregularão mais facilmente e terão dificuldade na relação com o filho. Não é fácil lidar com filhos que têm o diagnóstico de TDDH; pode ser um grande desafio, mas, com paciência, persistência e muito amor, terão a possibilidade de acompanhar um desenvolvimento emocional e social mais adequado nas faixas etárias que virão (RAYES, 2022).

Se seu filho apresenta sintomas de TDDH, busque investigação mais assertiva, por meio da avaliação diferencial com profissionais específicos, iniciando pelo pediatra, psiquiatras da infância, neuropediatras e neuropsicólogos. O diagnóstico envolve avaliação da saúde, descartando outros problemas, e análise dos sintomas. Médicos entrevistam a criança, os pais, cuidadores e professores, para uma compreensão mais clara do comportamento. Embora não haja escalas específicas, questionários e relatórios são utilizados para avaliar irritabilidade e agressividade intensa. Concluídas as investigações e com a certeza sobre o diagnóstico de TDDH, deve-se iniciar com urgência o tratamento, baseado em abordagens eficazes para condições semelhantes, como transtorno opositor desafiador e TDAH. A falta de pesquisas específicas torna a escolha terapêutica desafiadora. Psicoterapia, incluindo TCC, orientação e treinamento parental, é considerada primordial. Medicamentos como estimulantes, antipsicóticos, estabilizadores de humor ou antidepressivos podem ser prescritos por um psiquiatra, embora mais pesquisas sejam necessárias. Receios sobre o uso de antidepressivos ou estimulantes são ponderados, mas evidências sugerem eficácia sem indução de mania (ASSOCIATION, 2023; WAINER, 2016).

Concluo afirmando que, como os sintomas do TDDH podem causar limitações significativas na vida da criança, é importante que os pais procurem tratamento o mais rápido possível, na busca de estratégias de convivência, encorajamento e incentivo dos comportamentos positivos, quebrando a tendência de focar apenas em comportamentos negativos, promovendo a possibilidade de um ambiente positivo para lidar com os desafios do TDDH.

Superdica: ao descobrirmos que seremos pais, pensamos em tudo o que poderemos ensinar e não no que aprenderemos com nossos filhos. A parentalidade é um desdobramento diário.

Referências

AMERICAN PSYCHIATRIC ASSOCIATION. *Manual diagnóstico e estatístico de transtornos mentais*: DSM-5-TR. 5. ed. Porto Alegre: Artmed, 2023.

BECK, J. S. *Terapia cognitivo-comportamental: teoria e prática*. 3. ed. Porto Alegre: Artmed, 2022. 412p.

CALAZANS, V. *Mente impulsiva, comportamento explosivo: transtorno explosivo intermitente*. Novo Hamburgo: Sinopsys, 2017. 160p.

CHAGAS, E. M. *A supersentidora Nicole: uma história de superação e validação*. Ilustrações de Mauro Freitas. Porto Alegre: Arte em Livros, 2023a.

CHAGAS, E. M. *Programa de orientação familiar baseado na terapia do esquema: uma estratégia de intervenção e promoção de ambientes supridores*. Porto Alegre: Arte em Livros, 2023b.

LINEHAN, M. M. *Treinamento de habilidades em DBT*: *manual de terapia comportamental dialética para o terapeuta*. 2. ed. Porto Alegre: Artmed, 2017.

PAPALIA, D. E.; OLDS, S. W.; FELDMAN, R. D. *Desenvolvimento humano*. Porto Alegre: Artmed, 2009.

RAYES, C. *Orientação familiar: teoria e prática* vol. 1. São Paulo: Literare Books International, 2022.

REIS, A. H. *Histórias terapêuticas: identificando necessidades centrais e esquemas iniciais desadaptativos na infância*. Campo Grande: Episteme, 2018.

REIS, A. H. (org.). *Terapia do esquema com crianças e adolescentes: do modelo teórico à prática clínica*. Campo Grande: Episteme, 2019.

SAFATLE, V. *Introdução a Jacques Lacan*. São Paulo: Autentica Editora, 2017. 96 p.

WAINER, R. et al. (org.). *Terapia cognitiva focada em esquemas: integração em psicoterapia*. Porto Alegre: Artmed, 2016.

ZAMBERLAN, M. A. T. et al. Relações pais e filhos adolescentes e estratégias de prevenção a riscos. *Paidéia*, v. 9, n. 17, p. 35-49, dez. 1999.

28

PAIS, PREPARADORES EMOCIONAIS E ESTILOS PARENTAIS

Educar filhos não deve ser apenas formar crianças obedientes e cordatas. Faz parte do exercício parental, que objetiva preparar emocionalmente essa criança para o seu presente e futuro, estar atento a suas próprias emoções e às de seus filhos. Este capítulo apresenta possibilidades de reflexões e mudanças para quem quer tornar-se um pai preparador emocional.

MICHELE CRISTINA NOSSA

Michele Cristina Nossa

CRP 06/84051

Contatos

cognipsiservicospsi@gmail.com
Instagram: @michelenossapsi
16 99186 0947

Psicóloga formada pela Universidade Estadual Paulista (Unesp). Especialista em terapia cognitivo-comportamental (TCC) e neuropsicologia. Formações complementares em psicopatologias, obesidade e emagrecimento, parentalidade consciente e orientação familiar. Atualmente, atua como psicóloga clínica com foco em atendimentos a crianças, adolescentes e adultos, além de orientação familiar e de casais. Supervisão de casos para psicólogos que atuam com a TCC e terapias contextuais.

Vivemos uma época difícil atualmente, tanto para "ser" filho como para "ser" pai. Percebemos uma enorme mudança na natureza da infância nos últimos dez ou vinte anos. Segundo Gottman, em geral, as crianças estão mais nervosas e irritadiças, mais mal-humoradas, mais deprimidas e solitárias, mais impulsivas e desobedientes. E os pais precisam ser mais espertos para ensinar aos filhos noções emocionais e sociais básicas.

Um dos fatores que colaboram para esse cenário é a nova modalidade econômica, em que agora os pais precisam trabalhar mais do que as gerações passadas para sustentar a família – o que pode ser entendido como menos tempo livre para passar com os filhos. Cada vez mais famílias vivem longe dos parentes; pais têm medo de deixar os filhos brincarem mais livres e até irem à casa de amigos. Além disso, as crianças estão passando mais tempo diante de telas de vídeo, o que significa que não estão brincando com outras crianças.

Porém, ao longo de toda a história, foi com os pais, parentes, vizinhos e brincando com outras crianças que a criança aprendeu técnicas emocionais e sociais básicas.

Dada essa conjuntura, os pais precisam aproveitar ao máximo os preciosos momentos de convivência com seus filhos para treiná-los no exercício de habilidades socioemocionais como autoconhecimento, autorregulação, empatia, resolução de problemas, comunicação e sociabilidade.

A parentalidade acolhedora e participativa possibilita respeitar o movimento da criança que pode não corresponder às suas expectativas. É difícil acompanhar o tempo da criança. Assim, os pais precisam estar atentos ao ritmo da criança e ao seu próprio ritmo.

O objetivo principal da educação da criança não deveria ser apenas formar crianças obedientes e cordatas. A maioria dos pais almeja muito mais que isso para seus filhos. Desejam que eles sejam pessoas direitas e responsáveis, que contribuam para a sociedade; que sejam suficientemente fortes para fazerem suas próprias escolhas; que gozem o que conquistarem com o próprio talento; que aproveitem a vida e seus prazeres; que tenham bons amigos; que façam bons casamentos; que sejam bons pais (Gottman; DeClaire, 2001).

Quando os pais compreendem os filhos e os ajudam a lidar com sentimentos negativos como raiva, tristeza e medo, eles constroem elos de lealdade e afeição. Nesse contexto, embora os pais preparadores emocionais efetivamente imponham limites, a preocupação primordial não é o comportamento. Aceitação, obediência e responsabilidade vêm do amor e da ligação que a criança sente em sua família. Assim, as interações emocionais entre os membros da família passam a ser a base da transmissão de valores e da formação de pessoas corretas. A criança se comporta de acordo com padrões familiares porque seu coração lhe diz que o bom comportamento é o que se espera (Gottman; DeClaire, 2001).

A chave para o sucesso na criação de um filho não está em teorias complexas, regras familiares elaboradas, nem em fórmulas de comportamento complicadas. Ela se baseia em seus sentimentos mais profundos de amor e afeição por seu filho e é demonstrada de maneira simples por meio de empatia e compreensão. Os bons pais começam agindo com o coração, e assim continuam a cada momento, segurando os filhos quando os ânimos se exaltam, quando eles estão tristes, irritados ou com medo (Gottman; DeClaire, 2001).

Para educar bem um filho, é preciso mexer com a dimensão da emoção.

Nas últimas décadas, os pesquisadores verificaram que, mais que o quociente de inteligência (QI), a percepção emocional e a capacidade de lidar com os sentimentos são fatores que contribuem para o sucesso e a felicidade da pessoa em todos os setores da vida, inclusive o das relações familiares. Para os pais, significa perceber os sentimentos dos filhos e ser capaz de compreendê-los, tranquilizá-los e guiá-los. Para os filhos, que aprendem com seus pais como funciona a emoção, a inteligência emocional envolve a capacidade de controlar os impulsos, adiar a gratificação, motivar-se, interpretar as insinuações da sociedade e lidar com os altos e baixos da vida.

"A família é nossa primeira escola de aprendizado emocional", diz Daniel Goleman, psicólogo e autor do livro *Inteligência emocional*.

Então, quais são as atitudes parentais que fazem a diferença?

Os diferentes estilos parentais e os possíveis efeitos sobre as crianças

O ponto de partida para quem quer se tornar um pai ou mãe melhor é um exame de consciência. Avaliar o tipo de pai ou mãe que você é pode ser o primeiro passo para compreender quais mudanças de pensamentos e comportamentos são importantes para se tornar um preparador emocional.

Para essa avaliação, é importante identificar as práticas parentais que levarão à identificação do estilo parental. As práticas parentais podem desenvolver comportamentos tanto pró-sociais quanto antissociais, dependendo da frequência e intensidade com que o casal parental as utiliza. E é o resultado do uso desse conjunto de práticas educativas que se denomina estilo parental.

Os estudos de Gottman e DeClaire levaram à descrição de quatro estilos parentais que serão abordados aqui: simplistas, desaprovadores, *laissez-faire* e preparadores emocionais.

Segundo Gottman e DeClaire, o que influencia nas práticas parentais e, consequentemente, nos estilos parentais, são os seguintes fatores:

- As características individuais dos pais (psicopatologias, genética, história desenvolvimental, qualidade do relacionamento conjugal, rede de apoio e tipo de ocupação laboral).
- As características individuais da criança (temperamento, funcionamento).
- A fase do desenvolvimento e suas especificidades.
- Diferenças culturais.
- Diferentes estilos de criação.

Teste: Que tipo de pai ou mãe é você? Qual é seu estilo parental? (QR code de atividades).

O simplista

- Não dá importância aos sentimentos da criança.
- Ignora os sentimentos da criança.
- Quer que as emoções negativas da criança desapareçam logo.
- Costuma tentar distrair a criança para fazê-la esquecer as emoções.
- É capaz de ridicularizar ou fazer pouco das emoções da criança.
- Acha que os sentimentos da criança são irracionais e, portanto, não contam.
- Demonstra pouco interesse no que a criança está tentando comunicar.
- Pode ser incapaz de perceber as próprias emoções e as dos outros.
- Sente-se constrangido, assustado, ansioso, aborrecido, magoado ou espantado com as emoções da criança.
- Teme se descontrolar emocionalmente.
- Dá mais importância à superação que ao significado das emoções.
- Acha que algumas emoções são prejudiciais ou "tóxicas".
- Não sabe o que fazer com as emoções da criança.
- Vê as emoções da criança como uma exigência para "consertar" as coisas.
- Acha que as emoções "negativas" mostram que a criança está desajustada.
- Acha que as emoções "negativas" da criança depõem contra seus pais.
- Minimiza os sentimentos da criança, desmerecendo os acontecimentos que causaram a emoção.

- Não tenta resolver o problema com a criança; acha que os problemas se resolvem com o tempo.

Efeitos deste estilo sobre a criança: ela aprende que seus sentimentos são errados, impróprios, inadequados. Pode aprender que há algo intrinsecamente errado com ela por causa do que ela sente. Pode ter dificuldade em regular as próprias emoções.

O desaprovador

- Demonstra muitas das atitudes dos pais simplistas, mas de uma forma mais negativa.
- Julga e critica a expressão emocional da criança.
- Está preocupado demais com a necessidade de controlar os filhos.
- Enfatiza a obediência a bons padrões de comportamento.
- Repreende, disciplina ou castiga a criança por manifestações de emoção, esteja a criança agindo mal ou não.
- Acha que a manifestação de emoções negativas deve ter limite de tempo.
- Acha que as emoções negativas precisam ser "controladas".
- Acha que as emoções negativas refletem deficiência de caráter.
- Acha que a criança usa emoções negativas para manipular, o que provoca disputa pelo poder.
- Acha que as emoções enfraquecem as pessoas; as crianças precisam ser emocionalmente fortes para sobreviver.
- Acha que as emoções negativas são improdutivas, uma perda de tempo.
- Vê as emoções negativas (especialmente a tristeza) como um bem a ser poupado.
- Preocupa-se bastante com a obediência da criança à autoridade.

Efeitos deste estilo sobre a criança: ela aprende que seus sentimentos são errados, impróprios, inadequados. Pode aprender que há algo intrinsecamente errado com ela por causa do que ela sente. Aprendem a ser críticas em relação às próprias emoções e às do outro. Pode ter dificuldade em regular as próprias emoções.

O laissez-faire

- Aceita livremente qualquer expressão de emoção por parte da criança.
- Reconforta a criança que esteja experimentando sentimentos negativos.
- Quase não procura orientar o comportamento da criança.
- Não orienta a criança sobre suas emoções.

- É permissivo, não impõe limites.
- Não ensina à criança métodos para solucionar problemas.
- Acha que pouco se pode fazer a respeito das emoções negativas, a não ser afastá-las.
- Acha que administrar emoções negativas é uma questão de hidráulica, bastando liberar a emoção.

Efeitos deste estilo sobre a criança: ela não aprende a regular as emoções e tem dificuldade de se concentrar, de fazer amizades e de se relacionar com outras crianças.

O preparador emocional

- Vê nas emoções negativas uma oportunidade de intimidade e de agir como educador.
- É capaz de acolher uma criança triste, irritada ou assustada; não fica impaciente com a emoção.
- Percebe e valoriza as próprias emoções.
- É sensível aos estados emocionais da criança, mesmo os sutis.
- Não fica confuso nem ansioso com a expressão de emoção da criança; sabe o que precisa ser feito.
- Respeita as emoções da criança.
- Não ridiculariza nem faz pouco das emoções negativas da criança.
- Não diz como a criança deve se sentir.
- Não sente que precisa resolver todos os problemas para a criança.
- Usa os momentos de emoção para:
  – Escutar a criança.
  – Demonstrar empatia com palavras tranquilizadoras e afeição.
  – Ajudar a criança a nomear a emoção que ela está sentindo. – Orientar na regulação das emoções.
  – Impor limites e ensinar manifestações aceitáveis da emoção.
  – Ensinar técnicas de solução de problemas.

Efeitos deste estilo sobre a criança: ela aprende a confiar em sentimentos, regular as próprias emoções e resolver problemas, tem boa autoestima, facilidade de aprender e de se relacionar com as pessoas.

Mas como podemos ser pais preparadores emocionais?

Segundo Rayes, os pais precisam desenvolver o autoconhecimento e estar em sintonia com seus filhos para que possam genuinamente encontrar caminhos para educar. Esse autoconhecimento refere-se ao exercício para perceber os modelos de parentalidade aos quais esses pais foram expostos e o quanto esses modelos (padrões) estão se repetindo em suas práticas, podendo contribuir ou não na relação com seus filhos.

Além disso, é preciso estar aberto ao processo de aceitação e mudança gradual de suas práticas parentais, com o objetivo de promover as melhores condições de desenvolvimento da saúde emocional de seus filhos.

Para tanto, com o intuito de auxiliar os pais a promoverem seu autodesenvolvimento, algumas práticas são sugeridas como forma de treino para que o objetivo de se tornar um pai preparador emocional se concretize.

Orientações aos pais

A seguir, sugerem-se os cinco passos da preparação emocional. Um passo a passo para auxiliar os pais a se tornarem pais preparadores emocionais:

Passo 1: perceber as emoções da criança.
Passo 2: reconhecer a emoção como oportunidade de intimidade e orientação.
Passo 3: ouvir com empatia e legitimar os sentimentos da criança.
Passo 4: nomear e verbalizar as emoções.
Passo 5: impor limites e ajudar a criança a encontrar soluções.

Pais, sejam modelo: sejam responsivos, incentivem, brinquem, joguem.

Os pais preparadores emocionais percebem os sentimentos dos filhos. Compreendem, tranquilizam e guiam seus filhos a lidar com suas emoções. Ajudam a criança a reconhecer que as emoções não são um problema, mas sim como nos comportamos em relação a elas.

Fale tranquilamente sobre o que sente; distinga uma emoção da outra; use metáforas para expressar o que sente.

Superdica: o que a criança faz está relacionado ao que ela sente!

Referências

GOTTMAN, J.; DECLAIRE, J. *Inteligência emocional e a arte de educar nossos filhos: como aplicar os conceitos revolucionários da inteligência emocional para uma compreensão da relação entre pais e filhos*. Rio de Janeiro: Objetiva, 2001. 232p.

RAYES, C. *Orientação familiar: teoria e prática*. São Paulo: Literare Books International,2022. 304p.

29

COMUNICAÇÃO VALIDANTE
OS DESAFIOS DE UMA EDUCAÇÃO BASEADA EM RESPEITO E AMOR

A educação baseada em respeito e amor representa um paradigma vital para as relações familiares, exigindo dos pais e demais adultos de referência uma postura que equilibre afeto, limites e comunicação validante. Este capítulo propõe uma reflexão sobre como integrar esses elementos, apoiando-se em teorias psicológicas e recursos terapêuticos para oferecer uma perspectiva lúdica e prática.

MICHELE TROGLIO

Michele Troglio

Contatos
contato.dinamicart@gmail.com
Instagram: @micheletroglio
@universo.omnus
21 99852 3396

Mãe de dois filhos, Rafaella e Vitor, e casada com Cicero, família que me inspira. Sócia-diretora do Instituto de Terapia Cognitivo-Comportamental (InTCC Rio), instituto de ensino, pesquisa e atendimento individual e familiar. Especialista em orientação familiar e educação parental. Coordenadora do Núcleo de Orientação Familiar (N.O.F.) e do Grupo Omnus de Habilidades Parentais. Coordenadora do curso de especialização em Orientação Familiar e Educação Parental e da especialização em Terapia Sistêmico-cognitivo e Contextuais de Casais e Família do InTCC Rio. Sócia-diretora do Congresso Brasileiro de Terapia Cognitiva na Infância e Adolescência (ConCriArt). Autora do Programa Omnus de Habilidades Socioemocionais, coautora dos livros *Orientação familiar* vols. 1 e 2, e do *Box intenção de mãe*.

Dedicatória

Agradeço aos meus filhos e marido por desbravarem comigo as diversas rotas que a vida em família oferece e dedico este capítulo a cada pessoa que busca relações baseadas em respeito e amor.

"Constituir um ser humano, um nós, é trabalho que não dá férias nem concede descanso: haverá paredes frágeis, cálculos malfeitos, rachaduras. Quem sabe um pedaço que vai desabar. Mas se abrirão também janelas para a paisagem e varandas para o sol. O que se produzir – casa habitável ou ruína estéril – será a soma do que pensaram e pensamos de nós, quanto nos amaram e nós amamos, do que nos fizeram pensar que valemos e do que fizemos para confirmar ou mudar isso [...]."

(Lya Luft)

A constituição do ser humano é comparada por Lya Luft (2003) à construção de uma casa. Contudo, no que se refere ao homem, não há um projeto predeterminado que possa calcular e prever, claramente, como se dará sua estruturação e formação. O que pode ser usado como analogia é a importância de uma base sólida nos primeiros tempos, que são determinantes na vida do sujeito. Nesse sentido, proponho, no Programa Omnus de Habilidades Socioemocionais (2022), olharmos para nós e para as relações que estabelecemos, a partir da construção da Casinha do Respeito e da Conchinha do Amor-Próprio como figuras de linguagem apresentadas em um sistema de metáforas representativo desse universo interior em desenvolvimento, que deve ser cuidado com amor e respeito.

Originalmente, a palavra respeito – do latim *respectus* – estava ligada à ação de olhar novamente ou considerar algo cuidadosamente. Seguindo essa perspectiva etimológica, aprender a olhar novamente para si mesmo e para o outro, expressando cuidado e afeto, é fundamental para desenvolver uma consciência de interconexão e responsabilidade compartilhada com o universo que habitamos e com o que reside dentro de cada um de nós.

O respeito passa pelo reconhecimento e aceitação de cada pessoa como um ser individual, com seus próprios sentimentos e pensamentos. Esse reconhecimento não implica apenas tolerar diferenças, mas valorizá-las, preparando o ser humano em desenvolvimento para uma sociedade diversificada e inclusiva. Na prática da orientação familiar, trabalhar esse valor como "bússola orientadora" das relações é fundamental, pois, da mesma forma que a criança deve ser olhada novamente e cuidada com respeito e amor, as demais interações com os pais e outros membros da família também devem receber esse respeito. Assim, todos devem ser acolhidos em suas limitações e valorizados em suas forças pessoais, estando abertos para a metAMORfose que ocorre nas diferentes fases e caminhos ao longo dessa grande expedição que é a vida.

O amor, por sua vez, é a base que sustenta a relação entre pais e filhos. Conforme destacado por Bowlby (1990), em sua teoria sobre o apego, o amor expresso adequadamente pelos pais cria um vínculo seguro e afetivo, essencial para o desenvolvimento emocional saudável da criança, oferecendo um ambiente de segurança e confiança para seu crescimento e exploração do mundo. A presença ou a ausência de uma boa figura de ligação determina, segundo Abreu (2019), a maneira pela qual uma pessoa responderá às situações de sua vida futura. O autor enfatiza que a qualidade de vida psicológica desenvolvida por uma criança, um adolescente ou mesmo um adulto se correlacionará diretamente aos tipos de vínculos vividos por ela no início de sua vida e serão de alguma maneira mantidos durante o amadurecimento.

No que se refere aos limites, Jeffrey Young (2008) salienta a importância de estabelecer regras claras, consistentes e realistas, evitando tanto o autoritarismo quanto a permissividade excessiva. A imposição de limites deve ser feita de maneira empática, sempre explicando à criança o porquê de cada regra, mostrando que os limites são uma forma de cuidado e proteção. Estabelecer limites nas relações é um ato de amor e respeito por si e pelas pessoas que são importantes para você. Caminha (2023) destaca que a imposição do limite traz um sentimento de desagrado e tristeza e, por vezes, algum nível de desconforto ou sofrimento para os filhos. Saber suportar e lidar com essas emoções requer dos pais autoconhecimento e fortalecimento de suas habilidades emocionais e sociais.

Ao compreendermos que educar filhos não é sinônimo de promover felicidade, conforto e ausência de sofrimento e que é necessário disponibilidade, ações conscientes, empáticas e generosas, nos tornamos mais aptos para essa importante atribuição de formar pessoas emocionalmente mais saudáveis e capazes de lidar com as adversidades inerentes à vida. Para isso, é fundamental reconhecer nossas próprias limitações e vulnerabilidades na jornada da parentalidade. Compreender essa realidade é o primeiro passo para aumentar nossa tolerância às frustrações como pais e desenvolver autocompaixão diante das lacunas de conhecimentos, das falhas e dos momentos de sofrimento que fazem parte da maternidade e paternidade.

Esse processo, ao ser internalizado, contribui igualmente para o fortalecimento da compaixão pelos nossos filhos. Estabelecer relações baseadas em amor, limites e respeito é fundamental para fomentar uma comunicação validante e eficaz na dinâmica familiar. Ao praticar esses princípios, criamos um ambiente familiar em que a comunicação aberta e o respeito mútuo prosperam, estabelecendo assim um modelo saudável para nossos filhos.

A comunicação validante emerge como um elemento crucial nesse contexto. Diversos autores discutem a importância da empatia na comunicação, enfatizando a necessidade de ouvir ativamente e validar os sentimentos da criança e do adolescente. No contexto familiar, a comunicação validante transcende a mera articulação de palavras de maneira assertiva: engloba a prática de ouvir ativamente e validar os sentimentos de todos os envolvidos, ou seja, os filhos igualmente precisam ser educados para esse tipo de comunicação a partir da interlocução genuína e autêntica com os pais. Essa forma comunicativa não se limita apenas à transmissão de informações, ordens ou direcionamentos: ela se constitui em uma ferramenta essencial para estabelecer e manter a confiança, bem como para fomentar o vínculo afetivo entre pais e filhos. A escuta ativa é um componente crítico dessa prática, requerendo um engajamento genuíno e uma compreensão profunda das expressões verbais, corporais e emocionais de todos os membros da família.

Adotando as premissas da comunicação validante, os pais são encorajados a expressar suas necessidades e pensamentos de maneira clara e direta, evitando posturas agressivas ou passivas. Essa modalidade de comunicação permite uma articulação precisa de expectativas e preocupações, respeitando simultaneamente as perspectivas e experiências das crianças e adolescentes. Esse equilíbrio promove não só a clareza na troca de informações, mas também a prevenção de mal-entendidos, cultivando um ambiente de abertura, autenticidade e acolhimento.

Nesse sentido, a técnica da comunicação não violenta (CNV), proposta por Rosenberg, é particularmente efetiva em contextos de conflito. Baseada na empatia e no respeito mútuo, a CNV prioriza a expressão das necessidades individuais sem a atribuição de culpa ou julgamentos. Tal abordagem facilita a expressão de sentimentos e necessidades de maneira construtiva, propiciando a compreensão mútua e a identificação de soluções colaborativas.

O trabalho do orientador familiar é auxiliar os pais a olharem para si e desbravarem as rotas na direção de uma parentalidade mais consciente, efetiva e possível. É necessário estarmos sensíveis para as necessidades desses adultos de referência, pois em muitos momentos os pais podem se sentir sobrecarregados ao tentar equilibrar amor e disciplina, ao lidar com comportamentos desafiadores, dificuldades financeiras, questões relacionadas à saúde física ou mental ou outros fatores internos ou externos que interferem nas suas práticas parentais.

A família é o primeiro agente socializador, lugar onde as crianças começam a construir suas competências; no entanto, há pouco investimento e preparo para assumir essa responsabilidade. Poucos pais ou mães sabem por intuição como atuar diante de diferentes demandas, principalmente diante de desafios em situações atípicas do desenvolvimento, por isso é fundamental aprimorar as habilidades parentais. Programas de formação, quer para as famílias, quer para a comunidade cujos conteúdos programáticos se centrem no desenvolvimento parental, na educação para o respeito às diferenças e para a comunicação validante, são iniciativas importantes para colaborar com o objetivo de alcançarmos maior saúde emocional e fomentar relações baseadas em respeito e amor, a partir do protagonismo dos pais nessa importante missão de educar as crianças para as competências socioemocionais.

Para isso, quem resolve se dedicar à orientação familiar precisa atuar com sensibilidade, como um mediador do processo de aprendizagem que deve ser baseado na troca e construção do conhecimento com os adultos de referência, pois cada processo é único e específico e deve ser moldado de acordo com a particularidade e os valores de cada família.

Orientações para o crescimento pessoal e familiar

Muitos podem ser os desafios inerentes à implementação da comunicação validante e uma educação baseada em respeito e amor em um ambiente familiar. Para alcançar esses objetivos, se faz necessário ter paciência, dedicação, persistência e um compromisso com o desenvolvimento contínuo das habilidades parentais. Nesse contexto, é crucial explorar estratégias práticas que não só superem esses obstáculos, mas também fortaleçam a dinâmica familiar.

- **Manter a paciência**: a paciência é uma virtude indispensável na educação das crianças e adolescentes. Quando os pais se encontram em situações estressantes, é benéfico adotar técnicas de *mindfulness* ou atenção plena. Por exemplo, antes de reagir a um comportamento desafiador, pode-se fazer uma pausa consciente, respirar profundamente e refletir: essa prática ajuda a responder com calma e clareza, em vez de reagir impulsivamente indo na direção contrária aos valores de respeito e amor?
- **Lidar com comportamentos desafiadores**: comportamentos desafiadores podem ser geridos por meio da compreensão das causas subjacentes. Frequentemente, tais comportamentos são manifestações de necessidades emocionais não atendidas. Aqui, a comunicação validante é fundamental. Os pais podem se engajar em diálogos construtivos, perguntando aos filhos sobre seus sentimentos e necessidades, e oferecendo suporte para encontrar soluções juntos. Além disso, o estabelecimento de regras e limites claros, coerentes e consistentes, combinado com consequências apropriadas e previsíveis, pode ajudar a orientar as crianças sobre comportamentos aceitáveis.
- **Fortalecer a dinâmica familiar**: para fortalecer a dinâmica familiar, é importante criar um ambiente de suporte e respeito mútuo. Atividades familiares regulares, como jantares em família ou jogos de tabuleiro, podem promover a união e a comunicação. Além disso, estabelecer uma "hora da família" semanal, em que todos os membros discutem suas experiências e sentimentos, pode ser uma forma eficaz de fortalecer os laços e resolver problemas conjuntamente.
- **Relações baseadas em respeito e amor**: encontrar o equilíbrio entre estabelecer limites e demonstrar amor é um dos desafios mais significativos na educação dos filhos. Frequentemente, a dificuldade em estabelecer limites claros pode ser atribuída a várias causas. Por exemplo, alguns pais podem temer que, ao definir regras firmes, possam ser vistos de maneira negativa ou até mesmo rejeitados por seus filhos, levando a uma disciplina inconsistente. Outros podem sentir culpa, especialmente se percebem que não passam tempo suficiente com os filhos em virtude de compromissos como trabalho e, assim, evitam a imposição de limites como uma forma de compensação. Além disso, a incerteza ou a falta de confiança nas próprias habilidades parentais, frequentemente decorrentes da ausência de modelos eficazes em suas próprias infâncias, pode levar à indecisão sobre como e quando aplicar regras. Conflitos entre os pais sobre métodos disciplinares também podem enviar mensagens contraditórias às crianças, dificultando a compreensão e o respeito pelos limites. Adicionalmente, um entendimento limitado do desenvolvimento infantil pode resultar em expectativas irrealistas ou na aplicação de restrições inadequadas para a idade da criança.

Para enfrentar os desafios de uma educação consciente e promover a comunicação validante, é essencial que os pais compreendam que estabelecer limites é vivenciar na prática relações de amor e respeito. A imposição de limites, quando feita com amor e consideração, é um ato de cuidado que ensina às crianças e aos adolescentes sobre responsabilidade, resiliência, empatia, amor e respeito.

Fortaleça a sua Casinha do Respeito

Respeitar significa acolher o outro, em sua totalidade, sem julgamento. Isso não significa concordar com as atitudes tomadas pela outra pessoa. É saber se posicionar de maneira assertiva e não autoritária, em uma comunicação aberta e autêntica. O objetivo desse recurso, proposto no Programa Omnus de Habilidades Socioemocionais, é educar sobre a importância do autorrespeito e do respeito ao próximo. Acesse o QR code ao final do livro, monte o *paper toy* da sua Casinha do Respeito e lembre-se de trancar a porta para tudo o que não combina com você e com seus valores!

Utilize o Marcador da Ação Aposta

Utilize o Marcador Omnus da Ação Oposta, disponibilizado no QR code ao final do livro, como uma bússola que trará consciência sobre os caminhos que tem escolhido seguir nas suas relações familiares, avaliando se suas ações e comunicação estão levando você à edificação da sua Casinha do Respeito e proporcionando cuidado com a sua Conchinha do Amor-Próprio. Observe que, ao se distanciar dos seus valores, você acaba se aproximando de Tempestades de Dificuldades e Tsunamis de Violência. Esteja atento para redirecionar a rota sempre que necessário utilizando a comunicação validante como combustível para a construção de relações baseadas em respeito e amor.

Superdica: guie sua trajetória em direção a relações pautadas no respeito e no amor.

Referências

ABREU, N. C. *Teoria do apego: fundamentos, pesquisas e implicações clínicas.* Belo Horizonte: Artesã Editora, 2019.

BOWLBY, J. *Formação e rompimento dos laços afetivos.* São Paulo: Martins Fontes, 1990.

BOWLBY, J. *Cuidados maternos e saúde mental.* São Paulo: Martins Fontes, 1995.

LUFT, L. *Perdas e ganhos.* 11. ed. Rio de Janeiro: Record, 2003.

CAMINHA, R. *Mitos da parentalidade: livrando os pais da culpa infundada.* Porto Alegre, Artmed, 2023.

NEFF, K. ; GERMER, C. *Manual de mindfulness e autocompaixão: um guia para construir forças internas e prosperar na arte de ser seu melhor amigo.* Porto Alegre: Artmed, 2019.

ROSENBERG, M. *Criar filhos compassivamente: maternagem e paternagem na perspectiva da comunicação não violenta.* São Paulo: Palas Athena, 2019.

ROSENBERG, M. *Vivendo a comunicação não violenta: como estabelecer conexões sinceras e resolver conflitos de forma pacífica e eficaz.* Rio de Janeiro: Sextante, 2019.

TROGLIO, M. ; MORAES, F. *Omnus: atlas das competências socioemocionais.* São Paulo: Literare Books International, 2020.

TROGLIO, M. *Baralho Omnus de habilidades socioemocionais.* Porto Alegre: Arte em Livros, 2022.

TROGLIO, M. *Maleta de atividades do universo Omnus.* Porto Alegre: Arte em Livros, 2023.

YOUNG, J. et. al. *Terapia do esquema: guia de técnicas cognitivo-comportamentais inovadoras.* Porto Alegre: Artmed, 2008.

30

CONHECENDO *MINDFULNESS* COM PRÁTICAS CRIATIVAS

Este capítulo vai abordar o conhecimento sobre *mindfulness* e como podemos utilizá-lo em diversos momentos do cotidiano infantil para promover o bem-estar. O objetivo é que as crianças e seus cuidadores utilizem, de maneira criativa, essa prática, visando regular emoções e normalizar seu uso, promovendo saúde emocional. Você se aprofundará no assunto e conhecerá estratégias para o seu dia a dia.

MÔNICA VAGLIATI

Mônica Vagliati

CRP 07/12998

Contatos

moni.vagliati@hotmail.com

Facebook: Psicóloga Mônica Vagliati

Instagram: @psicologamonicavagliati

54 98115 5008

Psicóloga gaúcha formada há 19 anos. Especialização em psicoterapia cognitivo-comportamental. Especialista em infância e adolescência. Certificação como educadora parental em disciplina positiva pela Positive Discipline Association (PDA). Idealizadora, desde 2013, das Oficinas Atelier das Emoções. Idealizadora do Grupo de Recursos para Psicólogos desde 2018. Adora elaborar atividades criativas para seus pacientes e colegas psicólogos, pois o mundo fica mais mágico e divertido com criatividade. Coautora do jogo-livro *Viagem das emoções*. Coautora dos livros *Orientação familiar* volume 1 (capítulo A tristeza deve ser sentida!), *Orientação familiar* volume 2 (capítulo Vergonha: uma emoção universal), *Oficina das emoções* volume 2, *Guia prático de TCC para terapeutas de crianças e adolescentes* e *Recursos lúdicos na clínica infantojuvenil*.

Dedicatória

Dedico este capítulo ao meu marido e às minhas filhas, que a cada dia me ajudam a ser uma pessoa melhor! À minha mãe, Vera, e meu irmão, Leandro, que sempre me apoiam! Em memória de dois grandes homens da minha vida, meu pai, Ivo, e meu avô, Abílio.

Com a pandemia, nossas crianças vivenciaram tempos de incertezas; muitos modelos de fortaleza e segurança foram rompidos. Na rotina das crianças, tudo está acelerado e lotado em suas agendas, causando estresse e cansaço. Ao contrário, o parar, respirar e brincar estão quase que imperceptíveis, porém não são menos importantes! Quadros clínicos de ansiedade e depressão destacam-se com muita força e precisamos, mais do que nunca, trabalhar a inteligência emocional com o *mindfulness*.

Segundo Clarke (2021), citando Daniel Goleman, as habilidades de inteligência emocional se dividem em quatro momentos. O primeiro, entender as diferentes emoções. O segundo, perceber e expressar essas emoções, e os pais são pilares nesse processo. O terceiro é usar essas informações de modo útil, ou seja, compreender seu lado positivo e negativo. Por fim, o quarto significa administrar essas emoções e para isso contamos com práticas de *mindfulness*.

Segundo Friary (2018), *Mindfulness* (atenção plena) é a capacidade de passar mais tempo sendo presente, atento e gentil diante de situações vivenciadas. Se estamos verdadeiramente presentes, significa que podemos visualizar o que acontece no nosso corpo, cérebro e emoções. Estar totalmente presente faz que reflitamos sobre o que realmente é importante. Se estamos perdidos no passado ou futuro, o presente se torna nebuloso e insatisfatório.

Quando nossa atenção é capturada pelas telas, sentimos fortes emoções, cansaço e fome; nossa atenção tende a não se reter de maneira adequada.

Quando funciona adequadamente, podemos nos concentrar, regular e organizar. Estar presente com as emoções permite que passemos por ansiedade, medo e raiva sem desperdiçar nossa energia em pensamentos disfuncionais. Aumentamos nossa percepção de detectar as emoções desagradáveis e podemos ser sábios e flexíveis para lidar com elas. Claro que isso exige um treino diário. Vá devagar, observe mais!

Questione sua atenção diariamente. Ela está no telefone ou no seu filho querendo contar suas novidades? Onde ela está durante o seu dia? Se sua atenção está em local indevido, utilize da compaixão. Você pode ser gentil com você e redefinir a rota de maneira flexível e cuidadosa. Aprendendo a ouvir sua mente, seu coração e seu corpo, podemos trabalhar a habilidade de ser emocionalmente inteligentes. Seu cérebro e coração estão conversando o tempo todo.

Todos temos muitos pensamentos no presente, mas que podem ser bons ou ruins. Acreditamos em tudo o que pensamos, inclusive na infância; precisamos ensinar às crianças que na maioria das vezes esses pensamentos não são reais. Os pensamentos podem ser gentis ou críticos, depende da nossa relação com as evidências dos acontecimentos.

Todos sentimos muitas emoções ao longo do dia. Essas emoções podem ser agradáveis ou desagradáveis; às vezes, não nos sentimos tão bem! Precisamos entender que, mesmo assim, são necessárias para promover mudanças, coragem e mostrar que algo não está bem!

De acordo com Friary (2018), o *mindfulness* auxilia a reconhecer os sinais no corpo e a verificar a origem do aparecimento. Também nos ajuda a ver como nos relacionamos uns com os outros em momentos de estresse e angústia.

Quando a criança está feliz, conectada, estamos abertos para pensar livremente, para ouvir os outros e, principalmente, para nós mesmos. Um exemplo disso é o abraço! Promove autocompaixão, bem-estar e gentileza. Na escola, essa conexão promove um impacto positivo no desempenho, nas relações interpessoais e na saúde emocional.

Para Snel (2016), *mindfulness*, ou atenção plena, é sentir o sol na pele, sentir as lágrimas salgadas rolarem por seu rosto, sentir uma onda de insatisfação no seu corpo. Experimentar tanto alegria quanto tristeza, quando e onde aconteçam, sem ter que fazer nada a respeito, reagir ou emitir opinião. Isso exige esforço e intencionalidade.

As crianças tendem a compreender melhor o *mindfulness* quando está interligado com seu mundo. Por isso, é necessário o uso de técnicas lúdicas e criativas. Atividades relacionadas ao ver e ao sentir, ao aprendizado sensorial, facilitarão o processo.

Para ajudar uma criança desregulada emocionalmente, é preciso gentileza e gerenciamento das suas emoções. Você sabe se autorregular? Lembre-se: duas pessoas sentindo emoções desagradáveis raramente resolvem um problema.

Você precisa estar calmo e atento para ajudar a criança a retornar ao equilíbrio e, em breve, conversar sobre a situação vivenciada.

O pensamento da criança é diferente do seu, pois ela não sabe lidar com emoções difíceis e naquele momento deseja ter seu desejo atendido; o desprazer a incomoda. Vocês, pais, podem entender essa fase como uma afronta à sua parentalidade. Lembrem-se que tensão e conflitos diminuem a clareza e nos impulsionam a agir com agressividade. Utilizando o *mindfulness*, respire e se pergunte: "O que seu corpo lhe diz diante de uma birra? Você consegue pensar e agir com clareza? Sua criança também?"

O momento que a criança se comporta mal é o seu momento de se comportar bem. Nesse momento, reforçamos um comportamento gentil diante de momentos difíceis. Como adultos, podemos ser exemplos de flexibilidade e harmonia. Você precisa manter a intenção do que realmente importa no presente sem se deixar levar por emoções.

As crianças precisam sentir as emoções, mas não se deixar levar por elas. As emoções têm um tempo de duração e passam. No momento certo, proponha uma conversa sobre o ocorrido, para que ela se expresse por meio de um desenho ou com o uso de massinha de modelar.

Vamos falar sobre emoções

- **Vamos falar de tristeza**: todos a sentimos e precisamos lidar com ela! Essa emoção é vista em preto e branco pelas crianças. Sugiro utilizar mandalas para colorir, brincando de trocar pensamentos tristes por alegres por meio de nuvens cinzas *versus* brancas.
- **Vamos falar de raiva**: essa emoção reflete um senso de injustiça. Podemos construir com a criança aviões de papel e, dentro deles, desenhar ou escrever como ela se sente e o que deseja mandar para longe.
- **Vamos falar de medo**: o medo aumenta tudo sobre o que é real. Use uma lupa de detetive e investigue com atenção plena se de fato o medo da criança parece ser o que ela imagina.
- **Vamos falar de coragem**: imagine que você é um gorila forte e alto e tudo pode enfrentar! Você é um deles; nada pode temer e tudo pode enfrentar!

- **Vamos falar de ansiedade**: sentimos muitas preocupações e precisamos de um refúgio. Você pode ir para lá sempre que precisar. Desenhe ou crie em algum lugar onde estiver!
- **Vamos falar de amor**: quando você ama alguém, você oferece a sua presença. Como amar se não está lá?

Comece sendo gentil, depois oriente a situação para o melhor desfecho!

Ajude a criança a entender a diferença entre "eu preciso disso" e "eu quero isso". Gere uma conexão para refletirem sobre o quanto situações imediatistas em sua maioria não causam boas escolhas.

Utilize a comunicação amável. Seja menos reativo e mais atencioso. Você precisa estar bem para criar limites; comporte-se como a pessoa que deseja que a criança se torne. Não use culpa, vergonha ou ameaça. Quando ameaçamos, ensinamos a outra pessoa a agir da mesma forma.

Crie com a criança um lugar seguro onde ela possa regular suas emoções. É um importante combinado para a criança quando algo não está bem. É o momento de estar calmo e não de punição; incentive o descanso e a restauração. Pergunte se ela precisa de ajuda ou deseja ficar sozinha. Deixe frases e lembretes: "Tudo bem cometer um erro!" "Tudo bem se sentir frustrado!" "Tudo bem falar e aprender!" "Vamos recomeçar sempre!"

As crianças aprendem pelo exemplo! Procuram no adulto perto delas um modelo para lidar com as emoções. O que você faz importa! Pratique o *mindfulness* e regule-se primeiro. Essa prática é sobre o agora e fazer escolhas, não repetir ensinamentos do passado, como o que vivenciou com seus pais. Trata-se de uma nova construção.

Uma maneira de quebrar velhos hábitos é realizar várias pausas no seu dia. Fazer uma pausa positiva e refletir sobre o que está acontecendo no agora auxilia a desenvolver suas habilidades de inteligência emocional. Essas pausas devem acontecer no trabalho e em casa. Você precisa prestar atenção ao seu corpo, à sua mente e às suas necessidades. Você receberá informações importantes sobre seu bem-estar!

Aprenda sobre autocompaixão! Trata-se de um recurso interno que todos temos. Ela pode nos fazer mais felizes, mais resilientes do ponto de vista emocional. A maioria das pessoas tem menos compaixão com consigo mesma do que com os outros. Como ter mais compaixão? Quando as crianças estão em crescimento em um lar seguro e amoroso, elas tendem a ser mais gentis consigo mesmas. As crianças internalizam como são tratadas.

Gentileza é uma das práticas mais poderosas que podemos realizar no cotidiano. Gentileza acolhe, inclui e não julga. A gentileza faz bem a quem é gentil. Equilibra as emoções mesmo em situações difíceis. Você cresce e melhora sua qualidade de vida. Em crianças, a gentileza promove o sentimento de serem boas e se sentirem amadas. Ser gentil permite calibrar as batidas do coração.

Por fim, pratique exercícios físicos com regularidade para promover seu bem-estar! Durma bem, pois isso afeta diretamente seus relacionamentos. Conviva com amigos e familiares: esse comportamento promove a felicidade.

Vamos falar sobre as preocupações

As preocupações acometem a todos os públicos e se tornam ansiedade. Elas nos levam a sofrer por algo que não aconteceu e não tem evidências de que vá acontecer. Então, entenda: não acredite em todos os pensamentos. Você não é a soma deles. Anote e divida suas preocupações com alguém confiável.

Papais e cuidadores, este recado é importante! Resfrie quando chegar a sua hora de sentir raiva. Como? Afaste-se: sabendo que a criança não corre risco algum, direcione-se até um local da casa e respire em vez de gritar ou ter uma conduta reativa. Afastar-se quando vai perder o controle é uma estratégia inteligente.

- **Questione-se**: essa situação vivenciada é uma emergência e não darei conta ou consigo lidar de maneira plena?
- **Sacuda-se**: muitos animais e as próprias crianças fazem isso para liberar o estresse de modo intencional. A tensão se dissipa se você balançar alguma parte do corpo.
- **Respire**: respire fundo, porque você mostra ao seu corpo que está tudo sob controle, desacelerando o ritmo e criando sensação de relaxamento.
- **Peça ajuda a outro adulto**: saia da situação para se acalmar e retorne mais preparada.
- **Paciência**: o ato de se apressar é interpretado pelo sistema nervoso como ameaça e desencadeia o estresse. A prática da paciência minimiza a reatividade. É fácil falar, mas difícil realizar quando as coisas não estão reguladas. Pratique em muitas situações e, principalmente, em momentos complicados de desenvolvê-la.

Cito alguns mantras da parentalidade em busca da paciência:

- Ajudo mais a criança se estou calmo.
- Quando a criança grita, mantenho-me calmo!
- Escolho a paz.
- Cheiro a flor e sou o amor. Assopro a vela e me controlo.
- Relaxa e solte-se.
- Vai passar e respire o quando precisar!

- Seja amável.
- Descanse depois de tudo!

Atividade com adulto

• Em um passeio na natureza, procurem pedras em diferentes formatos. Nelas, desenhe rostos das diferentes emoções que costuma sentir. Quando for difícil falar de suas emoções, use uma pedra para falar por você!

• Façam juntos bolhas de sabão e respirem lentamente ao assoprar. Criem bolhas de diversos tamanhos e observem sua trajetória até o fim. Inspire e expire!

• Vá a um local externo e se sente no chão. Observe ao seu redor. Olhe as nuvens. Atente para as imagens que enxerga no céu e conte quantos de cada existem. E observe se são únicos. O que é fixo e o que se movimenta. Existem coisas bonitas de todas as formas e tamanhos. Troque essa informação com o adulto ao seu lado.

Práticas recomendadas para crianças e adolescentes

• **Mão no coração**: coloque a mão no seu coração, respire profundamente por três vezes, feche os olhos. Agora aproxime-se da criança e está pronta para resolver um conflito.

• **Chocolate quente**: inspire pelo nariz, sentindo o cheiro doce do chocolate quente, e expire pela boca como se tentasse esfriá-lo. Pense em sopas, chás, algo do cotidiano da criança.

• **Urso de pelúcia**: deite-se com a criança e juntos coloquem um urso de pelúcia na barriga de cada um. Enquanto respiram, suas barrigas ficam maiores. Expirando, as barrigas diminuem. Faça três respirações longas e completas e observe os movimentos dos bichos de pelúcia. Se o urso cair, recomece!

• **Hora de dormir – mãos no coração**: auxilia na consciência emocional e é tranquilizadora. Deite-se! Coloque as mãos no seu coração, respire profundamente por três vezes, feche os olhos. Sinta o contato da mão em cima da outra. Sinta o contato da mão com o tecido do pijama. Preste atenção ao seu coração com sua mão e conte seus batimentos. Perceba a intensidade. Apenas esteja aqui e agora com seu coração.

• **O sapo**: procure ter um sapo de pelúcia ou imagem. Sente com a criança e leia! "O sapo é uma bicho incrível. Ele dá enormes saltos, mas também consegue ficar muito quieto observando tudo ao seu redor com muita atenção e paciência. O sapo guarda sua energia em ficar quieto ao invés de se deixar levar pelas ideias que passam na sua cabeça. A barriga do sapo sobe e desce com calma. Se ele consegue fazer você também pode. Tente fazer com tranquilidade essa prática sempre que precisar!" (texto modificado do livro *Quietinho feito um sapo*).

Superdica: Coloque a mão no seu coração, se conecte sempre que precisar. Esteja em paz consigo mesma!

Referências

BRANCO, I. C. *Respira*. São Paulo: Telos, 2019.

CALAZANS, P. *Brincando de mindfulness*: *50 exercícios para praticar atenção plena com crianças*. São Paulo: Matrix, 2018.

CLARKE-FIELDS, H. *Criando bons humanos*: *mindfulness na educação de crianças confiantes e felizes*. São Paulo: Melhoramentos, 2021.

ENGEL, C. *Meu primeiro livro de mindfulness*. São Paulo: Carochinha, 2020.

FRIARY, V. *Mindfulness para crianças*. Novo Hamburgo: Sinopsys, 2018.

LIMA, M. *O borboletário da calma*. São Paulo: Skoobooks, 2022.

LINS, M.; GOMES, L. *Recursos lúdicos na clínica infantojuvenil*. Novo Hamburgo: Sinopsys, 2023.

LHULLIER, R. RUSSEL, T. *Aprendendo a amar os seus dragões*: *uma linguagem sobre emoções*. Mindfulness entre gerações. Pelotas: Ballejo, 2020.

O'LEARY, W. *Está tudo bem*: *seja gentil com você mesmo quando as coisas não dão certo*. São Paulo: Caminho Suave, 2023.

PEREIRA, A. et al. *Pedrinho e o supercalma*: *uma metáfora sobre o manejo da ansiedade*. Novo Hamburgo: Sinopsys, 2019.

SNEL, E. *Quietinho feito um sapo*: *exercícios de meditação para crianças e seus pais*. Rio de Janeiro: Rocco, 2016.

PIRODDI, C. *Meu livro de atividades mindfulness*. Happy Books, 2021.

PIRODDI, C. *Meu primeiro livro de mindfulness*. Happy Books, 2021.

RIM, S. *Respire fundo*. São Paulo: Companhia das Letrinhas, 2023.

WILLARD, C.; O'LEARY, W. *A mágica da respiração*. São Paulo: Caminho Suave, 2020.

Perspectiva. [illegible] [illegible] em [illegible]

Referências

BRAN[illegible] [illegible] Tel[illegible] 2015.

CALAVANS, P. [illegible] [illegible] 2018.

CLARE[illegible] [illegible] Paulo: Martins [illegible] 2012.

ENGEL, C. [illegible] Paulo: [illegible] 2016.

FREIRE, V. [illegible] Paulo: [illegible]

[illegible]

[illegible] [illegible] 2006.

[illegible] [illegible] 2015.

[illegible] [illegible] 2015.

[illegible] [illegible] 2016.

[illegible] 2014.

[illegible] [illegible] 2013.

RIMAS. [illegible] [illegible] 2021.

WILLIAMS, C.; QUEIROZ, W. [illegible] São Paulo: Ed., 2020.

31

FOBIA SOCIAL

Quem tem o diagnóstico do transtorno de fobia social acredita que está sendo constantemente avaliado, julgado e apontado.
A fobia social é o medo ou a ansiedade relacionada a determinadas situações sociais ou de desempenho, que frequentemente são evitadas ou suportadas com muita angústia.
Este capítulo tem o objetivo de trazer reflexões e orientar cuidadores e educadores de indivíduos com diagnóstico do referido transtorno.

MYLLENA BIHREN

Myllena Bihren

CRP 05/51513

Contatos

myllenabihren.psi@gmail.com

Instagram: @psicologamyllenabihren

21 99772 2107

Psicóloga clínica com experiência em atendimentos de crianças, adolescentes e adultos. Especialista em terapia cognitivo-comportamental (TCC). Especialista em TCC na infância e na adolescência, em psicologia positiva aplicada à saúde, educação e negócios e em desenvolvimento infantil. Formação em psicologia e psiquiatria positiva aplicada à clínica e à saúde integral. Formação em terapia comportamental dialética. Facilitadora do programa Educação Emocional Positiva. Orientadora familiar e educadora parental. Docente (cursos de extensão infantil, formação e pós-graduação) no CPAF-RJ e no PSI +. Coautora dos livros *Atividades diversas* e *O mundo da criança II*. Autora do livro *Martina, a bailarina: conversando sobre transtornos alimentares*.

Introdução

De acordo com Del Prette et al. (1998), na contemporaneidade, cada vez mais se espera que os indivíduos tenham um bom desempenho em suas tarefas, realizando-as, portanto, de maneira aceitável e bem elaborada. No entanto, esse cenário de exigências, grandes pressões e expectativas é propício ao aparecimento de transtornos de ansiedade.

A esse respeito, por exemplo, sabe-se o quanto a fobia social é um dos transtornos mentais mais prevalentes na população geral, apresentando-se indiscriminadamente com características incapacitantes nas mais diversas formas.

Uma situação bastante comum se apresenta sob a forma do medo experienciado pelo individuo quanto a ser humilhado, ou ridicularizado, pelo fato de apresentar atitudes inadequadas em situações sociais. Com isso, percebe-se que a interação social é vista como um mecanismo ameaçador se for associada a um descontrole motor observável.

O que é a fobia social?

De acordo com Caballo (2000), a fobia social surge quando o indivíduo está acompanhado de outras pessoas e aumenta com o nível de formalidade da situação social e o grau em que o indivíduo se sente exposto ao julgamento, sendo, ainda, acompanhada por um desejo de evitar a situação ou fugir dela.

Na fobia social, o indivíduo apresenta ansiedade, medo e evitação secundários às crenças negativas de avaliação em interações e situações sociais reais ou imaginárias. O medo constante e persistente de ocasiões de desempenho social, comunicação verbal ou ocasiões que envolvem a possibilidade de serem avaliados por outras pessoas, identifica e diferencia a fobia social dos demais transtornos mentais e de ansiedade. Para além, há visível sensibilidade a críticas e rejeição, excesso de preocupação com a opinião dos outros e com sua própria aparência, bem como dificuldade em ser assertivo (Caballo, 2001).

Desse modo, a fobia social é um dos transtornos mentais mais prevalentes na população geral, sendo considerada um transtorno crônico, que não apresenta remissões espontâneas, e traz perdas de oportunidades e sofrimento para seu portador (D'El Rey, 2001; Wittchen e Beloch, 1996). Inicia-se cedo, em geral na infância e na adolescência, e nessa fase sua presença não deve ser desvalorizada ou confundida com timidez.

Diferença entre fobia social e timidez

A timidez é uma característica comum na população e é utilizada para diversas situações. Normalmente acontece em determinadas fases do ciclo da vida, mais precisamente na adolescência. Ainda assim, em geral, essa vivência não interfere no desempenho social do indivíduo e não leva a evitações das situações sociais.

Pode-se considerar a timidez como uma forma moderada de fobia social, ou a própria fobia social uma forma severa de timidez. O indivíduo se sente desconfortável na presença de desconhecidos, evita o contato com eles, pensando estar sujeito a constante avaliação, e demonstrando desconfiança, o que conduz a um elevado nível de estresse, a uma limitação substancial no dia a dia e, consequentemente, a uma redução da qualidade de vida (Walsh, 2002; Cairney et al., 2007; Gren-Landell et al., 2009).

Segundo Pinto Gouveia (2000), a timidez não representa um conceito psicológico bem definido e a busca de um conceito de timidez mais rigoroso leva a que se considere uma característica de personalidade ou temperamento. Portanto, as definições normalmente utilizadas para a timidez também são características habituais dos fóbicos sociais.

De acordo com Zimbardo (1977), a timidez está associada a um espectro, em um traçado no qual, em um extremo, estão indivíduos sem qualquer alteração de estresse diante de situações sociais, e no outro estão os fóbicos sociais, vistos como pessoas com extrema timidez. Existem vantagens na timidez, pois pessoas introspectivas e discretas conseguem conservar mais sua intimidade, usufruem melhor da sua própria companhia, normalmente não incomodam ou intimidam os outros, evitam conflitos, observam, agem com cautela e são bons ouvintes.

Para Zimbardo, existem três subgrupos de tímidos: os que não receiam as interações sociais, mas preferem estar sozinhos; os que têm baixa autoconfiança, se sentem embaraçados na companhia de outras pessoas e com competências fracas; e os que manifestam preocupação com a possibilidade de agirem de maneira inadequada em situações sociais, apresentando baixa frequência de encontros sociais e autoavaliando seu comportamento social. Tal constatação é compatível com a noção de que a timidez é uma circunstância subclínica e um traço de personalidade normal, não patológico (Heiser et al., 2009).

Outra perspectiva aponta que essas duas circunstâncias se sobrepõem, com a timidez apresentando um conceito mais ampliado; logo, essas duas condições são diferentes em diversos aspectos mais do apenas em intensidade e grau. Isto é, mesmo que ambas estejam relacionadas, a maior parte dos indivíduos considerados tímidos não tem critérios para fobia social (Heiser et al., 2003) e vários autores consideram a timidez um traço de personalidade que não deve ser confundido com a fobia social (Stein, 1996).

Fato é que na timidez não há prejuízo severo no desempenho social dos indivíduos, já que conseguem focar a atenção na tarefa social em vez dos fóbicos sociais, que tendem a focar a atenção em si mesmos, controlando seus comportamentos de ansiedade e seu desempenho, que sofre prejuízo severo. Assim sendo, a timidez por si só não é patológica e sim um traço de personalidade, de modo que é até avaliada positivamente em algumas sociedades. Contudo, quando existe um efeito adverso significativo no funcionamento profissional, social ou em outras áreas importantes na vida do indivíduo, um diagnóstico de transtorno de fobia social deve ser considerado e, quando satisfeitos todos os critérios para o transtorno de fobia social, o transtorno deve ser diagnosticado e tratado.

Sabe-se que educar crianças e adolescentes é uma árdua tarefa e que não existem manuais prontos, menos ainda regras e passo a passo. Desse modo, apesar de existirem diversas estratégias generalistas, defende-se que é necessário ter um olhar individual e qualificado para cada caso, dado que cada ser humano é único, dotado de particularidades, potencialidades e vulnerabilidades.

Segundo os princípios da orientação familiar, o autoconhecimento da família implica seu desenvolvimento como um todo, trazendo a possibilidade de reflexão, conscientização e mudanças comportamentais, tanto em caráter preventivo quanto de intervenção nas dificuldades já presentes. Concede conhecimentos sobre o desenvolvimento, manejos e tipos de enfrentamentos das situações (Rayes, 2022, p. 9-10).

Conclui-se que a orientação familiar e o treinamento parental nesses casos são voltados para cuidadores, buscando orientá-los sobre como lidar melhor com as crianças e adolescentes diagnosticados com fobia social, com vistas a auxiliá-los a se desenvolverem da maneira mais adequada e se tornarem adultos mais responsáveis e funcionais, ou seja, protagonistas de sua própria vida.

Orientações aos familiares

Quando um indivíduo enfrenta esse desafio, é importante que os familiares estejam cientes e compreendam a situação para poderem oferecer o suporte adequado.

É importante lembrar que cada pessoa é única e as estratégias podem variar de acordo com a gravidade da fobia e as necessidades específicas do indivíduo. Aqui estão algumas orientações sobre como lidar com a fobia social:

1. **Eduque-se sobre a fobia social**: busque informações confiáveis sobre o transtorno, suas causas, sintomas e tratamentos disponíveis. Isso o ajudará a entender melhor o problema e como poderá apoiá-lo.
2. **Esteja disponível para conversar**: demonstre interesse e abertura para ouvir as preocupações do indivíduo. Permita que ele se sinta confortável em compartilhar suas experiências e emoções relacionadas às situações sociais temidas.
3. **Seja compreensivo e não julgue**: certifique-se de que a pessoa saiba que você está disponível, independentemente de suas dificuldades. É importante que você não minimize os sentimentos do outro ou os julgue. Mostre empatia e compreensão certificando-se de que não que há culpa ou vergonha em ter fobia social.
4. **Busque ajuda profissional**: a fobia social é uma condição que pode ser tratada com terapia e, em alguns casos, medicação. Consulte um psicólogo ou psiquiatra especializado.
5. **Encoraje a prática de habilidades sociais**: ajude o indivíduo a desenvolver habilidades sociais básicas o ensinando e praticando técnicas de comunicação, como manter contato visual, iniciar e manter conversas ou trabalhar em equipe, como fazer amigos e como lidar com conflitos.
6. **Estabeleça uma rotina de apoio**: crie uma rotina que inclua momentos de relaxamento e atividades que ajudem o indivíduo a se sentir mais confortável e confiante. Isso pode incluir exercícios de respiração, técnicas de relaxamento ou atividades de que goste e se sinta bem fazendo.
7. **Incentive a participação em atividades sociais**: estimule atividades que envolvam interação social. Isso ajudará o indivíduo a treinar e desenvolver habilidades sociais.
8. **Estabeleça metas realistas**: defina metas pequenas e alcançáveis em relação aos enfrentamentos da fobia social. Por exemplo, participar de

um evento social por um curto período ou conversar com um novo colega de classe.

9. **Aceitação do tempo necessário**: reconheça que a superação da fobia social é um processo gradual, que leva tempo: é um passo por vez.

10. **Celebre as conquistas**: reconheça e elogie as pequenas conquistas. Isso reforçará sua confiança e motivação para superar.

Orientações aos professores

Os indivíduos que sofrem de fobia social necessitam de compreensão, paciência e apoio por parte dos professores, portanto:

1. **Esteja atento aos sinais**: observe se existe comportamentos de isolamento, ansiedade, timidez extrema ou dificuldade em interagir com os colegas.
2. **Crie um ambiente acolhedor**: estabeleça uma atmosfera de apoio e compreensão em sua sala de aula. Demonstre empatia e encoraje a participação de todos os alunos, respeitando seu ritmo.
3. **Comunique-se com os pais**: mantenha uma comunicação aberta com os pais dos alunos que sofrem de fobia social. Eles podem fornecer informações adicionais e sugestões para ajudá-lo a melhor atender às necessidades dos alunos.
4. **Desenvolva atividades de grupo inclusivas**: promova atividades que permitam que os alunos interajam de modo gradual e confortável. Comece com atividades em pares ou grupos pequenos e, aos poucos, aumente a complexidade e o número de participantes.
5. **Estimule a autoconfiança**: elogie e reforce as conquistas dos alunos, mesmo que sejam pequenas. Isso ajudará a aumentar sua autoestima e confiança em suas habilidades sociais.
6. **Incentive a participação gradual em situações sociais**: ajude os alunos a enfrentarem seus medos, encorajando-os a participar de maneira gradual e progressiva. Estabeleça metas realistas e ofereça suporte durante essas experiências.
7. **Ofereça suporte individualizado**: converse individualmente com os alunos que sofrem de fobia social para entender melhor suas preocupações e medos. Ouça atentamente e valide seus sentimentos, mostrando apoio e compreensão. Isso permitirá que você ofereça suporte personalizado e estratégias adaptadas às demandas do indivíduo.

Superdica: lembre-se de que cada indivíduo é único e que o suporte e a compreensão dos cuidadores são fundamentais para a superação da fobia social.

Referências

CABALLO, V. E. *Manual de avaliação e treinamento das habilidades sociais.* São Paulo: Santos, 2003.

CAIRNEY, J. et al. Developmental coordination disorder and reported enjoyment of physical education in children. *European Physical Education Review*, v. 13, n. 1, p. 81-98, 2007.

DEL PRETTE, Z. A. P. et al. Análise de um Inventário de Habilidades Sociais (IHS) em uma amostra de universitários. *Psicologia: Teoria e Pesquisa*, v. 14, n. 3, p. 219-228, 1998.

D'EL REY, G. J. F. Fobia social: mais do que uma simples timidez. *Arquivos de Ciências da Saúde da Unipar*, v. 5, n. 3, p. 273-276, 2001.

DEN BOER, J. Social phobia: epidemiology, recognition and treatment. *British Medical Journal*, v. 315, n. 7111, p. 796-800, 1997.

GREN-LANDELL M., et al. Social phobia in Swedish adolescents. *Social Psychiatry and Psychiatric Epidemiology*, v. 44, p. 1-7, 2009.

HEISER, N. et al. Shyness: relationship to social phobia and other psychiatric disorders. *Behaviour Research and Therapy*, v. 41, n. 2, p. 209-221, 2003.

HEISER, N. et al. Differentiating social phobia from shyness. *Journal of Anxiety Disorders*, v. 23, n. 4, p. 469-476, 2009.

PINTO GOUVEIA, J. *Ansiedade social: da timidez à fobia social.* Coimbra: Quarteto Editora, 2000.

RAYES, C. (coord.). *Orientação familiar: teoria e prática* vol. 2. São Paulo: Literare Books International, 2022. p. 9-10.

STEIN, M. How shy is too shy? *Lancet*, v. 347, n. 9009, p. 1131-1132, 1996.

STEIN, M. et al. Paroxetine treatment of generalized social phobia: a randomized controlled trial. *JAMA*, v. 280, n. 8, p. 708-713, 1998.

WALSH, J. Shyness and social phobia: a social work perspective on a problem in living. *Health & Social Work*, v. 27, n. 2, p. 137-144, 2002.

WITTCHEN, H. U.; BELOCH, E. The impact of social phobia on quality of life. *International Clinical Psychopharmacology*, v. 11, supl 3, p. 15-23, 1996.

ZIMBARDO, P. *Shyness: what it is, what to do about it.* New York: Symphony Press, 1977.

WITTCHEN, H. U. et al. Social fears and social phobia in a community sample of adolescents and young adults: prevalence risk factors and comorbidity. *Psychological Medicine*, v. 29, n. 2, p. 309-323, 1999.

32

MÃES NARCISISTAS

Negligência, traumas, um *self* corrompido, uma busca incessante para se sentir suficiente, aceita nas relações, sentindo raiva e tristeza sobre você. O objetivo deste capítulo é compreender a constituição da mãe narcisista a fim de ajudar você a se proteger, acolher seu eu valioso e começar a busca pelo seu amor-próprio. Desejo que o conhecimento ajude você no processo de cura.

OLIVIA WEBER

Olivia Weber

CRP 12/10141

Contatos

oliviapsi.weber@gmail.com
Instagram: @psioliviaweber
48 99972 7253

Mãe da Livia e esposa do meu amor. Psicóloga clínica há 13 anos, atendendo crianças, adolescentes, adultos, casais e orientação familiar no sul de Santa Catarina e pelo mundo. Graduada em Psicologia em 2011. Formação em Psicologia Jurídica em 2012, especialista em Terapia Cognitivo-comportamental em 2016 e em Orientação Familiar e Educação Parental em 2022 pelo Instituto de Terapia Cognitivo-comportamental (InTCC Rio). Acredito que precisamos conscientizar o cuidado da saúde mental dos adultos para exercerem a parentalidade com responsabilidade e amor, diminuindo, assim, o impacto na saúde das crianças, que são o futuro da nação.

Teríamos um mundo mais saudável se todos os pais e mães exercessem sua parentalidade com afeto e responsabilidade. Infelizmente não é nossa realidade: muitas mães não amam seus filhos, pois eles existem em sua vida para suprir um desejo próprio com interesse no seu egocentrismo, como se o filho fosse um troféu para ela exibir para os outros e se sentir aceita na sociedade. Assim, ela se comporta de maneira grandiosa, negligenciando as necessidades da criança.

Nos dias atuais, muito se ouve falar sobre o termo narcisista; dá a sensação de que todos são vistos como um. Aquela pessoa egoísta, autocentrada, que só pensa em seu benefício, que se preocupa em atingir a imagem perfeita para ter reconhecimento, *status* ou ser invejada pelos outros.

Inicio este aprofundamento no assunto falando sobre o narcisismo saudável, como um conjunto de características do indivíduo que, na medida certa, se torna saudável para o indivíduo e para a sociedade. É aquela pessoa que busca reconhecimento com o objetivo de contribuir com o outro, com o mundo e consigo mesma. De acordo com Behary (2023), eles expressam alguns traços com intensidade: são persistentes, empáticos, engajados, líderes, seguros de si, determinados, confrontadores e temerosos, buscam reconhecimento; são pessoas de sucesso que fazem a diferença. Por mais narcisistas como esses no mundo!

Mas, por meio deste capítulo, venho trazer conhecimento do narcisista patológico, em especial a mãe narcisista, aquela de que se tem o desejo de ficar longe, porém os filhos sentem culpa, aquela cujo modo de ser autocentrado desqualifica, intimida e amedronta os que estão por perto. Esse perfil de mãe coloca em risco sua maternidade e, principalmente, a saúde psicológica e emocional dos seus filhos.

O transtorno de personalidade narcisista

Conforme avançar na leitura deste capítulo, tenho certeza de que você identificará alguma pessoa que conhece com esses critérios diagnósticos. De acordo com a quinta edição do *Manual diagnóstico e estatístico de transtornos mentais* (DSM-5), é o indivíduo que apresenta comportamento ou fantasia como padrão de grandiosidade, necessidade de ser admirado, falta de empatia que surge no início da vida adulta, se comporta ou se sente assim em vários contextos da sua vida.

Além disso, o narcisista se sente importante, espera que o reconheçam como alguém especial, tudo o que ele faz é melhor, mais interessante, busca por um sucesso que muitas vezes ele fantasia, quer ter um poder ilimitado, se aproveita disso para diminuir o outro, pois o importante é ele ter seu brilho. Tem a sensação de que tem mais direitos que os demais e que merece ser tratado de modo especial de acordo com suas expectativas. Usa o outro para tirar suas próprias vantagens, é invejoso e acredita que os outros o invejam. Tem comportamentos arrogantes.

Vamos imaginar que somos um tanque de gasolina. Nossa gasolina é a autoestima, que é a capacidade de eu me sentir capaz. Precisamos dela para acordar, trabalhar, produzir e exercer nossas funções de seres humanos de maneira saudável, fazendo nossa vida ter sentido. O narcisista tem um déficit na sua autoestima: ele sente um vazio interno, é depressivo, busca essas validações externas para se sentir capaz de... fazer sua vida valer a pena. Usa estratégias para não acessar suas vulnerabilidades, não se conecta com suas emoções, não se importa de machucar o outro, ofender, desmerecer: o importante é ele brilhar, ser o centro das atenções, ser o mais lindo, o único e exclusivo e merecedor de toda atenção e sucesso. Dessa forma, ele se sente no controle como se tivesse autoestima.

O transtorno de personalidade narcisista é um espectro e, assim como os outros transtornos, varia a intensidade que cada indivíduo sente e se comporta.

Como é a mãe narcisista?

Para os outros, ela quer demonstrar que é perfeita, porém está longe de ser uma mãe afetiva que se importa com seu filho. O íntimo da rotina familiar gira em torno do que é melhor para ela, para se sentir autossuficiente.

A mãe narcisista usa o título de mãe para ter poder sobre seu filho, colocando suas necessidades sempre em primeiro lugar. Sua fala é incontestável e ela usa de ameaça para defender o que pensa, inferiorizando o outro. É a senhora sabe-tudo e nunca se engana. Magoa-se com a filha facilmente, colocando-se como vítima; suas vontades é que importam. Além disso, seu humor se desregula rapidamente como um furacão, fazendo o filho duvidar do que ele precisa ou acredita. Por não sentir empatia pelo outro, subestima o sofrimento ou dor da filha, não a acolhendo e validando quando necessita, distanciando-se emocionalmente. Só reconhece seus sentimentos e o outro é responsável em satisfazê-la na maioria das vezes.

A mãe narcisista é negligente, mas não abandona seu filho fisicamente, pois ela o vê como seu instrumento para chegar aonde precisa. Quando é autoritária e o filho a obedece, se sente grandiosa, cheia de si; assim, acaba sendo codependente dessa relação não por amor, mas para alimentar seu ego. Socialmente, passa a imagem de ser uma pessoa equilibrada e acredita que, tendo filhos, será incluída mais facilmente nas relações sociais.

Elas não combinam com a maternidade, são cheias de "mimimi": "Ai, vai sujar", "Vai dar trabalho". Desregulam-se emocionalmente com facilidade quando a filha suja sua roupa, ou a casa tem muitas regras para situações que fazem parte da fase de desenvolvimento esperada do filho. Conforme Caminha (2023), ninguém é melhor ou pior que ninguém por ter filhos; você não é obrigada a isso. Deixo como sugestão a leitura do livro *Cabe um filho na sua vida?* Você terá muita clareza sobre esse assunto.

E quando essa mãe tem mais de um filho, conforme Engelke (2017), ela escolherá seu filho dourado, o aliado que será visto como exemplo de perfeição, o protegido e que fará de tudo para sua mãe, se sentindo dependente dessa relação. Na maioria das vezes, o filho é do sexo masculino e, se tiver uma filha, a mãe projetará nela todo seu vazio e raiva, como estratégia para causar discórdia entre os filhos. O amor e a admiração da mãe são simulados para servir a seus interesses. A filha se percebe que não é o suficiente; é solitária e criticada, e dificilmente terá uma relação afetiva com seu irmão, pois ele passa a acreditar que ela tem ciúmes dele, construindo-se narcisista como sua mãe. Os comportamentos, falas, atitudes e frieza causam traumas nos filhos. É uma missão impossível agradar a mãe narcisista.

Esse modelo de relacionamento faz que os filhos possam desenvolver traços de narcisismo ao longo de suas vidas se não tiverem suas necessidades atendidas por outro familiar ou adulto de referência. Eles carregam a genética dessa mãe além do trauma relacional e do desenvolvimento.

Não tenha muita esperança de que essa mãe buscará ajuda profissional para ser diferente. Nos consultórios de psicologia e psiquiatria, é o perfil que menos aparece para tratamento, exceto quando está perdendo algo que corre o risco de expor sua vulnerabilidade ou o quanto se sente vazia.

Como a filha dessa mãe se sente?

Tem a filha que já percebeu que a relação com sua mãe é tóxica e a raiva a fez se afastar de sua mãe, porém sente culpa, pois aprendeu na sociedade que toda mãe é mãe e tudo o que ela faz é para o bem. Tem a filha que não tomou consciência do porquê sente tanta culpa e é incapaz de ficar longe da relação com sua mãe, uma relação dependente e mesquinha. Uma vez que, para a mãe, a filha é importante se servir a ela, de tanto ouvir que não é capaz e não faz nada direito, tem dificuldade em saber quem realmente é, inconscientemente acredita no que a mãe fala e continua vivendo a vida que a mãe quer que ela viva.

A filha sente responsabilidade por como sua mãe se sente, tem dificuldade em confiar nos outros e se ver como mulher adulta, sente-se eternamente impotente e culpada por não ser amada pela sua mãe, não consegue ser ouvida, normaliza seu sofrimento, usa do senso comum para se convencer das suas responsabilidades como filha, tem medo de cometer erros e ser criticada, desconfia dos méritos do seu sucesso profissional e as necessidades dos outros estão à frente das suas.

Na maior parte do tempo essa filha sente que não é o suficiente: nas relações, no trabalho, na maternidade, no casamento e com ela mesma. Vive em uma busca eterna por querer ser importante para alguém, mas ela não consegue nem sequer se reconhecer como importante para si mesma, em uma eterna busca por validação dos outros.

Quando a filha se afasta da mãe, inicia a vingança materna; ela se coloca na postura de vítima e faz questão de avisar toda a família sobre a quebra da relação, apontando a frieza e a insensibilidade por não valorizar sua família, expondo a filha como ingrata e egoísta por estar pensando "só nela". Como pode se afastar de uma "mãe tão dedicada"? Visto que essa mãe se mostra manipuladora para defender seu ego, ela mente, distorce a realidade, faz o que for preciso para ser a toda-poderosa.

A filha da mãe narcisista tem uma grande probabilidade de sofrer de depressão, transtornos ansiosos e sintomas do transtorno de estresse pós-traumático.

- Não ataque, nem ameace ou exija algo, pois isso faz que ela se inflame do seu amor pela disputa.
- Dê limite e faça valer o limite nessa relação.
- Use a confrontação empática para estabelecer limites. Exemplo: eu entendo que você faz o seu melhor para mim, mas se você continuar deixando a mim e a meus irmãos sozinhos enquanto vai nas suas festas, alguém pode denunciá-la para o serviço social.
- Dependendo da intensidade dos comportamentos narcisistas e da dor que você sente em relação a sua mãe, afaste-se dela. Em casos graves, não haverá mudança. Priorize-se.
- Busque ajuda de um psicólogo especialista no assunto para lhe acolher e receber validação de sua história. A terapia do trauma EMDR (do inglês *eye movement desensitization and reprocessing,* dessensibilização e reprocessamento dos movimentos dos olhos) tem obtido sucesso nesses casos.

Superdica: só o amor-próprio pode curar você.

Referências

AMERICAN PSYCHIATRIC ASSOCIATION (APA). *Manual diagnóstico e estatístico de transtornos mentais:* DSM-5. Porto Alegre: Artmed, 2014.

BEHARY, W. T. *Desarmando o narcisista: sobrevivendo e prosperando com o egocêntrico*. Novo Hamburgo: Sinopsys, 2023.

CAMINHA, R. M. *Cabe um filho na sua vida?* Porto Alegre: Arte em Livros, 2023.

ENGELKE, M. *Filhas de mães narcisistas: conhecimento cura.* Edição digital. 2017.

33

EU ME TORNEI MADRASTA, E AGORA?

Ser madrasta é uma jornada repleta de desafios, mas também de oportunidades incríveis para o crescimento e o desenvolvimento de um vínculo amoroso. Por vezes, muitas mulheres podem se sentir inseguras ao assumir esse papel, mas com acolhimento e carinho mútuo entre madrasta e enteado, o amor é cultivado. Neste capítulo, explorarei um breve histórico sobre o conceito da madrasta, os possíveis desafios enfrentados e como superar obstáculos a fim de construir uma relação parental afetiva e efetiva.

PATRÍCIA BRAGA

Patrícia Braga

CRP 05/29754

Contatos

bragapac@gmail.com

Instagram: @patriciaacbraga

21 99736 9806

Psicóloga graduada pela Universidade Federal Fluminense (UFF/RJ) em 2002, com prática clínica há mais de 20 anos, atendendo crianças, adolescentes e famílias. Especialista em saúde mental infantojuvenil. Neuropsicóloga. Terapeuta cognitivo-comportamental e sistêmica. Orientadora familiar e educadora parental. Terapeuta EMDR. Membro da Associação de Terapia de Família do Rio de Janeiro (ATF-RJ) e Associação Brasileira de Terapia de Família (ABRATEF). Casada, madrasta de três e mãe de dois.

A partir do século XIII, surge o conceito de madrasta como a mulher do pai, dentro de um contexto de viuvez. Apropriando do fato, os contos de fadas começaram a surgir enfatizando os estereótipos da "madrasta má". Essa figura era retratada como alguém que competia com seu enteado, nutria inveja, disputava o afeto do marido com seus filhos, prejudicando-os. Até hoje, isso se perpetua com representações populares em livros, desenhos e novelas evidenciando uma imagem negativa da madrasta. Contudo, a realidade vem se distanciando dessa representação, mostrando que a madrasta pode amar, educar e cuidar com afeto de uma criança, mesmo que não a tenha gerado.

Recentemente, essas mulheres vêm ganhando voz na sociedade, porque se recusaram a serem tachadas de maneira preconceituosa. A prova disso foi a conquista da retirada do significado pejorativo da palavra madrasta no Google, por meio de petição feita em junho de 2023 pelo movimento Somos Madrastas.

Segundo essa atualização, a palavra madrasta passa a ter o significado de "mulher em relação aos filhos anteriores da pessoa com quem passa a constituir sociedade conjugal". Sua origem se inicia com o significado: *madrasta* "mulher do pai", do latim *māter, -tris* ("mãe"), perdendo o sentido pejorativo de "mulher má, incapaz de sentimentos afetuosos e amigáveis".

Entretanto, ainda há um longo caminho a percorrer para a mudança de mentalidade de toda uma sociedade que por tanto tempo depreciava o "ser madrasta".

Divórcio e recasamento pelo contexto da madrasta

O divórcio e o recasamento são eventos significativos que podem impactar profundamente a criança, conforme abordado pela teoria do apego de Bowlby (McGoldrick; Carter, 2005; Dantas et al., 2019). O apego seguro aos pais, caracterizado por cuidado, empatia e resposta sensível às necessidades da criança, cria um ambiente ideal para o desenvolvimento de habilidades socioemocionais, como a preocupação empática, a capacidade de resposta, a tomada de perspectiva sensível e a resolução de conflitos.

Segundo Bowlby, a base do desenvolvimento da personalidade e da saúde mental está enraizada na qualidade das relações que a criança tem com seus cuidadores nos primeiros anos de vida. Portanto, é essencial proporcionar um ambiente caloroso e íntimo, independentemente das circunstâncias familiares, para garantir um desenvolvimento saudável e equilibrado. O apoio à criança durante o processo de divórcio e recasamento desempenha um papel crucial na construção de relacionamentos sólidos e no fortalecimento de sua saúde mental a longo prazo.

> Existem muitas evidências de que os seres humanos de todas as idades serão mais felizes e mais capazes de desenvolver seus talentos quando estiverem seguros de que, por trás deles, existe uma ou mais pessoas que virão em sua ajuda caso surjam dificuldades (BOWLBY, 1989).

Em vista disso, não existe uma nova reconfiguração familiar se não houver a aceitação de uma parentalidade *a priori*. Nesse caso, os filhos vieram primeiro e precisam ser aceitos e – por que não? – amados pela madrasta.

Vale lembrar que se tornar madrasta é uma escolha que implica prós e contras. Portanto, cabe à adulta responsável estar ciente que, ao decidir "ganhar" esse título, alguns desafios estão por vir. Entretanto, a busca por um vínculo afetivo com seu enteado é de extrema importância para a construção de um ambiente familiar saudável.

É importante ressaltar que os filhos estarão sempre no lugar de filhos. Dessa forma, a inserção da madrasta na reconfiguração familiar deve ser compreendida como uma figura parental que não vem ocupar o lugar da mãe, tampouco competir com seu enteado. Sendo assim, essa mulher deve participar da vida de seu enteado com o compromisso de amar, acolher, educar e vibrar com todas as conquistas deles, respeitando sempre a figura materna.

Desafios em ser madrasta

Para entender melhor as madrastas, foram entrevistadas cerca de 80 mulheres que atuam nesse papel, com idades entre 22 e 57 anos. As principais questões apontadas foram: qual é o lugar e a função da madrasta no contexto familiar? Existe espaço para exercer a parentalidade? Há apoio e uma abertura para construir uma maternagem com a criança? Como é o relacionamento com a mãe e a consequência dessa relação com a criança?

No que tange aos gráficos da pesquisa, segundo as entrevistadas, sobre a mediação de conflitos entre madrasta e enteado, 48,8% lidam muito bem e conseguem remediar conflitos; 28,7% lidam bem, interferindo quando necessário; 11,3% lidam de maneira mediana, levando as questões para os genitores; 2% não lidam bem com a situações conflitantes; e 10% não se envolvem, deixando para os pais resolverem os conflitos. No que diz respeito ao apoio da família em permitir que a madrasta possa "maternar", 59,5% receberam apoio e 40,5% das entrevistadas não receberam esse apoio (pesquisa disponível pelo QR code ao final do livro).

Como observado, há uma disposição das madrastas em estabelecer vínculos e cuidar dos filhos de seu cônjuge. Assim, na nova dinâmica familiar, ela assume o papel de mais uma cuidadora responsável, auxiliando e dando suporte aos pais.

Algumas afirmativas das entrevistadas a seguir trazem a reflexão sobre o desafio do papel da madrasta:

"Os estereótipos... julgamentos e medo! Por exemplo, se eu estiver sozinha com ele e ele cair? E se machucar? Eu sou a madrasta, o que pra sociedade é ser a malvada que vai prejudicar a criança." (35 anos, madrasta há 4 anos).

- O medo e a insegurança são emoções que permeiam as relações, em especial as que envolvem cuidado e a responsabilidade com o outro; portanto, cabe à madrasta estar ciente de que está fazendo o seu melhor e não se preocupar com o julgamento alheio.

"Educar o pai (marido) sobre seu papel de pai na educação do ser que colocou no mundo, no sentido de dar limites e regras. Ele sempre foi muito permissivo e fazê-lo entender que isso é ruim pra criança, que ele não é amiguinho da filha e sim adulto responsável por educar e meu papel não é ser tia recreativa, foi uma construção desafiadora. Em outra frente, o ciúme da enteada em relação ao pai, o não entendimento dela sobre o lugar de filha geram constantes conflitos na convivência." (45 anos, madrasta há 2 anos).

- É importante que os cuidadores exerçam seu papel com afetividade e limite em equilíbrio. Além disso, delimitar o lugar de cada um nas relações familiares diminui a possibilidade de uma competição entre madrasta e enteada na reconfiguração familiar.

"São muitos. Um é que, antes de eu ser madrasta, não tinha certeza se um dia ia querer ser mãe, quanto mais ser madrasta, criar o filho de outra pessoa. Então o primeiro desafio foi o de lidar com a existência de uma criança na minha vida, na minha intimidade, com regularidade etc." (35 anos, madrasta há 5 anos e meio).

- Encarar uma conjugalidade com uma parentalidade *a priori* é um grande desafio que requer tempo e paciência para adaptação.

"Por muitas vezes tenho medo de amar meu enteado e a mãe achar que quero tomar o lugar dela. Eu vivo nesse conflito comigo e tratando em terapia, principalmente depois que ela parou de dar aprovação, quando não quis mais falar comigo." (33 anos, madrasta há 3 anos).

- Quando se trata de criança, é importante que ela esteja em um terreno seguro, com amor e cuidado. Assim, a madrasta deve estar ciente de que está fazendo o seu melhor, independentemente da validação do outro.

"A relação com a família paterna, a invisibilidade do meu papel na vida dessa criança, ciúmes de avós, tios. Eles não entendem como eu posso amar alguém que não nasceu de mim..." (42 anos, madrasta há 9 anos).

- É natural que a atenção e o reconhecimento sejam direcionados aos pais biológicos e seus filhos. No entanto, acolher genuinamente seu enteado faz com que, aos poucos, seu lugar possa ser estabelecido na reconfiguração familiar.

Tendo em vista as informações levantadas, compreende-se que há muitas madrastas que se recusam a adotar o estereótipo da "bruxa má" e de falas depreciativas. Pelo contrário, é notável que essas mulheres abraçam a oportunidade de nutrir e cuidar de seu enteado, recebendo-o com carinho e afeto. Todavia, infelizmente algumas não conseguem ter sucesso ou a oportunidade de exercer sua função, pois encontram grandes obstáculos, tanto com a criança, quanto com seus genitores.

Vale mencionar que, ao escolher se tornar madrasta, essa decisão não vem com um manual de instruções sobre como lidar com a criança. Portanto, o primeiro desafio a encarar geralmente envolve compreender a criança e aprender como estabelecer uma relação com ela. É essencial reconhecer que a madrasta não busca ocupar o lugar da mãe, nem deseja afastar o filho de seu pai. Em vez disso, seu papel é de orientação e cuidado em relação à criança. Desenvolver vínculos entre elas torna-se crucial para desempenhar efetivamente o seu papel. Ademais, é fundamental comunicar aos pais a verdadeira função da madrasta e sua contribuição para a família. Cultivar um relacionamento positivo com a mãe da criança é outro aspecto importante para exercer a "madrastidade" de modo eficaz.

Por outro lado, a madrasta também enfrenta suas próprias pressões internas, se adaptando ao processo de se integrar a uma nova família. Isso ocorre porque seu sucesso e aceitação na família não dependem apenas do seu esforço, mas também de todo o histórico familiar no qual ela está inserida. Isso significa que, muitas vezes, durante esse processo, ela precisa lidar com situações difíceis, mudar mentalidades e buscar validação dos outros. Infelizmente, isso pode ser bastante exaustivo, pois a madrasta não tem espaço para expressar cansaço ou desabafar sem o risco de ser julgada e rotulada como má. Lamentavelmente, a sociedade muitas vezes está pronta para estigmatizá-la como a "vilã da história".

São grandes desafios, mas com afetividade e paciência entre ela e os membros da família, é viável construir um vínculo forte e equilibrado.

Madrasta também educa

Muitos mitos e crenças equivocadas frequentemente transformam a figura da madrasta em um obstáculo na vida da criança. Há algumas questões que podem dificultar o agir do papel da madrasta, por exemplo:

- **Competição entre os pais**: acontece em um contexto em que os pais não resolveram suas antigas pendências que deveriam ter sido solucionadas no divórcio. Então, com a entrada de uma nova figura no quadro familiar, pode haver mais conflitos.
- **Ciúmes da mãe**: nesse contexto, a mãe tem receio de se sentir excluída da vida do filho ou ser substituída por uma nova figura materna, criando assim um grande obstáculo para o relacionamento entre madrasta e enteado(a).
- **Falta de iniciativa e incentivo por parte do pai**: no caso de o pai ser permissivo ou autoritário, ele pode acabar atrapalhando ou minando o vínculo do seu filho com a madrasta.
- **Preconceito em relação à família paterna**: a família paterna pode ter uma dificuldade em aceitar uma nova mulher na vida do pai, às vezes pelo vínculo com a mãe ou por preconceito em ter que lidar com uma "estranha" na família.

De acordo com a pesquisa realizada, muitas mulheres que enfrentam essas situações são as que mais se dedicam a estudar sobre parentalidade consciente, possuindo uma perspectiva externa sobre a criação e educação da criança. Como resultado, ela pode oferecer novos métodos e abordagens que beneficiam tanto os pais quanto os filhos, contribuindo para o desenvolvimento de uma parentalidade saudável.

É fato que a criança só tem a ganhar quando há uma parceria entre os adultos responsáveis pela sua educação. Infelizmente, a realidade tem se revelado desafiadora para muitas madrastas, seja por questões familiares ou pela ausência de uma parentalidade consciente.

Contudo, graças ao progresso na educação parental e à crescente conscientização na sociedade sobre o papel da madrasta nas famílias, essa figura tem se transformado em uma aliada significativa na formação dos filhos de seu cônjuge, tornando-se mais um adulto responsável na rede de apoio familiar.

Orientações para pais e filhos

Para mães:

- Busque autoconhecimento para estar resolvida em relação ao pai da criança.
- Procure se relacionar com a madrasta, pelo bem da criança em questão.
- Escuta ativa e compreensão na hora de entender como seu filho se sente em relação à madrasta e, caso haja uma relação de afeto e cuidado, não a impeça.
- As questões relacionadas ao seu filho precisam ser resolvidas entre os adultos responsáveis, poupando, assim, a criança.
- Não fale mal do genitor nem da madrasta para seu filho, pois isso pode atrapalhar o relacionamento da criança com os cuidadores da outra casa.

Para pais:

- Entenda que sua atual parceira está se esforçando para criar um vínculo com seu filho e, por isso, sempre que puder, fortaleça essa relação.
- Escute sua parceira quando ela vier trazer alguma questão relacionada a seu filho, entenda a situação e converse com ambos.
- Lembre-se de que sua atual parceira está em um processo interno para assumir o papel de madrasta e às vezes isso leva algum tempo, portanto tenha paciência.
- Construa junto com sua parceira as regras da sua casa.
- Ouça sua parceira quando ela abordar uma orientação em relação à criança; caso for viável, converse com a mãe e, se possível, aceite a sugestão.

Para madrastas:

- Vínculos são construções que levam tempo. Não se desespere ou se entristeça caso ainda não consiga criar uma conexão com seu enteado.
- Compreenda qual era a situação familiar dessa família para que, se possível, possa ajudar a criança e os pais a terem uma relação saudável.
- A criança que passa por uma situação de recasamento pode apresentar questões que afetem sua saúde mental. Se esse for o caso, acolha e sugira um acompanhamento profissional.
- No caso de conflitos com o enteado, tenha paciência e saiba ponderar a situação presente.
- Busque seu próprio lugar na família e não dispute o lugar com a mãe.
- Se possível, tente ter um diálogo e uma boa relação com os pais.
- Alinhe-se aos pais para educar essa criança, afinal ela se beneficia por ganhar mais um adulto responsável na sua rede de apoio.

Para enteados:

- Busque ter uma relação amigável com sua madrasta e respeite-a como adulta responsável.
- Compreenda que a mulher do seu pai não está ali para ocupar o lugar da sua mãe.
- Escute o que a madrasta tem a dizer; muitas vezes ela, como adulta responsável, pode mostrar o que é melhor para você.
- Se ela quiser te ajudar, deixe-a.
- Entenda como funciona a dinâmica na casa do seu pai e também respeite isso, mesmo se for diferente da casa da sua mãe.
- Compreenda que criar um vínculo de afeto com a sua madrasta não vai anular seu vínculo com sua mãe.

Superdica: o amor não depende de laço sanguíneo, mas de acolhimento e cuidado. Adote seu enteado como filho.

Referências

ALVES, A. P.; ARPINI, D. M. O recasamento: *o papel da madrasta e sua relação com os enteados. Contextos Clínicos*, v. 10, n. 2, p. 185-196, 2017.

BOWLBY, J. *Uma base segura: aplicações clínicas da teoria do apego*. Porto Alegre: Artes Médicas, 1989.

COPPOLA, H. D. L. N. *(Con)Vivendo com mães e madrastas: o encontro de papéis sob a percepção do(a) filho(a)*. 2018. 156f. Dissertação (Mestrado em Psicologia) – Programa de Estudos Pós-Graduados em Psicologia: Psicologia Clínica, Pontifícia Universidade Católica de São Paulo, São Paulo, 2018.

DANTAS, C. R. T. et al. Repercussões da parentalidade na conjugalidade do casal recasado: revelações das madrastas. *Psicologia: Teoria e Pesquisa*, v. 35, E3545, 2019.

McGOLDRICK, M.; CARTER, B. *Remarried families. The expanded family life cycle: Individual, family, and social perspectives.* USA: Pearson, 2005.

34

CONECTANDO E CONSTRUINDO POSSIBILIDADES

BRINCAR DE LEGO NA LUDOTERAPIA

Reflexão de Donald Woods Winnicott: "É no brincar, e somente no brincar, que o indivíduo, criança ou adulto, pode ser criativo e utilizar sua personalidade integral: e é somente sendo criativo que o indivíduo descobre o EU". E se o psicólogo, além de sua escuta, saber clínico e ludicidade, tivesse como recurso um brinquedo que, por si só, é também estimulante e terapêutico? Vem comigo...

RENÉ SCHUBERT

René Schubert

CRP 06/65624

Contatos

http://reneschubert.blogspot.com/

rene.schubert@gmail.com

Psicólogo, psicanalista, facilitador em constelação familiar, programação neurolinguística, hipnoterapia, terapia em EMDR, *brainspotting*, *coaching* e terapias breves. Atua, desde 2001, no atendimento de crianças e adultos. Palestrante. Docente. Tradutor e intérprete (alemão e inglês). Livros: *Toques na alma*; *Constelação familiar: impressa no corpo, na alma, no destino*; *Direito 4.0*; *Práticas sistêmicas na solução de conflito*; *Visão sistêmica e a ética*; *Um amor azul*; *Orientação familiar* vol. 2 (Literare Books, 2023); entre outros.

Dedicatória

Dedico este capítulo aos meus clientes que, pacientes, contribuíram para meu crescimento e amadurecimento, ampliando minhas habilidades de escuta, presença e acompanhamento!

O brincar com Lego marcou minha infância. Lembro-me que estava presente desde o começo em minhas brincadeiras. Pedia ao meu pai para construir aviões, castelos ou figuras, personagens da minha infância. Aos poucos, observando e seguindo os manuais, fui aprendendo a construir os modelos e ampliar os cenários sobre minha cama ou pelo quarto. Cadeiras e mesas se tornavam planícies, e cidades de Lego surgiam em diferentes lugares do quarto. Antes mesmo de lançarem os bonecos do universo Marvel ou super-heróis, pintei um deles como com tinta acrílica e fiz o meu predileto, o Homem-Aranha. Assim, fui acompanhado por esse brinquedo e me conectei com amigos que partilhavam da mesma paixão. Gostava dos cenários medievais, mas um amigo meu gostava do Lego cidade, e outro do Lego astronautas. Será que poderíamos fazer o cenário do Asterix e Obelix? E do filme *Alien*? Poderíamos reproduzir personagens dos videogames, *Super Mario, Street Fighter, Zelda*? Sim, tudo era possível – bastava ter imaginação, criatividade e peças – tudo poderia ser modelado, adaptado, inventado, criado.

Ou seja, a Lego, com seu sistema e lógica, ensinou-me limites e possibilidades. Permitiu-me aprender com a frustração e raiva – pois as peças são bem resistentes e pacientes – com sua flexibilidade e variedade. Até hoje me encanto com a constante inovação e diversidade que seguem surgindo nas caixas e universos disponibilizados pela Lego. Universos no sentido das adaptações de videogames, filmes, personagens, mundos... o que abre um leque amplo para nossa prática de consultório e os múltiplos interesses de nossos clientes infantis.

Comecei minha prática em consultório em 2001. Tinha uma caixa lúdica como a que aprendíamos a montar na faculdade de psicologia e, no meu caso, tinha também uma caixa de Duplo e outra de Lego. Desde o começo percebi que as crianças compartilhavam o interesse e a curiosidade pelas peças multicoloridas e tridimensionais do Lego. Questionavam o que podia ser feito ou ficavam admiradas pelo fato de quebrar, desmontar, destruir e poder remontar e reconstruir, de outras formas, com outras cores, de outros jeitos.

Em recente apresentação em um congresso, descrevi que utilizo o Lego em meu consultório principalmente no psicodiagnóstico e na ludoterapia. Há algo no Lego que sempre atraía a criança mais do que aos outros brinquedos; talvez as cores, as formas, a possibilidade de organização, segmentação, sistematização – para em seguida, por meio da vinculação, conexão e troca, seguir para algo mais terapêutico: construir cenas, criar e relacionar personagens, nomear emoções e crenças (Schubert, 2022).

Foi pesquisando e viajando que descobri que usar o Lego como recurso facilitador para a terapia com crianças já era algo há muito tempo utilizado por psicoterapeutas, educadores, comunicadores e empresários mundo afora. A própria empresa Lego tem todo um segmento voltado para educação e recurso terapêutico. E os resultados dessa abordagem são amplos e frutíferos para pais, educadores, terapeutas e, claro, para as crianças – incluo as crianças interiores em todos nós adultos!

Breve histórico do brinquedo Lego

Criado na Dinamarca pelo marceneiro Ole Kirk Christiansen, em 1934, o *Leg Godt*, mundialmente conhecido como Lego, significa “brincar bem” em dinamarquês ou “eu junto – eu uno” em latim. O Lego foi projetado pelos seus criadores para ser um sistema de brincar – em vez de fazer brinquedos prontos para crianças, construíram algo que fortalecesse a imaginação e a criatividade.

O Lego é um brinquedo cujo conceito original se baseia em um sistema patenteado de peças de plástico que se encaixam, permitindo inúmeras combinações. Seu conjunto de montagem é a partir da construção manual por encaixe, sem a utilização de colas. Considerado um brinquedo educativo, desenvolve a imaginação, criatividade, coordenação motora, o raciocínio logico, pensamento espacial e noções de profundidade e tridimensionalidade.

O Lego é mais do que um simples brinquedo; ele estimula o desenvolvimento de habilidades motoras finas, coordenação olho-mão e pensamento espacial. Além disso, a natureza versátil das peças do Lego incentiva a criatividade e a imaginação, fatores essenciais para o crescimento cognitivo e emocional saudável das crianças (Fonseca, 2023).

No final dos anos 1990, o Lego tornou-se um dos brinquedos mais populares do mundo, e muitas crianças e adultos buscam seus variados modelos para brincar e se divertir.

O início da terapia baseada em Lego

"Você pode construir qualquer coisa com Lego nos dias atuais", segundo o neuropsicólogo Daniel LeGoff, que publicou a primeira pesquisa sobre a terapia baseada em Lego no ano de 2004. O autor aplica o Lego como ferramenta para construir habilidades sociais e autoestima em crianças com transtorno do espectro autista. Para ele, em seu *workshop* sobre terapia Lego, o objetivo é aprender, entender, divertir-se e conectar-se. Há pesquisas disponíveis sobre a efetividade da terapia com Lego na Austrália, Estados Unidos, Reino Unido, Canadá e América Latina.

As pesquisas provaram que a terapia de Lego pode ser utilizada para fins educacionais, terapêuticos, comunicacionais, motores, em hospitais, em comunidades como escoteiros ou bibliotecários, no meio organizacional como treinamento de equipes, na resolução de conflitos, com crianças não verbais, com crianças com dificuldade de identidade sexual, no trabalho de habilidades socioemocionais, estímulo à imaginação e criatividade, citando apenas algumas possibilidades como exemplo.

Daniel LeGoff, no decorrer de suas pesquisas, criou o modelo Club Lego, no qual diversas crianças brincam juntas, buscando alcançar um objetivo comum utilizando e construindo com o Lego. Esses grupos têm regras e formas de autorregulação que são estabelecidas entre os jovens e o psicoterapeuta, que acompanha e faz a mediação da atividade quando necessário. Exemplos: "Vamos seguir o manual do Lego"; "Vamos criar um modelo juntos"; "Vamos fazer um filme *stop motion*"; "Vamos criar regras de troca, comunicação, limites e de convivência".

De maneira conclusiva, os resultados da pesquisa apoiam o uso do Lego como um meio terapêutico para melhorar a competência social em crianças com transtornos do espectro autista. Os materiais se prestam bem a uma variedade de estratégias de intervenção, e o interesse inerente em brincar com eles aumenta fortemente a disposição dos clientes de se envolver em atividades terapêuticas e de envolver tanto o terapeuta quanto os pares em tarefas conjuntas (LeGoff, 2019).

Múltiplas possibilidades terapêutico-educacionais

Vários profissionais das áreas da saúde e educação, em suas pesquisas, reforçam o uso do brincar com Lego pela promoção da linguagem, aprendizagem, cognição, socialização, motricidade e criatividade. Também é usado como ferramenta para trabalhar concentração, disciplina, emoções, qualidade de vínculos e desenvolvimento da tolerância à frustração, com crianças de modo geral.

As crianças se divertem e ampliam suas habilidades sociais, motoras e de linguagem. São estimuladas a persistir, a se dedicar e se divertir aprendendo e se desenvolvendo socialmente (Gomez, 2011).

Como colocado de maneira clara pelo jovem Connor Ward (2018), em seu canal no YouTube: "Lego tem regras, Lego precisa seguir certas posições, não pode ir diagonalmente, não gruda, mas, seguindo estas regras, você pode criar o que você quiser criar. Se você falhar construindo algo, você pode construir algo mais simples".

Como apontado por Ramalho e Sarmento (2019), este método de intervenção favorece a estimulação das funções neuropsicológicas: "A Lego Terapia tem sido estudada por ser uma intervenção que favorece a motivação, a interação e o trabalho conjunto a partir de um material que permite uma variedade de estratégias".

No Brasil, temos o trabalho da psicóloga e psicopedagoga Karina Fonseca, que aponta os benefícios do brincar com Lego pela estimulação da aprendizagem, comunicação, concentração, motricidade e criatividade. Benefícios para o neurodesenvolvimento socioemocional de crianças da educação infantil e ensino fundamental, assim como para crianças com transtorno do espectro autista, transtorno de hiperatividade e déficit de atenção, por exemplo.

> A abordagem Lego Terapia baseia-se na ideia de que as crianças podem se comunicar e expressar seus sentimentos, pensamentos e desafios por meio da construção e manipulação de peças. Isso permite uma forma não verbal de expressão, muitas vezes menos intimidante do que a comunicação verbal direta. A terapia aproveita a natureza lúdica e criativa destas peças de montar para criar um ambiente seguro e facilitar a interação entre terapeuta e cliente (FONSECA, 2023).

Temos também, voltado ao mundo adulto e corporativo, o Lego Serious Play. Desenvolvido na Dinamarca pela própria empresa Lego, os blocos de montar são utilizados por grupos de pessoas para contar e compartilhar histórias em modelos 3D de pensamento. Aplicado atualmente em mais de 100 países a partir de oficinas vivenciais, é um recurso que facilita, entre outros: a construção de modelos aplicados a marcas; inovação; resolução de problemas; simulação de situações e desafios; *design thinking*; gamificação; mapeamento e construção de estratégias; treinamento e interação de equipes; melhoria na comunicação e estímulo da criatividade.

Segundo a publicação de minhas impressões na prática de consultório,

> [...] percebo o brincar, jogar, montar, construir com o brinquedo Lego como ferramenta conectiva e divertida tanto para o ludodiagnóstico como para a ludoterapia, nos atendimentos individuais e em grupo. Como psicoterapeuta busco sempre focar nas potencialidades e habilidades dos clientes. O foco é exatamente a potencialidade da criança, independente do diagnóstico (Schubert, 2023).

Para as crianças, durante a avaliação psicodiagnóstica, ter a possibilidade de explorar a caixa lúdica e encontrar diversos brinquedos, entre eles o Lego, abre opções para elas demonstrarem como se vinculam, se comunicam e trocam. O brinquedo Lego tem vários níveis de dificuldade e desafio, e isso traz muitas respostas e opções de avaliação e verificação para o psicoterapeuta: desde a nomeação e identificação de formas e cores às dificuldades ou facilidades em manipular as peças, os blocos, as temáticas sugeridas pela criança, os personagens selecionados e pedidos, a construção de cenários, os detalhes e o fluxo das histórias contadas e que vão surgindo no decorrer da brincadeira. A criança aprende brincando e brincando demonstra como aprendeu e quais suas limitações, seus interesses e potencialidades.

Para o psicoterapeuta, com seu olhar clínico, a forma do brincar e as habilidades, dificuldades e conflitos aparentes ou latentes direcionam para hipóteses diagnósticas, estratégias de atendimento e quais qualidades neurocognitivas e socioemocionais estão presentes ou ausentes, quais podem ser favorecidas ou não por essa abordagem e a forma de construir mundos de possibilidades comunicacionais e relacionais.

No decorrer de suas pesquisas, Daniel LeGoff percebeu que a atividade com o Clube Lego não ficou restrita ao consultório; pais e filhos começaram a criar clubes em outros locais para se conectar, comunicar, brincar em conjunto. Adultos e crianças se divertindo, interagindo e construindo Lego foram transportados da sala de terapia para eventos sociais, escolas, bibliotecas, parques, shopping centers e instituições sociais.

Vale a pena os pais adquirirem modelos Lego com temáticas e personagens da preferência dos filhos e, juntos, ao final do dia ou no fim de semana, se dedicarem a construção, troca e diversão proporcionada por esse brincar. Eles podem estabelecer desafios, regras e possibilidades, brincando com Lego ou junto com outros brinquedos. Talvez com a ajuda do terapeuta recebam dicas e orientações sobre como escutar e lidar com essa linguagem das crianças, que é o brincar.

Esta imagem ilustra um pouco o que fazemos em sessão brincando com Lego:

Preparamos o local; espalhamos as peças; as identificamos, diferenciamos, nomeamos e organizamos; planejamos; debatemos; construímos; reavaliamos; criamos; significamos e ressignificamos; contamos histórias ou atuamos na fantasia, no "faz de conta", na ficção; relacionamos as construções umas com as outras; fazemos cenários e roteiros; nos divertimos!

Assim, considero o Lego um fantástico representante lúdico da realidade adulta humana, um aliado para auxiliar a criança a fazer a transição do mundo e imaginário infantil para o mundo e a realidade adulta – compreendê-los, expressá-los. Aprender, por meio do brincar, limites e amplitudes, tanto de si como do outro.

Por meio do lúdico nos conectamos, incluímos, trabalhamos e aprimoramos habilidades e recursos motores, cognitivos, de linguagem, vínculos e trocas relacionais!

Superdica: forneça os meios e o espaço e deixe a criança livre para observar, expressar e criar.

Referências

CUTAIT, M. *Workshop Metodologia Lego Serious Play*. I Capital Humano, 2020.

FONSECA, K. *Apostila capacitação e aperfeiçoamento em terapia baseada em Lego*. Ello Cursos Psicologia, 2023.

FREITAS, M. Bate-papo Dr. Daniel LeGoff. [*S. l.: s. n.*], 2023. 1 vídeo (2h10 min). Disponível em: <https://www.youtube.com/watch?v=2wJMyUzqRDg>. Acesso em: 20 mar. de 2024.

GOMEZ, G. Lego therapy. [*S. l.: s. n.*], 2011. 1 vídeo (2 min). Disponível em: <https://www.youtube.com/watch?v=1SVqfOSSzjs>. Acesso em: 20 mar. de 2024.

LEGOFF, D. B. et al. *Terapia baseada em Lego: como construir competência social por meio de clubes baseados em Lego para crianças com autismo e/ou condições relacionadas*. Goiânia: IEAC, 2018.

LEGOFF, D. B. *Workshop introdutório de terapia baseada em Lego*. São Paulo: Instituto de Educação e Análise do Comportamento, 2019.

RAMALHO, N. C. P.; SARMENTO, S. M. S. A Lego terapia como método de intervenção nas desordens do transtorno do espectro autista: uma revisão integrativa. *Revista CEFAC*, v. 21, n. 2, 2019.

SCHUBERT, R. A história do Lego – genialidade, criatividade, ludicidade e sucesso. [*S. l.*: *s. n.*], 2020. 1 vídeo (15 min). Disponível em: <https://youtu.be/Wih3NK2z_0I?si=v-PsgZzj5S3bJzuI>. Acesso em: 20 mar. de 2024.

SCHUBERT, R. Case study: Floating Harbor syndrome and/or Pellitier--Leisti syndrome. *Journal of Medical and Research Neurology and Psychology*, v. 4, n. 1, 2021.

SCHUBERT, R. *O brinquedo Lego como alternativa terapêutica no tratamento de crianças com espectro autista*. Apresentado como conferência no 6º Congresso Brasileiro de Psicologia: Ciência e Profissão, em São Paulo, 13 novembro de 2022.

SCHUBERT, R. Construindo pontes, cenários, mundos de possibilidades: o uso do Lego como recurso terapêutico com crianças. In: MARTINS. N.; OLIVEIRA, V. (coord.). *Um amor azul*: *os desafios e os caminhos para lidar com a pessoa autista*. São Paulo: Conquista, 2023.

WARD, C. Why do so many autistic people love Lego? [*S. l.*: *s. n.*], 2018. 1 vídeo (5 min). Disponível em: <https://www.youtube.com/watch?v=6poMypvIJmU>. Acesso em: 20 mar. de 2024.

35

AMBIENTE FAMILIAR COMO POTÊNCIA NA ESTIMULAÇÃO DO DESENVOLVIMENTO INFANTIL

Neste capítulo, será abordada a importância do ambiente familiar como local de estimulação para o desenvolvimento infantil.

ROBERTA ALONSO

Roberta Alonso
CRP 06/84705

Contatos
www.ecoandopsicologia.com.br
ecoandopsicologia@gmail.com
11 99321 5533

Psicóloga graduada pela Universidade São Judas Tadeu (USJT). Especialista em terapia cognitivo-comportamental e neuropsicologia. Autora do livro infantil *Pó de sim* e coautora dos livros *Manual da infância: os desafios dos pais*, *Disciplina e afeto* e *Orientação familiar* volume 2. Apaixonada por desenvolvimento humano, atuou na área corporativa com foco em carreiras, voltada para primeiro emprego, estágios e *trainees* de grandes corporações nacionais e multinacionais. Nos últimos anos, passou a se dedicar à carreira clínica, com supervisão, atendimento de crianças, adolescentes e suas famílias, o que demandou vários cursos nessa área, como o de Desenvolvimento Infantil pelo CBI of Miami, Engajamento Parental pela Universidade de Harvard e Certificação em Disciplina Positiva pela Positive Discipline Association (PDA, EUA). Entusiasta da educação e da ciência, dedicando-se também à docência superior. Acredita que esse é o único caminho para a mobilidade social, que pode desenvolver o potencial humano e gerar uma sociedade mais justa e empática. Escolheu trabalhar com infância para apoiar as crianças nesse caminho desde cedo.

O início de um processo terapêutico para uma criança é sempre um marco na família. A entrevista inicial, a anamnese, carrega informações preciosas e isso não diz respeito apenas à queixa, mas também a um histórico de manejo sem resultados, o que pode colocar os cuidadores em frustração. Geralmente nessa entrevista captamos as tentativas que a família usou para lidar com os comportamentos disfuncionais, os impactos que a queixa traz e as expectativas sobre o tratamento.

É muito comum perceber que as expectativas são diretamente relacionadas à melhora do sintoma, o qual, a partir de então, será tratado em ambiente próprio e conduzido por alguém que é conhecedor das técnicas mais adequadas. Muitas vezes, essa expectativa é dita nas entrelinhas.

Ultimamente, vemos crescer os estudos sobre parentalidade, programas de orientação de pais, cuidadores e assuntos relacionados ao tema. Ainda bem que estamos a nos beneficiar da ciência para apoiar esse campo, pois as mudanças sociais inauguraram demandas antes desconhecidas e é necessário nos ajustarmos e respondermos a elas. Um exemplo disso é a inserção da mulher no mercado de trabalho, alterando a maternidade em tempo integral. Hoje é possível termos na mesma família modelos diferentes de maternagem em constante convivência, com suas diferenças e conflitos, quando os cuidados com as crianças são compartilhados.

Cada vez mais temos noção de que estamos em um momento inédito no mundo e precisamos aprender para só então lidar com demandas para as quais não fomos preparados. Esse "preparo" tem trazido à luz discussões sobre temas diversos, incluindo saúde mental, o que foi potencializado durante a pandemia de covid-19.

A ciência acelerou-se na busca de respostas e a sociedade interessou-se em conhecer mais sobre suas dificuldades. Conhecer-se também implica saber sobre nossas potencialidades, quais são as nossas forças e como podemos usá-las para o alcance de nossos objetivos.

Outra mudança a que estamos submetidos diariamente é o avanço tecnológico, seus ganhos e prejuízos. A tecnologia surge e otimiza o tempo, ao mesmo tempo que vivemos o paradoxo de sentir que sucumbimos a uma correria, com uma agenda cada vez mais cheia e a sensação de que precisamos de mais tempo para concluir nossas tarefas.

Na minha experiência clínica, não é raro orientar famílias que se queixam da falta de tempo com seus filhos. Relatam trabalhar em uma carga horária pesada, perder tempo no deslocamento entre o trabalho e a casa e, ao chegarem, se deparam com a falta de disposição para o tempo de qualidade com os filhos, pois as rotinas práticas concorrem com esse tempo. É importante nos lembrarmos das alterações do brincar e do protagonismo tecnológico nesse processo. As mudanças sociais, como o aumento da violência nas grandes cidades, têm tirado as pessoas da ocupação de praças e locais de convívio públicos, reduzindo ainda mais as contingências de desenvolvimento.

Um dos principais desafios de um tratamento infantil é a adesão familiar para que as intervenções possam ser generalizadas. As intervenções são aplicadas por um especialista, mas sua aplicação não pode se restringir a um ambiente técnico. O *setting* terapêutico oferece preparação para que, diante de situações sociais adversas, o pequeno cliente tenha condições de expressar melhores estratégias de manejo de seu comportamento. É preciso que existam as vivências sociais e seus desafios para que os comportamentos apareçam.

> É impossível a realização de uma psicoterapia infantil sem o trabalho com os adultos responsáveis, uma vez que os problemas de comportamento tendem a ocorrer muito mais fora do ambiente da sessão do que na própria terapia (FRIEDBERG; McCLURE, 2004).

A generalização dos conhecimentos praticados no ambiente terapêutico também deve passar pelo preparo do ambiente familiar, desde estruturas físicas da casa até o ensino de técnicas terapêuticas aos pais e cuidadores para que seja garantido o desenvolvimento infantil em todos os seus domínios.

Para Crespi et al. (2020), o desenvolvimento humano e suas aprendizagens necessitam da interação dos fatores biológicos e contextos ambientais, salientando que a criança necessita do desenvolvimento biológico da espécie atrelado ao que lhe é oferecido pelo meio em que vive, sendo essas as suas possibilidades de aprender. Dessa forma, entende-se o quão necessário é construir um ambiente de estimulação e isso não tem correlação com qualquer diagnóstico, embora já saibamos os benefícios desse modelo nos transtornos do neurodesenvolvimento. Toda criança deveria se beneficiar dessas estruturas.

Um ambiente rico em estimulação passa por questões de escolaridade de cuidadores e de condições socioeconômicas.

Santos (2014) realizou um estudo para analisar possíveis associações entre o nível socioeconômico e de escolaridade dos pais e os desafios do indivíduo em desenvolvimento no que diz respeito ao desenvolvimento motor. O estudo concluiu que as oportunidades de estimulação motora presentes no ambiente familiar das crianças são influenciadas pela condição socioeconômica e pelo grau de escolaridade da mãe, na faixa etária dos 18 aos 42 meses. Antes dessa idade, as diferenças não são significativas. Dessa forma, percebe-se que a família não consegue acompanhar o aumento das demandas e gerar desafios apropriados conforme a criança cresce. Nasce, portanto, uma oportunidade para que o poder público gere condições para estimular a educação e escolaridade de sua população, assim como promova espaços próprios de estimulação adequada com orientação e preparo segundo a faixa etária das crianças.

Há diversos estudos correlacionando a importância do ambiente familiar e o desenvolvimento infantil de crianças tanto típicas quanto atípicas e, inevitavelmente, suas conclusões permeiam a questão de escolaridade e nível socioeconômico. Dessa forma, temos um "tesouro" nas mãos quando podemos intervir junto a uma família, potencializando o atendimento clínico para que as intervenções continuem no ambiente familiar.

Orientações para a família

Como é possível fazer que o ambiente seja estimulador?

Talvez você se sinta decepcionado(a), pois não pretendo descrever métodos recém-descobertos, diferentes ou mesmo inovações tecnológicas ainda não produzidas em larga escala. Prepare-se para se dar conta de que você já tem tudo de que precisa para melhorar seu ambiente.

Nosso ponto de partida pode ser a consciência de que, como adultos de referência e cuidadores, somos responsáveis por introduzir essas mudanças e melhorias. Esta é a dica da primeira ferramenta: você e a consciência do "fazer".

Essa consciência se desenvolve à medida que entendemos o quão importantes são nosso papel e nossa representação para a criança. Somos o apego seguro, o exemplo e fonte de aprendizagem. Dessa forma, podemos mediar essa criança e sua interação com o ambiente de modo que ela consiga desenvolver cognição, comunicação, habilidades sociais, coordenação motora, autonomia e outras competências.

Ao longo das pesquisas sobre a infância, nos foi apresentada a importância do brincar, sendo essa a maneira de aprendizagem mais efetiva nessa fase de desenvolvimento.

Segundo Kishimoto (2010), quando a criança brinca, ela toma decisões, expressa sentimentos e valores, conhece a si mesma, interage com outras pessoas, compartilha ideias, desenvolve linguagem, usa seu corpo e sentidos e soluciona problemas.

> Ao brincar, a criança experimenta o poder de explorar o mundo dos objetos, das pessoas, da natureza e da cultura, para compreendê-lo e expressá-lo por meio de variadas linguagens. Mas é no plano da imaginação que o brincar se destaca pela mobilização dos significados. Enfim, sua importância se relaciona com a cultura da infância, que coloca a brincadeira como ferramenta para a criança se expressar, aprender e se desenvolver (KISHIMOTO, 2010).

Aqui se estabelece a segunda necessidade para um ambiente estimulador: o tempo, tão escasso nos dias atuais, seja pelas crescentes demandas, seja pelo seu mau uso.

Quando somados a consciência da importância do brincar e o tempo, podemos estruturar brincadeiras que desenvolvam a criança de modo global e ainda desenvolver uma relação de qualidade com ela.

Não podemos nos esquecer que nosso foco para um ambiente estimulador é pautado na brincadeira e não no brinquedo. O brinquedo é um meio e não um fim. E aqui não cito apenas o brinquedo industrializado; qualquer brinquedo é um meio, porém, quando construímos o próprio brinquedo, utilizamos diferentes conhecimentos. Opa! Acabamos de descobrir um terceiro elemento importante nessa construção de ambiente estimulador: a criatividade.

Eu sei que você deve estar pensando que não é criativo e que agora as coisas dificultaram um pouco, mas sabia que a criatividade é como qualquer outra habilidade e precisa ser treinada?

Segundo Fernandes (2020), podemos praticar a criatividade a partir de cinco dicas essenciais:

1. Experimentar coisas novas.
2. Ter uma rotina.
3. Anotar suas ideias.
4. Dormir.
5. Divertir-se.

Dessa forma, o ambiente oferece uma maximização das intervenções.

O próprio ato de brincar estimulará a criatividade e trará novas intervenções, assim como novas demandas a serem trabalhadas pontualmente em *setting* terapêutico. Atualmente as crianças têm apresentado dificuldade em lidar com o ócio, o esforço cognitivo para criar e resolver problemas, e tais comportamentos já são associados ao uso de telas em excesso. Há uma necessidade urgente de interromper esse comportamento, o que prioritariamente tem relação com o engajamento dos adultos que cuidam, educam e, acima de tudo, são referências. Você já refletiu como usa o seu tempo conectado?

> A criança não nasce sabendo brincar, ela precisa aprender, por meio das interações com outras crianças e com os adultos. Ela descobre, em contato com objetos e brinquedos, certas formas de uso desses materiais (KISHIMOTO, 2010).

Uma vez que se entende o papel do mediador, pensar no que será oferecido é de extrema importância. O oferecer não significa "abandonar" o cenário do brincar construído, pois o brinquedo não é maior do que a brincadeira, mas podem ser escolhidos com cuidado e de acordo com o objetivo a que ela se propõe. O brincar não existe sem interações.

> A seleção de brinquedos envolve diversos aspectos: ser durável, atraente, adequado e apropriado a diversos usos; garantir a segurança e ampliar oportunidades para o brincar; atender à diversidade racial, não induzir a preconceitos de gênero, classe social e etnia; não estimular a violência; incluir diversidade de materiais e tipos – brinquedos tecnológicos, industrializados, artesanais e produzidos pelas crianças, professoras e pais (KISHIMOTO, 2010).

É preciso pensar globalmente no que pode ser oferecido à criança, uma vez que ela pode ser estimulada com brincadeiras que movimentem o corpo ao mesmo tempo que ensinam a cultura na qual ela está inserida. O que acha de contar às suas crianças sobre as brincadeiras da sua infância? Que tal mostrar a ela na prática?

A leitura estimula a linguagem e a imaginação, apoiando o aumento do repertório comportamental a partir das vivências dos personagens. Você já teve novas ideias depois de ler um bom livro? Sua criança pode experimentar o mesmo.

Assistir a um filme inspirador nos motiva a mudanças e aprendizado. O mesmo acontece com as crianças. Selecione o que elas assistem e as mensagens que poderão absorver nesses momentos. As telas fazem parte do desenvolvimento da sociedade e privar uma criança delas também é dificultar sua adaptação a esse contexto, mas mediar e garantir supervisão as direciona com segurança em seu crescimento.

As gerações anteriores tinham menos recursos e conhecimento sobre o desenvolvimento infantil e, hoje, vivemos a estranheza de termos tanta informação disponível ao mesmo tempo que temos dificuldade de canalizá-las para nossos objetivos.

Dentre tantas pesquisas divulgadas nos últimos anos, uma que teve grande repercussão foi a realizada pelo francês Michel Desmurget, que identificou o rebaixamento intelectual dos filhos quando comparados ao perfil intelectual de seus pais. Esse é um grande alerta sobre o empobrecimento ambiental a que estamos submetidos atualmente.

Em resumo, não há fórmulas milagrosas e sim a combinação de fatores essenciais, como sua prontidão para ser mediador de um desenvolvimento saudável, seu tempo e sua criatividade para que o ambiente de convívio seja rico de estímulos para cada criança que ali viver. Dessa forma, as intervenções terapêuticas serão maximizadas e despertaremos, acima de tudo, o desenvolvimento de uma relação saudável, respeitosa e permeada de prazer em conviver.

Para começar, que tal se comprometer com uma ação de mudança em seu ambiente depois desta leitura?

Superdica: a brincadeira é muito mais importante do que o brinquedo e ela será muito mais rica com a participação dos pais e cuidadores.

Referências

CRESPI, L. et al. Neurodesenvolvimento na primeira infância: aspectos significativos para o atendimento escolar na educação infantil. *Ensino Em ReVista*, v. 27, n. especial, p. 1517-1541, 2020.

FERNANDES, S. *5 dicas: como desenvolver a criatividade*. PUCRS. 2 de abril de 2020. Disponível em: <https://www.pucrs.br/blog/5-dicas-como-desenvolver-a-criatividade/>. Acesso em: 20 mar. de 2024.

FRIEDBERG, R. D.; MCCLURE, J. M. *A prática clínica de terapia cognitiva com crianças e adolescentes.* Porto Alegre: Artmed, 2004.

KISHIMOTO, T. M. Brinquedos e brincadeiras na educação infantil. *Anais do I Seminário Nacional: currículo em movimento* – Perspectivas Atuais, Belo Horizonte, 2010.

SANTOS, C. C. A. *Relação entre oportunidades de estimulação e desenvolvimento motor presentes no ambiente familiar e o nível socioeconómico e habilitação académica*. Coimbra: Escola Superior de Educação, 2014.

VELASCO, I. H. 'Geração digital': por que, pela 1ª vez, filhos têm QI inferior ao dos pais. *BBC News Brasil*. 30 out. 2020. Disponível em: <https://www.bbc.com/portuguese/geral-54736513>. Acesso em: 20 mar. de 2024.

36

A BUSCA PELA MATERNIDADE PERFEITA E O *BURNOUT* MATERNO

A maternidade vem carregando importantes crenças e padrões de comportamento ao longo dos anos. Apesar disso, significativa sensação de exaustão vem tomando conta de inúmeras mães! Vamos, juntos, refletir sobre o *burnout* materno e as maneiras de amenizar esse sentimento?

ROMILDA DE AVILA PEREIRA ALMEIDA

Romilda de Avila Pereira Almeida

CRP 07/17090

Contatos
pereira_romilda@yahoo.com.br
romildapsic.gmail.com
Instagram: @romildapereiraalmeida
051 99635 2874

Mãe do Luís Otávio e da Maria Luiza, que me enchem de orgulho por serem tão iluminados e me inspirarem a buscar mais conhecimento na área da parentalidade; casada com Marcelo Almeida, parceiro nessa grande aventura de educar nossos filhos e meu grande apoiador. Psicóloga clínica, atuando no atendimento de crianças, adolescentes, adultos e em orientação de famílias. Especialista em educação inclusiva, pós-graduada em terapia cognitivo-comportamental na infância e adolescência e especialista em orientação familiar e educação parental. Coautora dos livros *Educação e afeto* e *Orientação familiar*, volume 2.

Nunca foi tão conveniente falar sobre a constante busca pela maternidade perfeita e o *burnout* materno como agora. A história nos conta que, ao longo da história, mulheres sempre sofreram de exaustão materna, mas, em virtude das mudanças da sociedade e da incorporação de novos papéis por parte das mulheres, evidenciou-se demais a necessidade de estudarmos e despendermos maior atenção ao esgotamento físico e mental da geração mais recente de mães que encontramos por aí. São mulheres dispostas a ocupar espaço de maior protagonismo dentro de grandes empresas ou até mesmo por meio de seu empreendedorismo, mas que ainda carregam a crença e as expectativas de conseguir dar conta de toda a demanda materna e suas funções, a exemplo de uma supermãe.

Ao longo da história, inúmeras foram as mudanças acerca da maternidade e se faz importante resgatar alguns marcos para que entendamos do que estamos falando e o quão transformadora foi essa experiência ao longo da humanidade. Na Roma Antiga, época que se utilizava a expressão latina *paterfamilias*, os homens tinham autoridade total para decidir sobre a vida e o destino das suas famílias. A criança, a mãe e a maternidade pouco ou nenhum valor tinham para a sociedade. O amor por parte da mãe para com seu filho ou qualquer atitude fora do padrão praticado por ela era logo motivo de recriminação. Também, tão logo fosse possível, amas de leite eram contratadas para suprir a demanda da amamentação, pois, além de essa tarefa suprimir as mães de satisfazerem seus maridos, ainda isolava as mulheres daquilo que mais lhes valorizava perante a sociedade, que era a participação em óperas, teatros e outros eventos sociais.

Com o passar do tempo, ocorre uma importante ressignificação da família e cada indivíduo ganha nova relevância dentro do âmbito familiar. O homem, pai de família, antes destacado e soberano, desloca sua atenção para a criança e passa a valorizar o ambiente materno. A mulher, por sua vez, antes subjugada e preterida dentro da sociedade como servidora de seu marido, agora se destaca por sua função materna. E assim sucedeu-se o tempo através dos séculos XIX e XX, lançando inúmeras campanhas com o conceito de "boa mãe", sempre trazendo a maternidade como forte caminho para a valorização da mulher. Não por acaso, essas transformações forjaram importantes marcas de consciência no íntimo de cada mulher, sendo evidentes até os dias de hoje. A maternidade tornou-se primorosa e a busca pela perfeição desse momento, quase que uma obsessão: uma "obrigação" moral.

Vemos mulheres de toda parte e qualquer nível social se cobrando e sendo muito cobradas em relação à maternidade. A sociedade, por acreditar que a maternidade desperta uma espécie de superpoder no íntimo de cada mulher, acaba por não se dar conta da necessidade de formação de uma rede de apoio à nova mãe. Esse momento traz a necessidade de a mulher se dividir em mais funções, precisando dar conta, além da nova atribuição, de continuar sendo amiga, funcionária, chefe, empreendedora, filha, esposa, dona de casa, entre tantos outros papéis que podem e devem ser assumidos diariamente. A maternidade ainda traz consigo a responsabilidade de criar e educar um ser completamente dependente no início da sua vida. Tudo isso, repetido diversas e diversas vezes, dentro de uma rotina que demanda muito da atenção e do tempo da pessoa, acaba por levar essa mãe a um limiar de estresse muito alto, podendo inclusive ser gerado o que chamamos de exaustão materna ou, como recentemente vem sendo denominado, *burnout* materno.

A sociedade enxerga a maternidade como uma coisa boa, algo sublime. Um momento sonhado, planejado e preparado para o recebimento de uma nova vida só poderia trazer satisfação e alegrias, correto? Mas nessa vida nem tudo são flores! O sentimento de alegria pode algumas vezes dar lugar às preocupações, dúvidas, cansaço e com certeza trará, em algum momento, a insegurança por não estar sendo uma boa mãe e estar vivendo aquém da maternidade perfeita que se prega por aí. Aquela maternidade que só existe no mundo de faz de conta e que não deixa de existir por causa do olhar julgador de certos parentes, "amigos" mais distantes, vizinhos ou desconhecidos. Pessoas que avistaram alguma situação e, mesmo sem conhecimento, se julgam capazes de opinar. Não podemos esquecer que, se existisse fórmula mágica para a maternidade perfeita, ela seria vendida e não disseminada de maneira tão leviana como geralmente ocorre. As lições moralistas e não científicas de quem acredita saber o melhor para aquela mãe que está sendo sua melhor versão e fazendo de tudo pelo seu filho, também se caracterizam por serem um importante canal de escoamento das energias e alegria.

Por isso, falar sobre maternidade é na verdade bastante complexo. Sem esquecer de toda a história por trás de crenças e comportamentos até hoje manifestados e resgatados, da imensidão de sentimentos e emoções trazidos por esse momento, ainda temos as transformações que o mundo vem nos proporcionando. São inúmeros os estudiosos e livros que explicam sobre esse processo, mas gostaria de focar na singularidade da maternidade para cada mãe. Esse processo complexo, único para cada indivíduo. Indo além, diria que cada gestação, cada filho, já nos toca de maneira diferente. Pois, apesar de estarmos falando da mesma mãe, são filhos e momentos diferentes, o que por si só já pode mudar completamente a variedade e intensidade dos sentimentos experenciados.

Assim, o momento que é visto como transformador e sublime para uma mulher muitas vezes a tem levado a um esgotamento muito preocupante. Esse padrão errático do que se espera ou "enxerga" da maternidade vem sendo estudado por alguns profissionais da área e já há quem diga que estamos à frente de uma nova "categoria" de *burnout.* O estudo da pesquisadora belga Isabelle Roskam, que contou com cerca de 900 mães e pais com *burnout* parental, identificou quatro estágios que podem acontecer de maneira progressiva ou alternada:

1. **Exaustão no papel parental.** A exaustão pode se manifestar de maneira física tanto quanto de emocional.
2. **Distanciamento emocional entre pais e filhos.** Pais exauridos buscam este isolamento até como forma de preservar a própria energia.
3. **Quando a parentalidade deixa de ser fonte de satisfação e realização.** Apesar de amarem seus filhos, a parentalidade perde a graça.
4. **Desolamento.** Pais esgotados passam a comparar a parentalidade que exercem com aquela que costumavam ou que gostariam de exercer. Percebem-se incapazes e ineficazes, e como resultado sentem culpa, vergonha, sensação de inferioridade, medo e tristeza.

A palavra *burnout* tem origem nos termos em inglês *burn* (queimar) e *out* (por inteiro). A partir de janeiro de 2022, o *burnout* foi incluído na nova Classificação Internacional de Doenças (CID-11) da Organização Mundial da Saúde (OMS). Assim, oficializou-se o *burnout* como uma síndrome ocupacional crônica, já que é um fenômeno ligado ao trabalho, com sintomas de exaustão extrema, estresse e esgotamento físico, resultantes de situações de trabalho desgastante, que demandam muita competitividade ou responsabilidade. Ao pesquisarmos sobre exaustão materna, vamos nos deparar com o termo *burnout* materno, que não é reconhecido como uma doença mental ou de trabalho. No entanto, profissionais passaram a observar essa sensação constante de culpa, desânimo, irritabilidade, cansaço permanente, baixa autoestima, negatividade, indisposição, dores de cabeça, tristeza, vontade de chorar e queda no rendimento, entre outras características que levam a sua exaustão por inteiro, assim como outros fatores de estresse extremo.

Consciente dessa nova forma de *burnout*, como podemos ou devemos tratar de situação tão delicada e relevante ao mesmo tempo? Caminha (2024) traz uma importante reflexão sobre a exaustão do eu, que podemos descrever como a necessidade de recarregar as energias de nossa consciência depois de um grande desgaste atencional.

Orientações para mães e familiares

Assim, trago alguns pontos que julgo importante refletirmos em relação à exaustão materna: é fato que o trabalho de uma mãe é intenso! Ele ocorre durante o dia e à noite, todos os dias da semana. Mãe não tira férias! Ou pelo menos assim é que a sociedade enxerga. Mas quando foi que essa mãe assinou o contrato de cuidado exclusivo? Para sermos boas mães, não precisamos estar 24 horas por dia com os filhos. Podemos e devemos nos afastar por alguns momentos ao longo do dia. Contando com pessoas em quem confiamos, podemos realizar pequenas pausas para cuidarmos da gente, tratar das nossas necessidades. E esse exercício, além de equilibrar nosso corpo, mente e alma, ou seja, contribuir para um constructo de saúde mental e física, ainda proporcionará maior leveza para nossos filhos, uma vez que eles não devem carregar o fardo de serem o motivo de a mãe não ter mais vida além da maternidade. Afinal de contas, como diz um provérbio africano, é preciso uma aldeia inteira para educar uma criança! Então por que não utilizamos a rede de apoio (marido, familiares e amigos próximos) para abdicar de alguns minutinhos da função materna e cuidarmos um pouco mais de nós mesmas?

Também é importante contar com a autoconsciência, autocompaixão e autocuidado. Estando exausta, conseguiremos ser as mães que queremos ser? Preocupadas em dar conta de tudo, muitas vezes nos desconectamos da realidade e vamos agindo no automático, sem nos importar ou dar ouvidos ao nosso corpo, mente e alma. Nesse momento, vemos mães perdidas nessa intensa rotina diária, consumidas pelo cansaço e culpa por não estarem conseguindo entregar "mais", apesar do amor que carregam por seus filhos e da dedicação extrema. A autoconsciência do nível de estresse acumulado e da existência de uma possível exaustão materna a caminho, bem como a autocompaixão para que possamos nos dar o direito de autocuidado, se fazem necessárias nessa fase. Precisamos recondicionar nossa forma de pensar e treinar para que nossos questionamentos internos passem de: "Como posso não querer estar ao lado do meu filho o tempo todo?", "Que espécie de mãe sou eu se não dou conta de tudo?" ou ainda "Como posso querer me afastar do meu filho para fazer outras atividades?" para um pensamento mais liberto e consciente das nossas limitações, dificuldades e imperfeições. Esse recondicionamento certamente gerará maior compaixão e gentileza para consigo, tornando mais leves as pequenas pausas para carregamento das baterias e tratamento dos anseios e sentimentos particulares mais profundos.

A autocompaixão pode ser um antídoto para o *burnout* materno. Esse exercício auxilia na rotina da martenagem, sem desmerecer o direito de sentir-se cansada e sobrecarregada. Neff e Germer (2019) nos lembram que a autocompaixão é uma prática na qual aprendemos a ser bons amigos para nós mesmos quando mais precisamos – nos tornamos um aliado interno em vez de um inimigo interno. Em vez de sentirmos pena de nós mesmas, a autocompaixão foca na exaltação das qualidades e pontos fortes que mais tarde nos proporcionarão paz no momento de descansar e nos acolher no sofrimento. Permite compreender que tudo bem sermos ou estarmos vulneráveis; afinal, isso faz parte do "SER" humano. Não temos o controle sobre todas as situações, logo, acolha-se em vez de se condenar! Além disso, com a libertação dessas amarras, ainda estaremos contribuindo para o desenvolvimento dos nossos filhos, proporcionando-lhes a experiência de crescer em meio ao respeito por si próprio e ao poder transformador da autocompaixão.

Por fim, o autocuidado se faz necessário para que possamos nos livrar da culpa ao não atingirmos os rigorosos padrões estabelecidos pela sociedade ou até mesmo nossa lista de tarefas inicialmente planejada. Esse olhar com cuidado para si mesma lhe dará força para continuar e não se esgotar. Reserve um tempo para realizar algo que lhe proporcione bem-estar e se pergunte mais vezes como pode encontrar maior equilíbrio entre mente, corpo e alma.

Superdica: cuidar de si mesma é imprescindível para cuidar dos outros.

Referências

CAMINHA, R. M. *Mitos da parentalidade: livrando os pais da culpa infundada.* Porto Alegre: Artmed, 2024. 89p.

NEFF, K.; GERMER, C. *Manual de mindfulness e autocompaixão: um guia para construir forças internas e prosperar na arte de ser seu melhor amigo*. Porto Alegre: Artmed, 2019. 200p.

37

AS DORES DO ABUSO E OS IMPACTOS NA VIDA FAMILIAR

Aqui, trago dores, impactos e ressignificados causados pelo abuso, não só teórica, mas também existencial e vivencialmente. Compartilho minha história e a criança vulnerável, abusada e negligenciada cresceu, sobreviveu e, hoje, adulta saudável, acolhe, escuta e direciona outras vidas. Com isso, como profissional, tenho a oportunidade de construir, por meio de cada vida que chega até mim, um novo olhar, uma nova esperança.

SANDRA DUNDER

Sandra Dunder

CRP 06/130796

Contatos
sandrapsicodunder@gmail.com
Instagram: @psico_sandradunder

Esposa do Dagoberto, mãe da Natriellie e Rafaellie, minhas razões de viver. Psicóloga clínica, atuando no atendimento de adultos e adolescentes e em orientações familiares. Palestrante com formação em terapia cognitivo-comportamental (TCC), pós-graduada em Terapia do Esquema (TE) pela Wainer Psicologia, com certificação pelo New Jersey Institute for Schema Therapy Springfield. Formação em Terapia Focada na Compaixão Narrativa e em Psicologia Positiva pelo Instituto de Psiquiatria do Hospital das Clínicas da Faculdade de Medicina da Universidade de São Paulo (IPq-HCFMUSP). Formação em Sexologia e TCC para Casais pela Advance. Coautora do livro *Orientação familiar* (capítulo Desenvolvimento da adolescência, sexualidade e aceitação).

Dedicatória

Dedico este capítulo à minha mãe, Dona Lourdes, mulher guerreira e meu grande exemplo. A minhas irmãs, meu marido, minhas filhas e meus pacientes, obrigada por serem parte de quem eu sou.

Vamos falar sobre dor

O que você pensa quando escuta a palavra **dor**?

Comumente, dor é uma sensação bastante desagradável, que pode trazer limitações significativas, interferindo nas habilidades e capacidades de uma pessoa para seguir uma rotina diária saudável. Geralmente, atua como um sinal de alarme precoce para o alerta de que algo não vai bem com seu corpo.

E quando essa dor não é física, mas emocional? Quando ela dá sinais, porém não são palpáveis?

Vem então, muitas vezes, a suposta negligência, pois tenho que "ver para crer". Há também os mecanismos de defesa, ou seja, se eu não olhar, não sinto e, assim, tenho a sensação de poder sobreviver. Podemos perceber a dor como: **D**irecionar o **O**lhar para o **R**eal sentido.

Direcionar-se para si, para quem é, de onde veio e como se constituiu, esse movimento lhe permitirá alcançar uma luz ao fim do túnel.

Quando se trata de dor, temos como principal caminho a aceitação, mas, como temos instintos de sobrevivência, é claro que fugir dessa angústia poderá trazer alívio e trará. Isso não quer dizer que essa dor não esteja latente. De alguma maneira, uma hora ou outra, ela lhe trará sinais.

Dentro de um contexto geral, podemos dizer que há uma possível associação entre dor e aceitação, o que pode promover uma redução dos sintomas como os da depressão e da ansiedade, ou seja: aceitar é também se cuidar.

Focarei a dor emocional, a dor do abuso, a dor de que o corpo não fala, mas a alma sente; as memórias emocionais que muitas vezes estão bloqueadas; o que fizeram com você sem a sua permissão.

O que é abuso e quais são seus tipos

Segundo Souza (2018), o abuso em si é compreendido como qualquer relação, afetiva ou não, na qual possa existir qualquer tipo de violência, explícita ou sutil e, muitas vezes, caracterizada por alguns comportamentos de dominação, controle ou até mesmo opressão.

Discutir o conceito de abuso pode ser extremamente desafiador, já que ele pode ser visto de diversas maneiras, podendo estar relacionado a ataque físico, emprego de força, ameaça ou até mesmo manipulação.

Alguns estudos mostram que discussões acerca de violências e abusos tiveram início a partir da década de 1980, quando se entende por um problema de saúde pública, tanto pelas incidências quanto pelos prejuízos causados e, infelizmente, desde então, percebe-se um aumento significativo dos casos. Sabe-se também que eles sempre existiram, embora tais comportamentos não tivessem sido reconhecidos como sendo de caráter abusivo e sim culturais (Coelho et al., 2018).

Há diferentes tipos de abuso, podendo ser:

- **Físico**: utilização de força física, possivelmente com a intenção de causar dor e sofrimento.
- **Sexual**: prática de qualquer atividade sexual, sem o consentimento de alguma das partes envolvidas, a fim de explorar, manipular e, consequentemente, causar danos.
- **Emocional**: padrões de comportamento que visam manipular ou prejudicar a outra pessoa, tendo como principal objetivo a desestabilização emocional da vítima.
- **Financeiro**: uso indevido de recursos financeiros alheios.
- **Social**: principalmente padrões de comportamento que possam trazer prejuízos sociais a uma pessoa ou grupo, podendo abranger exclusão, isolamento e até mesmo discriminação.

O abuso está presente em várias áreas. Muitas vezes, são bastante silenciosos e mascarados, já que sua principal característica está diretamente ligada à relação do abusador com o abusado. Segundo o Ministério da Saúde (Brasil, 2001, p. 15), tais abusos podem ser cometidos dentro ou fora de casa, ou seja, por membros familiares, incluindo pessoas que podem assumir a função parental, mesmo que não haja laços sanguíneos, ou até mesmo em relações externas.

Abuso é, portanto, toda prática que possa trazer qualquer tipo de desconforto a uma outra pessoa, principalmente quando ela não está em concordância ou até mesmo não tem condições emocionais, físicas ou psicológicas de lidar ou compreender tal comportamento que lhe é direcionado.

Minha história de dor, de impactos e de ressignificados

Tenho hoje 41 anos, sou casada, mãe de duas filhas, graduada em psicologia. Venho de uma família humilde; meus pais eram analfabetos, pois não tiveram oportunidade de estudar.

Tenho cinco irmãs, cresci vendo minha mãe batalhar muito ao lado do meu pai para que não nos faltasse o mínimo para sobreviver. Nunca houve luxo; entretanto, sempre tivemos o essencial, materialmente falando.

Trago várias memórias emocionais que eu sinceramente gostaria de esquecer, mas hoje entendo que foram elas que me ajudaram a chegar até aqui. Não que eu devesse ter passado por tudo isso, mas aprendi a olhar para minha dor e entender que ela faz parte da minha história.

Uma delas é que minha mãe sofria muito com a maneira que meu pai a tratava. Ele era alcoólatra e, sempre que ingeria álcool, ele se tornava violento, quebrava coisas, era agressivo em palavras, principalmente com a minha mãe. Assim, vivíamos uma relação de dependência e codependência – esta, caracterizada como uma disfunção comportamental específica e previsível. O codependente não estabelece um vínculo com o outro; ele se aproveita. Portanto, sofre e promove o sofrimento justamente por apresentar dificuldade em se relacionar (Zampieri, 2004).

No meu contexto familiar, isso funcionava da seguinte forma: minha mãe nos orientava para que fôssemos para a casa da nossa avó materna assim que nosso pai chegava embriagado. Assim, não havia uma interação familiar saudável, já que muitas vezes tudo à nossa volta se tornava totalmente aversivo, mas era a maneira de que ela dispunha para nos proteger.

Mas os abusos não paravam por aí. Fui molestada pelo meu pai desde os meus quatro anos, porém só fui ter consciência do que realmente acontecia comigo por volta dos oito anos de idade. Isso só parou aos 12, quando o caso veio à tona, porque ele tentou fazer isso com a minha irmã mais nova e ela teve coragem de falar para a nossa mãe. Porém, tudo ficou embaixo do tapete. Nada foi feito para nos proteger enquanto crianças. Durante esse período, sofri outros abusos vindos de pessoas próximas da família – meu tio, meu cunhado, cunhado da minha irmã, meu vizinho. Infelizmente aquele cenário era algo comum para mim; era o que eu vivia desde muito cedo.

Minha mãe era tão abusada quanto eu e não teve forças para se separar, por sua condição de dependência emocional. Estabeleceu-se ali uma enorme ferida: uma criança abusada, negligenciada e abandonada emocionalmente.

Por vezes, lembro do meu pai me pegando no colo, com a desculpa de fazer carinho e dar atenção. Mas, para ele, era algo além disso. Ele seguia me tocando e fazendo brincadeiras com conotações sexualizadas.

Mas por que, mesmo assim, eu aceitava esse colo? Porque eu ainda não entendia tudo aquilo e era a única demonstração de afeto que ele me direcionava. Quando finalmente pude compreender, passei a fugir, mas ele arrumou outra maneira, que era se tocar ao meu lado, se certificando de que eu estava olhando; repetia o ato por diversas vezes para eu não contar para ninguém. O abuso era mascarado com risadas, piadas e TV ligada, mas era frequente, ocorrendo quase todos os dias. E onde estavam todos? Muitas vezes no quarto ao lado ou em qualquer outro cômodo da casa e, sim, ninguém nunca via absolutamente nada ou, para se protegerem, fingiam não ver.

Por que eu nunca contei nada? Porque tinha medo de não acreditarem em mim, de o meu pai ser agressivo com a minha mãe e também, por certa vez, ter sido ameaçada de morte por um deles. Sentia-me sozinha, acreditava que ninguém iria me proteger e que, talvez, tudo aquilo fosse culpa minha.

Minha vida seguiu e, aos 16 anos, saí de casa para morar com um parente. Comecei a trabalhar para me sustentar, passei por muita coisa. Mesmo muito jovem, me relacionei com pessoas abusivas, fiz uso de álcool, drogas. Já que não havia mais o abusador, eu mesma fazia isso comigo. Não sabia me relacionar de maneira saudável. O abuso era, para mim, o que eu conhecia como demonstração de afeto. Foram muitas dores, porém muito aprendizado.

Aos 17 anos, conheci uma pessoa que chegou na minha vida para me "salvar", me trazer cura e ressignificados. Começamos então a namorar e, aos 18 anos, já estávamos casados.

No contexto familiar em que vivi, passei por abusos psicológico, emocional e sexual, e isso me trouxe feridas muito profundas. E aí começam, então, os impactos de tudo o que vivi até ali.

Tornei-me uma mulher insegura, com medo do abandono e, então, desenvolvi dependência emocional para com meu parceiro. Apesar de ele não ser como meu pai, reproduzi o que vi minha mãe ser por toda a minha infância e adolescência. Porém, aos poucos, pude ir compreendendo que ele era diferente e que não era uma relação de abuso, mas sim, de amor e parceria. E o que era amar sem se ferir ou se machucar? Eu não sabia, mas o amor verdadeiro cura e, aos poucos, fui me curando dessa dor e dessa imagem distorcida do que era o amor dentro de uma relação.

Eu sempre quis fazer diferente; então, me tornei uma mãe superprotetora. Meu primeiro contato com a maternidade se deu quando eu tinha 20 anos de idade. Sempre que meu marido ia brincar com a nossa filha, dar banho ou até mesmo pegá-la no colo, eu entrava em estado de alerta, pois temia que ela fosse ferida assim como eu fora na infância. Até que um dia me abri com ele sobre meus traumas e ele pôde me amparar e passar segurança de que ele não era meu pai e, sim, o pai da nossa filha. Aos poucos, pude desvincular a minha história, não projetando na minha filha o que a minha criança vivera. Na minha segunda experiência como mãe, tudo pôde ser mais leve; porém, meu sinal de alerta estava sempre ligado, na tentativa de proteger minhas filhas.

Como ressignifiquei? Fiz terapia por muito tempo e ainda faço. Afinal, na minha profissão, vejo como algo essencial. Trato minha depressão e ansiedade, entendi que eu já sou uma adulta e que, hoje, não me encontro mais em vulnerabilidade, não como criança, e pude acolher minha criança abusada e negligenciada.

Em uma de minhas sessões, pude acessar a minha mãe, com uma técnica de vivências mentais, sem julgamentos, e consegui compreender que, na verdade, nunca fui negligenciada propositalmente por ela, mas sim pela falta de conhecimento e estrutura. Assim, pude ressignificar nossa relação, tornando-a mais afetiva. Meu pai faleceu em 2015 e, infelizmente, nunca pude conversar com ele a respeito, porém, sigo buscando compreender e ressignificar tudo o que vivemos.

A família que construí me trouxe a oportunidade de fazer diferente e hoje também acolho, no meu consultório, dores muito parecidas com as quais vivi e posso, não só por meio da teoria, mas também da minha vivência, validar cada paciente que chega até mim. Fazer diferença na vida delas faz-me fortalecer a cada dia. Contudo, aqueço meu coração, pois sou a prova viva de que isto é possível: sobreviver, ressignificar e construir lindas histórias.

"O importante não é aquilo que fazem de nós, mas o que nós mesmos fazemos do que os outros fizeram de nós".

(Jean-Paul Sartre)

Como acessar uma ferida tão profunda e ajudar uma pessoa a compreender que o que ela vive é abusivo ou que o que viveu lá na infância não foi culpa sua, ou até mesmo que não foi natural ou normal dentro de uma relação?

Trazer informação é extremamente importante. Por meio dela, é possível a conscientização e desmitificação do que é o abuso, que é muito pouco discutido, sendo um tabu em termos de família e sociedade.

Entender a história de vida do paciente, de pais e de cuidadores nos permite, como profissionais, acessar não só suas dores, mas também possíveis gatilhos que possam ter gerado uma provável repetição de ciclo na sua vida adulta. Muitos repetem o que viram seus pais vivendo dentro de um relacionamento, como se fosse algo natural. Pais negligentes muitas vezes também foram crianças negligenciadas e dão aos filhos apenas o que têm para dar; é a linguagem de amor da qual aprenderam.

Como profissionais, somos eticamente responsáveis, em termos de denunciar qualquer tipo de abuso que nos seja evidenciado. Segundo o código de ética do profissional psicólogo,

> Art. 10 – Nas situações em que se configure conflito entre as exigências decorrentes do disposto no Art. 9º e as afirmações dos princípios fundamentais deste Código, excetuando-se os casos previstos em lei, o psicólogo poderá decidir pela quebra de sigilo, baseando sua decisão na busca do menor prejuízo (CFM, 2005).

Caso haja evidências de que há abuso e que a vítima supostamente não se encontra em condições emocionais, físicas ou psicológicas de se proteger, o sigilo poderá ser quebrado, assegurando assim a possibilidade de uma intervenção mais direta e assertiva.

A psicoterapia e as orientações individuais, de casais ou familiares, são essenciais para uma possível melhora do paciente. A compreensão do que vive e a desmitificação do que é ou não abuso traz às famílias um olhar de esperança, principalmente de que as relações podem ser leves e saudáveis, pois cuidadores adoecidos também adoecem seus filhos.

Encorajar a vítima a denunciar o abuso vivido é de extrema importância, já que muitas vezes ela está em estado de choque, de evitação, de medo e se sentindo culpada. O apoio familiar pode ser o caminho mais leve e acolhedor para que isso aconteça.

Superdica: não se trata de descartar toda a sua história de vida, mas sim de olhar, acolher, ressignificar e de escolher continuar.

Referências

BRASIL. Ministério da Saúde. Secretaria de Políticas de Saúde. *Violência intrafamiliar:* orientações para a prática em serviço. Brasília: Ministério da Saúde, 2001 (Caderno de Atenção Básica, 8).

COELHO, E. B. S. et al. *Violência por parceiro íntimo: definições e tipologias.* Florianópolis: Universidade Federal de Santa Catarina, 2018.

CONSELHO FEDERAL DE PSICOLOGIA (CFM). *Código de Ética Profissional do Psicólogo*. Brasília: CFM, agosto de 2005.

MACIEL, L. C. *Sartre vida e obra.* Rio de Janeiro: Paz e Terra, 1986.

SOUZA, Daniel Cerdeira de. *Relacionamentos abusivos: significados atribuídos por um grupo de jovens acadêmicos da UFAM*. 2018. 81 f. Dissertação (Mestrado em Psicologia) -Universidade Federal do Amazonas, Manaus, 2018

ZAMPIERI, M. A. J. Transtorno de personalidade co-dependente: discussão sobre classificação diagnóstica e manifestações sistêmicas. *Revista Brasileira de Psicoterapia*, v. 6, n. 2, p. 123-134, 2004.

[illegible] aprofundou [illegible] de [illegible] [illegible] [illegible] [illegible] [illegible] [illegible] [illegible] [illegible] [illegible] [illegible] [illegible] [illegible]

Referências

BRASIL. Ministério da Saúde. [illegible] para [illegible] [illegible] [illegible] [illegible] para a prática em [illegible]. [illegible] Ministério da Saúde, [illegible] (Cadernos de Atenção Básica, [illegible]).

[illegible] [illegible] [illegible] [illegible] [illegible] [illegible] 2018.

CONSELHO FEDERAL DE ENFERMAGEM. [illegible] [illegible] [illegible] [illegible] [illegible] [illegible] [illegible].

[illegible] [illegible] [illegible] [illegible] [illegible] [illegible] [illegible].

[illegible] [illegible] [illegible] [illegible] [illegible] [illegible] [illegible] [illegible] 2013. [illegible] [illegible] em [illegible] Universidade Federal do Amazonas, Manaus, 2013.

[illegible] [illegible] [illegible] [illegible] [illegible] [illegible] [illegible] [illegible] [illegible] [illegible] [illegible]

38

PROPRIOCEPÇÃO NA AUTORREGULAÇÃO

Neste capítulo, os pais, familiares e profissionais terão a oportunidade de entrar em contato com a importância que a regulação emocional tem para uma vida mais saudável e feliz. Além disso, verão de que maneira a propriocepção pode contribuir para o desenvolvimento dessa regulação. Pais e filhos poderão caminhar juntos, com exercícios simples, que aumentam o autoconhecimento e estreitam os laços familiares.

SOFIA VARGAS BREVES

Sofia Vargas Breves

CRP 05/68221

Contatos
sbreves@yahoo.com
Instagram: @sofiabreves.psi
21 99993 6784

Graduada em psicologia pela Universidade Estácio de Sá. Sócia-proprietária do espaço terapêutico Florescer da Saúde Mental. Especialista em Terapia Cognitivo-comportamental (TCC) na Infância e Adolescência, em Orientação Familiar e em Neuropsicologia Clínica pelo Instituto de Terapia Cognitivo-Comportamental (InTCC Rio). Especialista em desenvolvimento infantil pelo CBI of Miami. Instrutora de yoga com formação complementar em yoga para crianças.

Dedicatória

Dedico este capítulo aos meus pais e à minha irmã, que sempre acreditaram em mim, me inspiraram e incentivaram a seguir meus sonhos. Aos meus pacientes, alunos e suas famílias, por confiarem no processo.

Neste capítulo, vamos conversar e refletir sobre uma questão de grande relevância/importância para uma relação familiar e um crescimento mental e emocional saudável. Não temos a intenção de criticar ou "ditar" regras, mas sim proporcionar um momento para refletirmos e nos conectarmos com nossas crenças/verdades/valores.

Biologicamente, nosso corpo tem a capacidade de se autorregular, visando manter a homeostase, também conhecida como um estado de equilíbrio do próprio organismo para um funcionamento correto de suas funções. Da mesma forma, nosso cérebro cria respostas corporais às diferentes emoções que sentimos, como ruborizar ao sentir vergonha ou taquicardia em momentos de raiva ou ansiedade. Por vezes, esses mecanismos podem passar despercebidos nos momentos em que estamos desequilibrados emocionalmente.

A autorregulação é ter a capacidade de retornar a esse estado de equilíbrio em que vivemos na maior parte do tempo, em que somos capazes de pensar racionalmente e tomar decisões baseadas em pensamentos e reflexões. É saber gerenciar as emoções, ações corporais, respostas físicas e verbais de maneira apropriada em momentos ou situações desafiadoras. Para que isso seja possível, é necessário ter a habilidade de se perceber, identificar o que e como se está sentindo para, em seguida, colocar em prática as ferramentas/estratégias para retornar ao ponto de ajuste. Preciso ter um referencial de como meu corpo se comporta e quais são as sensações que tenho quando estou bem para que eu consiga identificar quando algo diferente estiver acontecendo.

Quando pensamos nas diferentes formas para nos regularmos, a propriocepção nos traz a possibilidade de usar nosso próprio corpo para tal objetivo. Nosso sistema proprioceptivo é o responsável por perceber nosso corpo no espaço, saber que ele existe e manter a coordenação dos movimentos. Por exemplo, é a propriocepção que nos permite tocar a ponta do nariz sem errar mesmo estando com os olhos fechados; é ela que coordena nossos passos ao caminhar, mantém nosso equilíbrio para não cairmos e regula as contrações musculares, como o coração.

Também devemos lembrar que as crianças aprendem muito mais pelo exemplo do que apenas por meio das palavras, sendo essa mais uma razão da importância de nos conhecermos, aprendermos e criarmos nossas próprias formas de autorregulação. Assim, demonstramos genuinamente no dia a dia, por meio das situações cotidianas que nos exigem isso, e ela pode perceber os efeitos que essas estratégias causam em nós. Ao mesmo tempo, isso mostra que, assim como elas, também temos vulnerabilidades e que é normal sentir.

A melhor pessoa para ajudar a desenvolver o equilíbrio emocional na criança é o adulto que está mais próximo dela naquele momento e com quem ela tem um vínculo seguro, especialmente se houver admiração e respeito, pois devemos lembrar que as crianças aprendem muito por meio de exemplos, e se esses exemplos vêm de um adulto de referência, que essa criança admira, geram motivação para que ela procure imitar aquele comportamento, provocando nela o desejo de reproduzir o que aprendeu. Esse vínculo vai trazer mais confiança para que a criança possa se explorar e explorar o mundo, se permitir testar, experimentar e descobrir como seu corpo sente, em quais lugares sente e quando sente.

A situação de uma criança regulada depende muito mais de um adulto, autorregulado e que possa ajudar a criança a se acalmar e se perceber, do que dela própria. Por esse motivo, é preciso que nós, como adultos, paremos para observar nosso próprio comportamento, vejamos se estamos sendo coerentes com aquilo que esperamos da criança, nos perguntemos "Estou fazendo o que quero que ela faça?", "Como eu ajo diante da birra?", "Como eu ajo quando fico irritado/com sono?".

Quando eu me percebo, me conheço e identifico tanto minhas dificuldades quanto minhas habilidades, consigo transformar minha forma de agir na forma que vou passar para a minha criança, de maneira clara e coerente, dia a dia, sendo um processo de erros e acertos até que se torne natural, respeitoso e coerente.

Sabemos que, até cerca de seus 25 anos de idade, o cérebro humano ainda está em processo de desenvolvimento. Portanto, nós, como adultos, precisamos ser compreensivos, uma vez que sabemos que nossas crianças ainda estão em formação e, por isso, cometerão erros, se desregularão e cabe a nós ajudá-las a voltar ao estado de equilíbrio, com calma e validando suas emoções. Para isso, precisamos saber como voltar ao nosso próprio equilíbrio. Podemos fazer aqui uma analogia com o uso da máscara de oxigênio no avião, onde somos instruídos a, antes de ajudar alguém, colocar nossa própria máscara para, então, podermos auxiliar o outro. Assim, precisamos nos conhecer e saber como nos ajudar primeiro, se quisermos ajudar esses seres que ainda não conseguem fazer isso sozinhos.

Ao longo dos anos, no meu trabalho com *yoga*, percebo como esse vínculo ajuda no crescimento de todos os envolvidos. Com a prática da *yoga*, temos da possibilidade de desenvolver a autopercepção física e emocional, quando respeitamos nosso movimento associado a cuidadosa respiração e liberação do corpo para a liberação interna. Sempre adaptando de acordo com as idades, mas sem perder a essência, percebendo a singularidade de cada criança, jovem e família que chega, a relação vai sendo construída e, dessa forma, presenciamos aproximação entre irmãos que praticavam juntos e que, ao se perceberem, usaram essa percepção para trocar entre si, se ajudarem e se comunicarem. Adolescentes que, ao passarem por situações novas, como se apaixonarem, sofrerem alguma desilusão romântica, briga com amigos/pais/irmãos, crises de ansiedade... por estarem se olhando, perceberam que tinha algo "estranho", conseguiram aproveitar a nossa relação para se abrir, conversar sobre como se sentiram e até o que fazer diante das situações.

Uma vez, uma aluna sentiu necessidade de dividir uma questão particular antes de uma aula porque já vinha em um processo autopercepção e identificou não estar se sentindo bem. Mesmo tendo outros adultos de referência, quis compartilhar nesse espaço onde aprendeu a se olhar, e pediu ajuda para saber como levar essa situação para sua terapia e para seus pais.

Com o olhar psicológico aliado ao olhar da *yoga*, por meio desses momentos, fui aprendendo como estarmos abertos a essa troca faz muita diferença. Isso porque uma situação que pode parecer boba para um adulto pode ser muito intensa para um adolescente e, para ele se sentir confortável para compartilhar, precisa estar minimamente ligado a você, sentir segurança de que não será julgado e de que não precisa passar sozinho por essas sensações, até então desconhecidas.

Mas também devemos nos atentar para o fato de sermos uma ajuda, não trazendo sempre soluções prontas para a criança, criando um espaço onde ela se sinta segura e acolhida para então pensarem juntos no que pode ser feito, permitindo que ela desenvolva autonomia e seja parte ativa no processo. Essa forma de agir é mais efetiva do que entregar as coisas prontas, pois o engajamento acaba sendo maior quando ela se sente parte integrante.

Ao aprender juntos a se regular (corregulação), isso se torna um aprendizado em conjunto, em que ambas as partes terão a oportunidade de expandir suas estratégias, até encontrando formas de utilizarem a propriocepção em conjunto, usando ambos os corpos para retornarem ao equilíbrio. Especialmente para a criança, a corregulação tem um poder de acalmar e trazer segurança ao mesmo tempo que mostra como pode ser feito. Passa a mensagem de que está tudo bem sentir, que é normal e saudável que as emoções desagradáveis façam parte dos dias, mas que também podemos aprender limites, regras e formas de que isso não nos controle. Além disso, quando conseguimos lidar com uma frustração ou situação desafiadora, nosso cérebro entende que somos capazes, aumenta nossa confiança e autoestima de modo inconsciente.

Nosso corpo é a ferramenta que temos para perceber que existimos. Podemos pensar que somos mente, inteligência ou qualquer outro conceito, mas todos são conceitos abstratos; nosso corpo é a única coisa que diz concretamente que nós existimos; é a única coisa palpável. Prestarmos atenção às nossas sensações físicas é uma forma de nos conhecermos e nos regularmos. Mesmo em momentos que não estamos sob estresse ou diante de uma emoção muito intensa, se pararmos para observar nosso corpo, podemos notar uma tensão na mandíbula, um incômodo nas costas, dores no corpo. Torna-se imprescindível procurar se manter consciente de si mesmo nesses momentos de "calmaria", para que nos momentos mais "desafiadores" o corpo já saiba quais caminhos pode seguir.

Ao pensar sobre a propriocepção e o que podemos perceber em nosso próprio corpo nos estados regulado e desregulado, vemos que, quando estamos bem, nosso coração bate em um ritmo, caminhamos em um ritmo, nossa respiração tem seu compasso e tudo isso acontece de maneira inconsciente, até pararmos para prestar atenção nelas. Já nas situações de estresse, medo, raiva, angústia, felicidade e outras, tudo isso pode ser alterado. É normal sentirmos o coração acelerar suas batidas ao encontrarmos alguém que amamos, mas também podemos sentir o mesmo ao sentirmos raiva de uma situação. A diferença está em como agimos em cada momento. A respiração é mais uma das respostas que nosso cérebro pode alterar de acordo com as emoções experienciadas; é também uma das mais fáceis de conseguirmos perceber quando se modifica e uma ótima aliada que podemos usar de modo consciente como ferramenta para nos regularmos de volta. Ela traz consciência corporal e conexão conosco mesmos de maneira profunda, despertando a percepção de si e do que é estar em equilíbrio dentro de si mesmo.

Orientações aos pais, familiares e profissionais

Para conseguirmos bons resultados, os seguintes aspectos são importantes:

- Estar aberto ao processo, sabendo que nem sempre será agradável ou bonito, mas que o resultado a longo prazo vale a entrega.
- Olhar para si mesmo, não ter medo de se conhecer e saber se expressar. Só é possível estar disponível para ajudar o outro se estamos cuidando de nós.
- Lembrar que nós somos os adultos da relação e, portanto, devemos agir como tal, não entrando em disputas e procurando atender as necessidades da criança.
- Respeitar a individualidade e o tempo de cada um, pois o processo é único, assim como a abertura para ele.
- Entender que a resistência pode existir, pois mudar pode ser assustador, e muitas vezes é somente após vermos os resultados que começamos a confiar.
- Ter a consciência de que, mesmo já tendo descoberto ferramentas, em alguns momentos a criança não conseguirá colocá-las em prática sozinha e isso não significa que não funcionou ou que ela regrediu.
- Lembrar que nunca é tarde para oferecer uma educação respeitosa, acolhedora e validante, não importa a idade da sua criança.
- Saber identificar nossos momentos de desregulação e, caso ocorram concomitantemente ao da criança, é interessante praticar a corregulação.
- Saber identificar quando a criança precisa de ajuda e se ela está aberta a recebê-la.
- Despir-se dos julgamentos, pois cada pessoa é única e nem sempre o que funcionou para alguém que você conhece vai funcionar para você mesmo ou para sua criança.
- Saber como abordar de modo validante, acolhedora e dando espaço para a criança manifestar suas emoções.
- Estar atento a sua conduta no dia a dia para que a atitude acolhedora não exista apenas nesse momento, e que a criança possa confiar e se abrir quando sentir necessidade.
- Ser algo genuíno, não apenas uma encenação.

Superdica: somente um adulto emocionalmente saudável pode criar uma criança emocionalmente saudável.

Referências

ARQUEIRO, A. Admiração e motivação. *Revisão de Emoção*, v. 11, n. 2, p. 140-150, 2019.

CULLHADO, E. O que evoca ser movido? *Revisão de Emoção*, v. 12, n. 2, p. 111-117, 2020.

EIGENMANN, M. *A raiva não educa: a calma educa*. Bauru: Astral Cultural, 2022.

LINHARES, M. B. M.; MARTINS, C. B. S. O processo da autorregulação no desenvolvimento de crianças. *Estudos de Psicologia (Campinas)*, v. 32, n. 2, p. 281-293, 2015.

MOCAIBER, I. et al. Neurobiologia da regulação emocional: implicações para a terapia cognitivo-comportamental. *Psicologia em Estudo*, v. 13, n. 3, p. 531-538, 2008.

PITANGA, C. *Yoga com música: músicas e posturas para relaxar e acalmar*. São Paulo: Omnisciência, 2013.

39

ADOLESCÊNCIA DESCOMPLICADA

STATUS: NAMORANDO

A adolescência é um período de transição para pais e filhos. A entrada dos adolescentes no mundo dos relacionamentos amorosos pode desencadear uma série de emoções e desafios para as famílias. Este capítulo explora as dificuldades enfrentadas pelos pais ao aceitarem o namoro de seus filhos adolescentes e oferece orientações sobre como lidar com esses desafios de maneira leve e respeitosa.

TALITA CIPRIANI COELHO

Talita Cipriani Coelho

CRP - 12/26184

Contatos
tatacipriani@gmail.com
Instagram: @tatacipriani
11 99992 7073

Mãe da Marina e da Antônia. Psicóloga clínica, atua no atendimento de adolescentes e orientação de famílias. Especialista em desenvolvimento e comportamento do adolescente, trabalha há 14 anos com desenvolvimento humano. Educadora parental pela Positive Discipline Association (PDA, EUA). *Coach* parental pela The Parent Coaching Academy (Reino Unido), *master coach* pela Sociedade Brasileira de Coaching e *teen coach* pela Parent Coaching Brasil. Instrutora em programação neurolinguística pela American Board of Neuro-Linguistic Programming (EUA) e certificação internacional como especialista em inteligência emocional. Idealizadora do programa Adolescência Descomplicada, que visa ajudar pais na missão desafiadora de educar o adolescente. Idealizadora de projetos em habilidades socioemocionais para escolas e treinamentos para professores. Atua com supervisão de educadores parentais há 7 anos, além de realizar palestras, oficinas, cursos e *workshops* para adolescentes, pais e educadores. Coautora do livro *Apanhei e não morri*.

A adolescência chegou e junto vêm as preocupações sobre essa fase da vida. Hormônios sendo liberados em uma velocidade absurda, afastamento da família, maior identificação com os pares, construção da identidade, surgimento da sexualidade e, claro, o namoro (Papalia; Feldman, 2013). Para muitas famílias, o namoro na adolescência ainda é um tabu, por insegurança, medo ou dificuldade em lidar com o fato de que o(a) filho(a) cresceu.

No entanto, não podemos negar que o período da vida em que surge o primeiro amor é linda e traz um grande amadurecimento para os filhos. Porém, junto do primeiro amor, vêm também as preocupações dos pais, seguidas por diversos questionamentos:

- Devo permitir o namoro?
- Qual a melhor idade para namorar?
- Devo deixar os adolescentes sozinhos?
- Acho que o adolescente não tem idade para isso...

Segundo Erik Erikson (1976), a adolescência é um estágio crucial para a formação da identidade. Nesse contexto, o namoro desempenha um papel fundamental, permitindo aos adolescentes explorar diferentes aspectos de sua personalidade e estabelecer conexões emocionais uns com os outros. Além de desenvolver a intimidade e a autoconsciência, esse período contribui para a construção da autoimagem e das habilidades sociais.

Essa é uma fase de transição muito importante na vida do indivíduo, marcada por mudanças físicas, emocionais e sociais. Nesse período, os jovens começam a explorar o mundo das relações interpessoais. De acordo com Crittenden (2001), para que o adolescente consiga alcançar a identidade pessoal desejada, é necessário o afastamento dos pais e a maior aproximação dos pares. Esse afastamento permite que o jovem estabeleça relações fora do círculo familiar, porém moldando a forma de interação vivenciada na família, para que o processo de construção da identidade seja realizado de maneira satisfatória.

O namoro na adolescência oferece uma estrutura para que os jovens explorem e compreendam suas emoções, proporcionando oportunidades para desenvolver habilidades sociais como empatia, comunicação eficaz, respeito, cooperação e resolução de conflitos. Além disso, um relacionamento facilita o desenvolvimento da intimidade emocional, o entendimento das complexidades do consentimento e do respeito mútuo, e promove uma compreensão mais profunda das próprias emoções e das emoções dos outros. Namorar na adolescência pode ser uma preparação valiosa para relacionamentos futuros. Ao aprenderem a lidar com desafios emocionais e sociais durante o namoro, os jovens desenvolvem habilidades que serão úteis em relacionamentos mais sérios mais adiante. Eles aprendem a importância da comunicação aberta, da confiança e do apoio mútuo, elementos fundamentais para estabelecer relacionamentos duradouros e saudáveis (Pereira, 2005).

Mas, se o namoro traz grandes oportunidades de crescimento, amadurecimento e desenvolvimento para o adolescente, por que muitos pais se opõem a ele nessa fase?

Existem vários fatores que podem contribuir para a proibição do namoro na adolescência. Na maioria dos casos, o medo dos pais e suas inseguranças tomam conta da situação, impedindo que os genitores lidem de maneira assertiva com o namoro, olhando apenas para as próprias necessidades e não enxergando as necessidades dos filhos. Esse comportamento alimenta algumas crenças dos pais sobre o namoro, passando a acreditar que, além de o adolescente ser muito jovem para iniciar uma relação, o namoro vai atrapalhar os estudos.

No entanto, é importante compreender que há coisas na vida que não há como controlar. O namoro do adolescente é uma delas. Os pais podem proibir, bater, punir... nada disso vai impedir o adolescente de namorar, porque, mesmo contra a vontade dos pais, ele vai fazer escondido. Aí, cabe aos pais decidirem se querem ser "tapados", ou seja, pais que fingem que não sabem o que acontece para não se incomodar, ou se desejam ser pais com atitude de amigos. Acolhedores, abertos ao diálogo e compreendendo as necessidades do filho, podem orientar e compartilhar informações relevantes como consentimento, relação abusiva, dependência emocional, gestação precoce, infecções sexualmente transmissíveis, uso de preservativo e de pílula anticoncepcional.

A escolha sobre o tipo de pai e mãe que cada um deseja ser é subjetiva. Dá trabalho educar um filho de maneira consciente e respeitosa, porém, não educar dá muito mais trabalho, porque os pais não têm sossego, estão sempre em estado de alerta, preocupados sem saber qual é a próxima bobagem que o filho vai fazer ou a próxima mentira que vai contar. Quando os pais proíbem, eles estão lutando por poder, se desgastando e se estressando para quê? Para o adolescente ir à escola e namorar escondido por lá. Nós sabemos como é, já fomos adolescentes e é exatamente isso o que acontece. O ideal é que os pais se conectem com os adolescentes que já foram e busquem ser para os filhos o adulto que precisavam ter ao lado na própria adolescência.

Quando os pais compreendem o processo de desenvolvimento pelo qual o filho está passando e estão abertos para ouvir as necessidades do adolescente, a comunicação flui de maneira respeitosa, considerando todos os fatores necessários para a família permitir o namoro. Com isso, é possível que os pais orientem seus filhos de maneira objetiva a fim de prepará-los para viver todas as fases do namoro com responsabilidade e cautela, compreendendo que tudo na vida tem seu tempo e seu momento para acontecer.

Ao permitir o namoro, é possível acompanhá-lo de perto, saber como o namoro está sendo conduzido e passar as orientações necessárias. Além disso, essa atitude demonstra para os filhos que os pais estão abertos para o diálogo, o que aumenta ainda mais a confiança na relação.

Muitos pais proíbem o namoro não só porque acham os filhos muito novos, mas também porque querem controlar a vida deles ou por medo do que possa acontecer. Alguns pais querem determinar quando o namoro vai acontecer, quando o adolescente vai perder a virgindade e determinar quem o adolescente deve namorar. Comportamentos assim levam o adolescente a se afastar e fazer escondido. E esses pais, que acreditam ser supercuidadores e cautelosos, podem acabar perdendo o controle e se distanciando demais do filho.

Em contrapartida, pais que permitem o namoro na adolescência levam em consideração as necessidades de desenvolvimento do indivíduo e praticam o respeito mútuo na relação; esses são os pais verdadeiramente cuidadosos. Enquanto os pais que proíbem o namoro acreditam que mandam no adolescente e que o filho obedece, o jovem está mentindo para fazer o que deseja, fazendo escondido, matando aula para namorar e os pais não estão sabendo de nada, cegos para a situação. Já os pais que permitem o namoro estão no controle da situação. Eles sabem onde os filhos estão, com quem estão, como está o namoro, o tipo de pessoa com quem o(a) filho(a) está se envolvendo, como o(a) namorado(a) trata a(o) filha(o)... Esses pais acompanham o amadurecimento do adolescente dentro da relação, dando as orientações à medida que observam a relação avançar.

Educar um adolescente não é proibir e ditar regras. Educar um adolescente é orientar e caminhar junto no estabelecimento dessas regras; é saber identificar e ouvir as necessidades de todos os envolvidos. Ao agir de maneira consciente e respeitosa diante do namoro do adolescente, os pais estão ouvindo sua necessidade de controle e segurança, pois estão seguros sobre a situação em que os filhos estão envolvidos e, além disso, estão suprindo a necessidade de amadurecimento do filho, permitindo que ele se desenvolva de maneira saudável e feliz, sendo respeitosos consigo e com o outro.

Por mais que os pais acreditem que o adolescente é novo e não está pronto para uma relação, pare para refletir: quando na vida estamos 100% preparados para fazer algo? Quantas crianças já tiveram que ingressar na escola sem estar preparadas para isso? Quantos adolescentes tiveram que assumir responsabilidades que cabiam a um adulto, por perderem um ente querido ou até para cuidar dos irmãos enquanto os pais trabalham? Quantos profissionais recém-formados tiveram que meter a cara na profissão sem estar preparados para tanto? Várias vezes, praticamente todos os dias.

A verdade é que nunca estamos preparados. Ninguém está. São as situações em que nos colocamos que nos amadurecem; é a experiência que nos prepara para a vida. Não permitir que o filho viva os acontecimentos marcantes e lindos da adolescência é não permitir que ele tenha direito de aprender, se desenvolver e amadurecer. Será que o adolescente é muito novo ou os pais estão com medo? Sim, a parentalidade dá medo. Ser pai de adolescente é algo realmente assustador.

No entanto, em vez de proibir, os pais devem se perguntar qual a origem desse medo e mapear os gatilhos. Proibir o filho de viver não é o caminho para lidar com medos e inseguranças. Devemos encarar nossas limitações, lidar com elas e não transferir essa responsabilidade para o filho. A melhor maneira de lidar com o namoro na adolescência é se abrir para o diálogo e conversar sobre o assunto. O ideal é investigar o que o filho busca com a relação, quais são suas expectativas e intenções. Deve-se conversar também sobre os comprometimentos com a escola e os amigos, pontuando que, apesar do namoro, é importante que o adolescente mantenha suas demais relações e compromissos.

Vale lembrar aos pais que namorar não atrapalha os estudos; pelo contrário, o namoro traz responsabilidade. O namoro só atrapalha os estudos quando é proibido, porque, em vez de o filho estar estudando, ele está matando aula para namorar. Se ele está namorando com o consentimento dos pais, não há motivos para matar aula; ele se sente motivado a estudar porque não quer perder a confiança e a liberdade conquistada.

Orientações aos pais

Confie no seu filho e, acima de tudo, confie na educação que você deu a ele. Encare essa situação como algo natural no desenvolvimento dele e mantenha uma postura de respeito mútuo.

Estabeleça limites e regras para o namoro junto com o filho. Definam como vai funcionar a dinâmica. O namoro vai acontecer dentro de casa? Quais dias da semana? Vão poder sair sozinhos? Tudo deve ser combinado e acordado para evitar conflitos. Os pais devem fazer o acompanhamento para se certificar que as regras estão sendo cumpridas e, com o tempo, a medida em que o namoro avançar, ficar mais sério e o(a) filho(a) crescer um pouco mais, deve-se rever os acordos e flexibilizar, considerando a maturidade do(a) filho(a).

Procure conhecer a pessoa com quem o(a) filho(a) está se relacionando. Busque conhecer a família, chame os pais para uma conversa. Conhecer o(a) namorado(a) e a família é uma maneira de estar sob controle, observar a índole da pessoa e suas atitudes. Mesmo que você ache que aquela pessoa não é certa para o(a) filho(a), trate-a com carinho. Uma postura acolhedora vai manter seu filho próximo de você.

Oriente o adolescente quanto à educação sexual; não deixe essa tarefa nas mãos de outra pessoa ou da internet. Investigue as dúvidas do jovem quanto ao assunto. Certifique-se que o adolescente sabe usar a camisinha e não deixe de marcar uma consulta no ginecologista para a filha.

Nem sempre os pais estão preparados para renunciar às próprias necessidades e permitir que o namoro aconteça. A ideia principal aqui é promover a tomada de consciência para que os genitores compreendam que proibir é abrir margem para a mentira, a omissão e a quebra de vínculo previamente estabelecido.

É essencial que pais, educadores e a sociedade em geral adotem uma abordagem educacional adequada em relação ao namoro na adolescência. Em vez de proibir ou desencorajar o namoro, é mais eficaz fornecer orientação e suporte.

Em suma, o namoro na adolescência é um fenômeno complexo que pode ser compreendido por diversas teorias psicológicas e desempenha um papel vital no desenvolvimento emocional, social e identitário dos jovens. Ao oferecer oportunidades para a autodescoberta, o aprendizado social e a preparação para relacionamentos futuros, o namoro saudável pode contribuir significativamente para o crescimento e o bem-estar dos adolescentes, proporcionando oportunidade para a construção da identidade, o desenvolvimento da intimidade e a aprendizagem de habilidades sociais. No entanto, é essencial reconhecer e apoiar os adolescentes em meio aos desafios que enfrentam, proporcionando-lhes orientação e compreensão enquanto navegam pelos altos e baixos dos relacionamentos juvenis.

Superdica: seja para seu filho o adulto que você precisava na sua adolescência.

Referências

CRITTENDEN, P. *Transformation in attachment relationships in adolescence: adaptation versus need for psychotherapy*. 2001. Disponível em: <https://www.researchgate.net/publication/237653886>. Acesso em: 7 out. de 2023.

ERIKSON, E. H. *Identidade, juventude e crise*. 2. ed. Rio de Janeiro: Zahar, 1976.

PAPALIA, D. E.; FELDMAN, R. D. *Desenvolvimento humano*. Porto Alegre: AMGH, 2013.

PEREIRA, A. C. A. *O adolescente em desenvolvimento*. São Paulo: Harbra, 2005.

40

COMUNICAÇÃO
FERRAMENTA PARA CONSTRUIR LAÇOS SAUDÁVEIS

Neste capítulo, abordarei a importância de escolher palavras com sensibilidade e expressar emoções de maneira assertiva, fortalecendo vínculos entre pais e filhos. Ao se comunicar, é necessário receber, processar e responder. A integração harmoniosa desses elementos configura um ambiente emocionalmente rico e conectado. Além disso, a compreensão profunda das experiências individuais e o autoconhecimento dos pais são essenciais para uma comunicação eficaz.

VIVIAN SIPAÚBA

Vivian Sipaúba

CRP 22/01510

Contatos
viviandshotmail.com
Instagram: viviansipauba
98 99136 8534

Sou Vivian Sipaúba, e tenho profunda gratidão por ter sido abençoada com pais maravilhosos, Antonio e Maria de Lourdes, e por compartilhar minha vida com meu grande companheiro, Daniel Guilhon, e nossos filhos, André e Malu. Há 20 anos, tenho o privilégio de atuar na área da psicologia clínica, dedicando-me ao atendimento de crianças, adolescentes e adultos, bem como à orientação de famílias em suas jornadas de desenvolvimento.
Possuo formação em Terapia Cognitivo-comportamental da Infância e Adolescência, e sou especialista em Terapia Cognitivo-comportamental pelo CTC Veda Brasília/DF. Além disso, obtive especialização em Orientação Familiar e Educação Parental pelo InTCC (RJ). Sou a idealizadora de grupos de crianças e adolescentes que visam ao desenvolvimento de habilidades socioemocionais.

A comunicação dentro da família é mais do que simplesmente a transmissão de mensagens; é um elo vital que molda o desenvolvimento saudável e feliz das crianças. A forma como nos expressamos como família tem um impacto profundo na relação entre pais e filhos, fortalecendo a confiança e tornando o convívio mais agradável. "Pais e filhos se sentem bem quando as interações são respeitosas e receptivas para cada indivíduo" (Siegel, 2019).

No entanto, é crucial questionarmos se estamos transmitindo aquilo que realmente desejamos informar e orientar. Siegel (2019) expõe que, se os sinais verbais e não verbais enviados por uma pessoa forem congruentes, a comunicação pode fazer sentido. Se os sinais verbais e não verbais transmitem mensagens incongruentes, toda a mensagem será confusa.

Segundo Del Prette e Del Prette (2013), existem dois tipos de comunicação: a verbal, que se refere aos conteúdos explicitamente transmitidos pela fala; e a não verbal, compreendida pela forma da fala, pelos gestos e pelas expressões corporais e faciais que acompanham, complementam ou alteram o significado da fala.

Na comunicação verbal, encontramos a expressão consciente por meio da linguagem falada. Cada palavra proferida carrega consigo o poder de construir pontes ou erguer barreiras. No âmbito familiar, a comunicação verbal se manifesta nas orientações, nas histórias compartilhadas à mesa do jantar e nas expressões de afeto transmitidas por meio da fala. A clareza das mensagens verbais não apenas transmite informações, mas também modela a atmosfera emocional do lar. Escolher palavras com sensibilidade, expressar emoções de maneira assertiva e oferecer orientação construtiva são elementos cruciais para uma comunicação verbal eficaz na família.

Paralelamente, na comunicação não verbal, gestos, expressões corporais e faciais desempenham um papel vital. Um olhar de compreensão, um abraço afetuoso ou um sorriso podem comunicar nuances de emoções que vão além da capacidade das palavras. A forma da fala, os gestos delicados e as expressões faciais tornam-se componentes essenciais na comunicação não verbal, contribuindo para a construção de um ambiente emocionalmente rico e conectado.

A comunicação saudável na família reside na integração harmoniosa entre os elementos verbal e não verbal. Quando as palavras são complementadas por gestos que transmitem empatia e a linguagem corporal reflete sinceridade, a mensagem se torna completa.

Comunicação entre pais e filhos

Uma comunicação adequada não se limita a entender apenas o que a criança quer, mas também os sentimentos e motivos por trás de suas palavras. Isso traz benefícios, como uma compreensão mais profunda dos filhos, demonstrando que seus sentimentos são valorizados e promovendo relações sociais saudáveis. A habilidade de se comunicar efetivamente com os filhos é uma ferramenta valiosa, mas, ao mesmo tempo, deve ser manejada com cuidado para evitar afastamentos e barreiras. Uma comunicação eficaz é desprovida de julgamentos, sendo uma expressão honesta e empática. Envolve compreender o ponto de vista do interlocutor e adaptar a mensagem de maneira clara.

Rosenberg (2006) afirma que a comunicação não violenta promove o respeito, a atenção e a empatia e gera mútuo desejo de nos entregarmos de coração. Ouvir um filho não implica concordar com tudo, mas sim ouvir com a alma, respeito e cuidado. Essa abordagem permite uma troca enriquecedora, em que ambos aprendem lições valiosas. A maneira como nos comunicamos pode fortalecer os filhos, capacitando-os a enfrentar as situações do cotidiano, ou pode afetar negativamente sua autoestima e capacidade de expressar pensamentos e sentimentos.

Siegel (2019) reforça que pais e filhos se sentem bem quando as interações são respeitosas e receptivas para cada indivíduo. Essa interação ocorre quando os sinais emitidos pelo filho são percebidos, entendidos e respondidos pela família de maneira colaborativa. As interações respeitosas e receptivas entre pais e filhos promovem um ambiente positivo e saudável dentro da família. Tanto os pais quanto os filhos experimentam uma sensação de bem-estar quando as interações entre eles são marcadas pelo respeito mútuo e pela receptividade individual. "Interações respeitosas" indicam que o diálogo e as ações entre pais e filhos são conduzidos com consideração, cortesia e apreço pelas perspectivas e sentimentos de cada pessoa.

"Na família, muitas vezes encontramos resistência dos pais em compreender situações, ouvir os filhos frente à crença de autoridade e juízo de valor." (Rayes, 2022). A resistência em compreender as experiências dos filhos muitas vezes emerge da falta de exploração e entendimento profundo de si mesmos. Os pais podem se encontrar presos em padrões de comportamento e crenças arraigados, muitas vezes transmitidos de geração em geração. Rayes (2023) aponta que somos a nossa história e a carregamos na memória, no coração e, às vezes, em marcas no corpo. Ao se conhecerem mais profundamente, os pais têm a oportunidade de questionar e desafiar suas próprias crenças preestabelecidas. Essa autorreflexão proporciona uma base sólida para mudanças construtivas, permitindo que os pais reavaliem suas perspectivas e abram espaço para novos entendimentos.

Segundo Rayes (2022), conforme os princípios da orientação familiar, o primeiro passo é o autoconhecimento. Portanto, como pais, precisamos olhar para nós mesmos e entender como nossa história, personalidade e formas de comunicação interferem na comunicação com nossa família. O processo de autoconhecimento capacita os pais a lidarem de maneira mais eficaz com as dificuldades enfrentadas por seus filhos. Ao entenderem suas próprias reações emocionais e padrões comportamentais, desafios e vulnerabilidades, os pais podem se tornar mais aptos a oferecer um apoio genuíno e compassivo. Essa jornada interna não só beneficia os pais individualmente, mas também reverbera positivamente nas relações familiares como um todo. Essa conexão, por sua vez, cria um ambiente propício para o diálogo aberto, no qual as preocupações e os sentimentos dos filhos são recebidos com aceitação e compreensão.

A comunicação familiar torna-se ainda mais crucial na adolescência, fase em que os filhos desenvolvem suas próprias ideias e convicções. A complexidade da vida moderna, com suas mudanças nos papéis familiares e as informações contraditórias oferecidas pelos meios de comunicação, torna essencial compreender esses fatores para facilitar a comunicação e o relacionamento entre pais e filhos. Enquanto a adolescência traz transformações físicas, psicológicas e sociais, é fundamental que os pais se ajustem à nova dinâmica, oferecendo cuidado, orientação e diálogo. O diálogo durante a adolescência não é apenas uma troca de palavras; também é uma ponte que conecta duas gerações, permitindo a compreensão mútua. Os pais, ao adaptarem suas abordagens, podem criar um ambiente propício para que os filhos expressem suas preocupações, desafios e aspirações. Essa abertura cria um terreno fértil para a construção de confiança e o fortalecimento dos laços familiares. É importante também se atentar à capacidade de ouvir com empatia e responder com sensibilidade. Os desafios enfrentados pelos adolescentes podem ser desconcertantes, mas a presença e o suporte dos pais tornam-se âncoras vitais nesse período de transição.

Siegel (2019) fortalece a ideia de que, para nos tornarmos mais presentes e abertos à comunicação com nossos filhos, é necessário receber, processar e responder as mensagens enviadas por eles. Cada uma dessas etapas desempenha um papel essencial na construção de laços sólidos e na promoção de uma conexão profunda. Receber uma mensagem vai além de simplesmente ouvir palavras. Envolve estar plenamente presente e atento aos sinais verbais, às ideias, pensamentos e sentimentos. Incorpora também a sensibilidade aos sinais não verbais, como expressões faciais, tom de voz e gestos. Em seguida, temos o processamento, que envolve olhar por meio das nossas experiências passadas que influenciarão na interpretação dos sinais recebidos. E finaliza-se com responder, quando os pais têm a oportunidade de agir com sensibilidade, ajustando seu comportamento de acordo com as necessidades e os sentimentos expressos pelos filhos. É o momento de criar um ambiente de diálogo aberto, em que os filhos se sintam ouvidos e valorizados.

Essa dança da comunicação, composta por receber, processar e responder, forma a base de uma interação saudável e significativa entre pais e filhos. A prática constante dessas habilidades não só promove uma conexão mais profunda, mas também fortalece a confiança mútua e constrói alicerces sólidos para relacionamentos familiares duradouros. Ao cultivar essa abordagem consciente, os pais se tornam comunicadores eficazes e facilitadores de um ambiente familiar enriquecido pela compreensão e amor.

• Pais e responsáveis, o caminho para uma comunicação eficaz começa com o autoconhecimento. Entender como você se comunica é o primeiro passo para estabelecer conexões mais profundas com seus filhos.
• Olhar nos olhos do seu filho enquanto se comunica não é apenas um gesto; é a criação de uma conexão emocional significativa. Esse simples ato fortalece os laços familiares e transmite confiança e proximidade.
• Ao transmitir uma mensagem, pense e elabore de modo consciente. A clareza e a precisão nas palavras contribuem para uma comunicação eficiente, reduzindo mal-entendidos e fortalecendo o entendimento mútuo.
• Reflita sobre como você expressa seu amor. A comunicação vai além das palavras; ela está enraizada nas ações e expressões. Certifique-se de que suas mensagens transmitem afeto, apoio e carinho de maneira clara e constante.
• Ser um bom ouvinte é fundamental. A prática da escuta ativa é a chave para compreender verdadeiramente as necessidades e os sentimentos dos seus filhos. Esteja presente, demonstre interesse e valide as emoções, promovendo um ambiente de abertura e confiança.
• Brinque de comunicação divertida, isso ajuda a descontrair e fortalece os laços familiares. Utilize atividades lúdicas para estimular a expressão emocional e a criatividade, promovendo um ambiente acolhedor (ver QR code ao final do livro).

Superdica: na comunicação, cada gesto, palavra e olhar constrói laços familiares saudáveis. Escolha palavras que expressem suas emoções de maneira assertiva, criando um ambiente confiável e seguro.

Referências

DEL PRETTE, Z.; DEL PRETTE, A. *Psicologia das habilidades sociais na infância: teoria e prática*. Petrópolis: Vozes, 2013.

FABER, A.; MAZLISH, E. *Como falar para seu filho ouvir e como ouvir para seu filho falar*. São Paulo: Summus, 2003.

RAYES, C.; ROCHA, D. *Educação e afeto: as linguagens do amor para uma aprendizagem significativa*. São Paulo: Literare Books International, 2023.

RAYES, C. *Orientação familiar: teoria e prática*. São Paulo: Literare Books International, 2022.

RAYES, C. *Orientação familiar: teoria e prática* vol. 2. São Paulo: Literare Books International, 2023.

ROSENBERG, M. B. *Comunicação não violenta: técnicas para aprimorar relacionamentos pessoais e profissionais*. São Paulo: Ágora, 2006.

SIEGEL, D. *O cérebro diz que sim: como criar filhos corajosos, curiosos e resilientes*. São Paulo: Planeta, 2019.

Escaneie o QR code para ter acesso às atividades práticas!

RAYES, C. (coord.). *Orientação familiar II: teoria e prática*. São Paulo: Literare Books International, 2023.

RAYES, C. + *sobre minha história: jogo e recurso terapêutico*. São Paulo: Literare Books International, 2023.

YOUNG, J. E. et al. *Terapia do esquema: guia de técnicas cognitivo-comportamentais inovadoras*. Porto Alegre: Artmed, 2008.